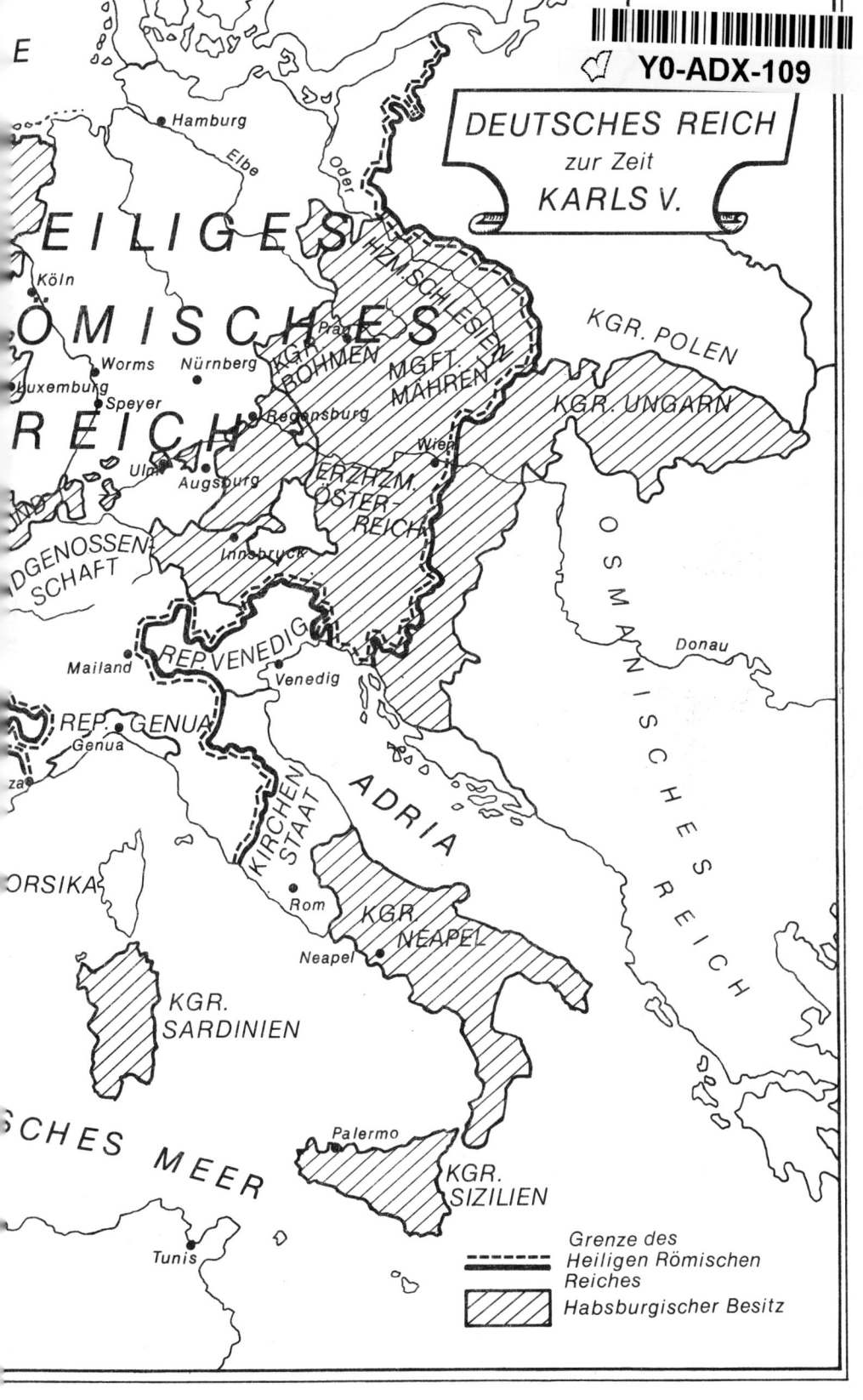

Manfred von Roesgen,
Kardinal Albrecht von Brandenburg

Manfred von Roesgen

KARDINAL ALBRECHT VON BRANDENBURG

Ein Renaissancefürst auf dem Mainzer Bischofsthron

Steiger

CIP-Kurztitelaufnahme der Deutschen Bibliothek

Roesgen, Manfred von:
Albrecht von Brandenburg: e. Renaissancefürst
auf d. Mainzer Bischofsthron / Manfred von
Roesgen. – Moers: Steiger, 1980.
    ISBN 3-921564-40-9

© 1980/81, Steiger Verlag, 4130 Moers 1
Reproduktionen: Reprotechnik, Geldern
Satz: L.N. Schaffrath, Geldern
Druck und Einband: Hain KG, Meisenheim/Glan
Die Karte zeichnete Livia Scholz-Breznay
ISBN 3-921564-40-9
Printed in Germany

Inhalt

Vorwort		7
I.	Ein Hohenzoller in Mainz	9
II.	Albrechts Wahl zum Erzbischof	17
III.	Der Ablaßhandel – das große Ärgernis	25
IV.	Schwert und Krummstab	35
V.	Albrecht rettet den Reformator	49
VI.	Ein Humanist auf dem Bischofsthron	59
VII.	Sickingens Traum und Ende	69
VIII.	Der Bauer stund auf im Lande	79
IX.	Schlacht von Pavia	89
X.	Reichspolitik und Gegenreformation	97
XI.	Albrecht und das Mainzer Domkapitel	107
XII.	Die schöne Redingerin	117
XIII.	Galerie der Päpste	123
XIV.	Ein bitteres Ende	137
XV.	Bildteil und Mäzenatischer Nachlaß	143
XVI.	Schlußbetrachtung	239
XVII.	Anhang	243
	Rede Albrechts anläßlich der Wahl Karls V. am 28. 6. 1519	245
	Briefe Luthers an Albrecht	249
	Albrechts Testament	255
	Die Mainzer Bischöfe und Erzbischöfe bis zum Ende des Kurstaates	267
	Stammtafel der Hohenzollern	273
	Bibliographische Hinweise	275
	Personenregister	282

VORWORT

Die Geschichte Mitteleuropas ist ein halbes Jahrtausend hindurch vor allem durch zwei Familien geprägt worden: die Habsburger und die Hohenzollern. Seit Rudolf von Habsburg 1273 Deutscher König und 1415 Friedrich von Hohenzollern Kurfürst von Brandenburg wurde, verwandelte sich die Reichspolitik in Familienpolitik, erheirateten die Habsburger beharrlich ein Imperium, in dem zeitweise „die Sonne nicht unterging" und eroberten die Hohenzollern nicht weniger hartnäckig die Hegemonie in den Territorien nördlich der Alpen.

Kluge Staatsführung verhinderte, daß sich die beiden Giganten in die Quere kamen, nur in Ausnahmefällen ließen sich Interessenkollisionen nicht unterdrükken, wie 1866 oder in den Schlesischen Kriegen Friedrichs des Großen. Das Prinzip lautete: mindestens wohlwollende Neutralität. Und als enge Verbündete verloren schließlich beide Familien mit dem gemeinsam geführten Ersten Weltkrieg Thron und Macht. Das Jahr 1918 bedeutete mit dem Abgang des österreichischen Kaisers Karl I. wie des deutschen Kaisers Wilhelm II. das dynastische Ende der Habsburger und der Hohenzollern.

Die Geschichte bewahrt vornehmlich das Andenken an die herausragenden weltlichen Herrscher der beiden Häuser, an Karl V., an Maria Theresia, den Großen Friedrich und den Großen Kurfürsten. Daß außerdem auch ein geistlicher Fürst aus dem Hause Hohenzollern jahrzehntelang größten Einfluß auf die Reichs- und Religionsgeschichte Deutschlands genommen hat, ist weniger bekannt. Ihm, dem Kardinal und Erzbischof Albrecht von Brandenburg, ist daher die folgende Darstellung gewidmet.

Hierfür war nicht nur die vielfältige und eminente Bedeutung dieses Mannes bestimmend, sondern auch die Tatsache, daß seit rund 100 Jahren keine Biographie mehr über Albrecht erschienen ist. Darüberhinaus galt es, nach so langer Zeit den hochqualitativen mäzenatischen Nachlaß dieses Renaissance-Fürsten erneut zu inventarisieren und also zusammenzustellen, was an sichtbaren Zeugnissen seines vielfältigen Wirkungsbereiches und seiner bewegten Zeit noch bis in unsere Tage erhalten geblieben ist.

Einige, nunmehr zu Teilaspekten erschienene Arbeiten ergaben hierzu wertvolle Anregungen. Der Verfasser dankt allen Privatpersonen und öffentlichen Stellen, die ihn bei seiner Arbeit unterstützt haben, auf das herzlichste und ist weiteren Anregungen jederzeit aufgeschlossen.

I.
EIN HOHENZOLLER IN MAINZ

Erhard Schön: Kardinal Albrecht von Brandenburg

„Von der Parteien Gunst und Haß verwirrt, schwankt sein Charakterbild in der Geschichte."

Dieses Schiller-Wort, auf Wallenstein gemünzt, läßt sich mit Fug und Recht auch auf Kardinal Albrecht anwenden. Die protestantische Partei schalt ihn den ewigen Cunctator, der sich trotz deutlicher Neigungen nicht entschließen konnte, zum neuen Glauben überzutreten. Der katholischen Partei schien er als heimlicher Lutheraner verdächtig, weil er die Neue Lehre nur halbherzig und dann zu spät bekämpfte. Die deutschen Künstler sahen in ihm den größten Mäzen des Jahrhunderts, die Humanisten ihren Protektor. Das Mainzer Domkapitel verachtete ihn ob seiner zügellosen Verschwendung. Bigotte brandmarkten ihn als Lüstling. Das Volk schätzte seine großzügige Prachtentfaltung ebenso wie seinen demonstrativen Eifer bei den religiösen Zeremonien.

Historiker rühmen seine staatsmännischen Fähigkeiten. Kaiser Wilhelm I. ehrte in ihm einen seiner bedeutendsten Vorfahren. Ulrich von Hutten feierte ihn als den vorzüglichsten aller Fürsten. Luther schließlich redete ihn, als er ihm eine Abschrift seiner 95 Ablaßthesen übersandte, an mit „Hochwürdigster Vater in Gott". Doch im weiteren Verlauf der Reformation schalt er ihn den „Satan von Mainz".

Wer war dieser Mann wirklich?

Albrecht von Brandenburg, aus dem Hause Hohenzollern, wurde als zweiter Sohn des Kurfürsten Johann Cicero von Brandenburg und dessen Gemahlin Margaretha, Tochter des Herzogs Wilhelm III. von Sachsen und Thüringen, am 28. Juni 1490 geboren. Er starb am 24. September 1545 in Mainz.

Durch Geburt und Abstammung trug er die folgenden Titel: Markgraf von Brandenburg, Herzog von Stettin und Wolgast, Herzog der Pommern, Wenden und Kassuben, Herzog von Barth, Herzog von Crossve, Herzog von Crossen, Herzog von Usedom, Herzog von Meranien, Fürst von Rügen, Burggraf von Nürnberg, Graf von Salzwedel, Osterburg, Arneburg, Gützkow, Rowitz, Hohenzollern, Karlsburg, Castell, Schlüsselburg, Wassertrühdingen, Kahlerstein, Herr von Rostock, Ruppien, Fus, Bernstein, Dornberg, Feuchtwangen, Braunecken, Fliegling und Gründlach.

Zu den ererbten Titeln und Vollmachten erwarb Albrecht von Brandenburg – und dies in jungen Jahren – noch die folgenden:

Primas der katholischen Kirche in Deutschland,
Reichserzkanzler des Heiligen römischen Reiches deutscher Nation,
Kurfürst des Heiligen römischen Reiches deutscher Nation,
Kardinal der römischen Kirche,
Erzbischof von Mainz,

Erzbischof von Magdeburg,
Bischöflicher Administrator zu Halberstadt.

Schon diese Häufung von weltlichen und geistlichen Würden, einmalig in der deutschen Geschichte, zeigt, daß wir es mit einem der Großen des Reiches zu tun haben.

Albrecht erhielt nach dem frühen Tode seiner Eltern seine erste Erziehung am brandenburgischen Hof. Als nachgeborener Sohn durch die brandenburgische Erbfolgeordnung von der Regierung ausgeschlossen, wurde er – nach einer kurzen Periode der Mitregentschaft – für den geistlichen Stand bestimmt. Die damals übliche Prinzenerziehung, die hauptsächlich aus Reiten, Jagen und Fechten bestand, scheint Albrecht nicht zuteil geworden zu sein, obgleich der junge Mann seine Altersgenossen um Haupteslänge überragte und von athletischem Körperbau war. Stattdessen sorgte man beizeiten für eine solide wissenschaftliche Ausbildung. Auch in Deutschland hatte sich inzwischen die Renaissance ausgebreitet, das Interesse der Gebildeten für den freien und klaren Geist der Antike war wiedererwacht, und dies hatte eine unvorstellbare Belebung aller Wissenschaften und Künste zur Folge gehabt. Allerorten entstanden neue Universitäten, so auch in der Mark Brandenburg, wo Kurfürst Joachim I. eben erst (im Jahre 1506) die „Viadrina" genannte Universität in Frankfurt an der Oder gegründet hatte. Dorthin wurde Albrecht geschickt. In Frankfurt galt er als lernbegieriger und fleißiger Student, von den üblichen Händeln und Raufereien hielt er sich fern.

Seine hohe Intelligenz wird von allen Zeitgenossen gerühmt. Er beherrschte die lateinische Sprache in Wort und Schrift und sprach ein gutes Griechisch, beides keine Selbstverständlichkeit in einer Zeit, in der viele weltliche und geistliche Fürsten erschreckend ungebildet waren.

Schon frühzeitig stellte Albrechts Bruder, der Kurfürst Joachim I. Nestor von Brandenburg (1484–1535), die Weichen für eine standesgemäße geistliche Laufbahn. Jacopo de' Barbaris Bildnis aus dem Jahre 1508 zeigt den damals achtzehnjährigen Albrecht bereits als Domherrn, vermutlich von Magdeburg. Seit 1509 finden wir Albrecht als Domherrn in Mainz, wo er ab 1510 auch seiner einjährigen Residenzpflicht genügt.

Auf der Suche nach einer für den Anfang geeigneten Diözese stieß Kurfürst Joachim auf den Bischof von Utrecht, dem er 6000 Gulden bot, falls er zugunsten Albrechts resigniere. Daß der greise Bischof ablehnte, erwies sich keineswegs als Nachteil. Denn es gelang den Hohenzollern, in unmittelbarer Nähe Brandenburgs Fuß zu fassen: im August 1513 wählten die Domkapitel von Magdeburg und Halberstadt Albrecht, einen jungen Mann von 23 Jahren, zum Erzbischof von Magdeburg und zum Bischof von Halberstadt.

Im Februar 1513 hatte man eilends noch Albrechts Priesterweihe nachgeholt, um wenigstens die kanonischen Mindestvoraussetzungen zu erfüllen.

Doch Papst Leo X. erhob Einspruch gegen die Bischofswahl, allerdings nicht wegen der geistlichen Unerfahrenheit des Kandidaten, sondern wegen der auffälligen Ämterhäufung. Verhandlungen mit der Kurie und eine beachtliche Dispenszahlung führten zu einem Kompromiß: Albrecht durfte formell nicht Bischof von Halberstadt werden, sondern das Bistum nur als Administrator oder Stellvertreter verwalten.

Dabei ist es geblieben. Albrecht – und das hinter ihm stehende Haus Hohenzollern – strebte nicht nach der Bischofsmitra von Halberstadt, sondern nach dem Kurhut von Mainz. Albrecht erreichte dieses Ziel sehr schnell: schon am 9. März 1514, also im Alter von nur 24 Jahren, wurde er einstimmig vom Domkapitel zum Erzbischof von Mainz und zum Kurfürsten des Heiligen römischen Reiches deutscher Nation gewählt.

Am Sonntag Cantate 1514 hielt Albrecht, zu Schiff am Fischtor ankommend, mit großem Gepränge seinen Einzug in die alte Metropole der deutschen Kirche. Magistrat, Ritter und Klerus geleiteten ihn feierlich zum Dom, wo er zum äußeren Zeichen seiner Inthronisation, unter Absingen von Psalmen, auf den Hochaltar gesetzt wurde. Stadt und Bistum Mainz erhofften sich eine neue Blüte. Man kannte Albrecht als einen Schüler und Gönner des Humanismus. Auch ein Ruf von Großzügigkeit war dem Prinzen vorausgegangen.

Wie kam es nun zu der Wahl des jungen Brandenburgers, und wie kam es als Folge dieser Wahl zu einer solchen Kumulation von Bistümern?

Betrachtet man die lange Reihe der Mainzer Erzbischöfe, so fällt auf, daß darin nur wenige Mitglieder fürstlicher Häuser vertreten sind. Die Mainzer Erzbischöfe stammten in aller Regel aus dem einheimischen Landadel, überwiegend sogar aus einfachen Rittergeschlechtern, einige aus gräflichen Häusern. Ihre Namensliste liest sich wie ein Ortsverzeichnis des Rhein-Main-Gebietes: Weisenau, Eppstein, Isenburg, Ingelheim, Homburg, Heusenstamm, Kronberg, Umstadt. Die Nassauer (von der Lahn) waren Grafen, auch wenn sie einmal (1292) einen deutschen König gestellt hatten. Ebenso gehörten die Wittelsbacher noch dem Grafenstande an, als einer der ihren im Jahre 1160 zum Erzbischof gewählt wurde. Die Schönborns (aus dem Taunushinterland) zählten noch bis ins 17. Jahrhundert zum Niederadel. Sie wurden erst 1663 (unter Johann Philipp) Reichsfreiherren und 1701 Reichsgrafen. Die Dalbergs dienten im Spätmittelalter als Kämmerer des Bischofs von Worms. Die erhalten gebliebene Linie, die sich nach der Burg Dalberg (im Hunsrück) nannte, erreichte trotz ihrer vielfältigen Prominenz lediglich den Freiherrenstand (1654). Der einzige Herzog von Dalberg war ein Fürst von Napoleons Gnaden.

Soweit ersichtlich, überwand das Mainzer Domkapitel in mehr als 1000 Jahren nur dreimal seinen Widerwillen gegenüber Mitgliedern fürstlicher Häuser: einmal mit dem Fürsten von Pfalz-Neuburg, der von 1729 bis 1732 Mainzer Erzbischof war, das zweite Mal mit dem Prinzen Adalbert von Sachsen, der jedoch 1484 vor seiner Bischofswahl bereits starb (sein Grabmal im Mainzer Dom zeigt ihn als Administrator ohne die erzbischöflichen Insignien), und ein drittes Mal eben mit dem Prinzen Albrecht von Brandenburg. Der Markgraf von Meißen (1373–1381) war nur ein umstrittener Gegen-Erzbischof.

Der Mainzer Dom im 16. Jahrhundert. Rekonstruktionsversuch von Ludwig Becker

Fragt man nach den Gründen für diese, viele Jahrhunderte hindurch verfolgte Politik des Mainzer Domkapitels, so muß man sich die geistliche und weltliche Struktur der Erzbistümer – so, wie sie bis zum Jahre 1803 bestanden haben – vor Augen führen. Zunächst einmal waren – jedenfalls in Südwest- und in Süddeutschland – die Bischöfe und Erzbischöfe zugleich geistliche und weltliche Herren. Der Fürstbischof von Würzburg zum Beispiel war gleichzeitig Herzog von Franken. Sein Wappen enthält dementsprechend sowohl den Krummstab als Zeichen der geistlichen Macht, als auch das Schwert, das Zeichen der weltlichen Macht.

Die geistlichen und weltlichen Territorien deckten sich nicht immer. So ist die Mainzer Kirchenprovinz größer gewesen als der mainzische Kurstaat. Zum Erzbistum Mainz gehörten bis zu 12 Suffraganbistümer, darunter Chur in der Schweiz und Prag. Prag ist erst unter Kaiser Karl IV. (1316 bis 1378) ein selbständiges Erzbistum geworden. Zu Albrechts Regierungszeit zählten noch die folgenden Suffraganbistümer zur Mainzer Kirchenprovinz:

Worms, Speyer, Straßburg, Chur, Paderborn, Würzburg, Eichstätt, Werden, Hildesheim, Konstanz und Augsburg. Das Bistum Halberstadt wurde de facto von Mainz aus mitverwaltet. Wenn auch das weltliche Territorium nicht so ausgedehnt war wie die Kirchenprovinz, so stellte doch der Mainzer Kurstaat ein bedeutendes Reichsland dar: er war das größte geistliche Fürstentum im Deutschen Reich.

Als Wahl- und Beratungsgremium in weltlichen und geistlichen Dingen stand dem Bischof – oder Erzbischof – das Domkapitel zur Seite. Dieses war selbst Träger von Rechten und Pflichten, also nach unseren heutigen Rechtsbegriffen eine Juristische Person, eine selbständige Körperschaft des Öffentlichen Rechts. Es betonte stets seine Unabhängigkeit, einerseits gegenüber dem Subklerus, andererseits gegenüber dem Erzbischof. Das Domkapitel besaß eigene Ländereien und Pfründen. Seine rechtliche Eigenständigkeit kam nach mittelalterlichem Brauch durch eine eigene Wappenführung zum Ausdruck.

Dieses Wappen (in Mainz rotweiß quergestreift) ziert noch heute viele Bauten, die einstmals dem Domkapitel gehörten. Bisweilen wurde es sogar ganz bewußt dem bischöflichen Wappen gegenüber-, wenn nicht gar gleichgestellt.

Die Domkapitel fungierten nicht nur als Wahl- und Beratungsgremien; sie dienten auch als Versorgungseinrichtung für die nachgeborenen Söhne des heimischen Adels. Die vielfältig untereinander verwandten und verschwägerten Familien der jeweiligen Region schufen sich mit der Zeit fast ein Monopol für die Besetzung ,,ihrer" Kapitel, und sie wachten eifersüchtig und mit Erfolg darüber, daß ihre Angehörigen auch Karriere machten. Dafür bot sich innerhalb der Domkapitel eine vielfach abgestufte Hierarchie (vom Domizellar bis zum Dompropst); das höchste Ziel bestand natürlich in der Besetzung des Bischofsthrones. So ergab sich fast zwangsläufig die bodenständige Herkunft des jeweiligen Oberhirten. Helmut Hartmann hat in seiner 1979 erschienenen Arbeit über den Stiftsadel an den alten Domkapiteln nachgewiesen, daß es während der von ihm untersuchten Zeitspanne von 1600 bis 1802 in den beiden Erzbistümern Mainz und Trier, sowie in den benachbarten Bistümern Würzburg und Bamberg nur Bischöfe gab, die aus den Reihen ihres Kapitels stammen. Diese Übung war zur Zeit Albrechts in Mainz kaum anders.

Abgesehen von familienpolitischen Aspekten mag sicherlich auch die Besorgnis der Domherren eine Rolle gespielt haben, den Angehörigen fremder Reichsländer könnten die lokalen Verhältnisse nicht hinreichend vertraut sein, und Prinzen aus herrschenden Häusern läge die Politik ihrer fürstlichen Familien näher als das Wohlergehen des Bistums.

Daß die Mainzer Domherren im Falle des Prinzen Albrecht von Brandenburg eine Ausnahme machten, wird heute noch vielfach auf die finanziellen Probleme des Domkapitels zurückgeführt, obgleich Mehl bereits in seiner 1905 erschienen Dissertation: ,,Die Mainzer Erzbischofswahl vom Jahre 1514 und der Streit um Erfurt in ihren gegenseitigen Beziehungen" überzeugend nachgewiesen hat, daß es zwar auch um Finanzierungsfragen ging, daß aber letztlich Mainzer Territorialinteressen den Ausschlag gegeben haben.

II.
ALBRECHTS WAHL ZUM ERZBISCHOF

Kurfürstliches Schloß in Aschaffenburg (Zustand zur Zeit Albrechts)

Freilich war einer der Gründe dafür, daß die Mainzer Domherren im Jahre 1514 ihre Abneigung gegenüber Erzbischöfen aus regierenden Häusern zurückstellten, zunächst einmal finanzieller Natur. Es hatte sich nämlich seit Jahrhunderten der Brauch eingebürgert, daß das sogenannte Palliengeld vom Domkapitel an den Papst gezahlt wurde. Es handelte sich hierbei um eine versteckte Steuer. Der Papst übersandte das Zeichen der erzbischöflichen Würde, eben das Pallium, sowie die Bestätigungsurkunde nur gegen Zahlung einer bestimmten und im Laufe der Jahrhunderte ständig erhöhten Geldsumme. Zu Ende des 15. Jahrhunderts hatte das Palliengeld die Höhe eines Jahreseinkommens des Bistums erreicht, weswegen auch die Bezeichnung Annaten (von annus) verwandt wurde.

Nun hatte das Unglück es gewollt, daß innerhalb eines Jahrzehntes drei Mainzer Erzbischöfe gestorben waren, nämlich am 21. 12. 1504 Berthold, Graf von Henneberg, am 15. 9. 1508 Jakob von Liebenstein und am 9. 2. 1514 Uriel von Gemmingen. Dadurch wurde das Mainzer Domkapitel vor die Notwendigkeit gestellt, zum vierten Mal innerhalb so kurzer Zeit die hohen päpstlichen Abgaben für den neuen Erzbischof, insbesondere das Palliengeld, aufzubringen. Hierzu waren die Mainzer Domherren nicht bereit. Sie ließen daher allerorten verlauten, nur derjenige Bewerber um den erzbischöflichen Stuhl habe eine Chance, vom Domkapitel gewählt zu werden, der sich zuvor bereiterkläre, die Palliengelder aus eigener Tasche zu bezahlen. Damit war zugleich entschieden, daß bei dieser Wahl ein Priester aus dem heimischen Landadel keinerlei Chance hatte. Denn die Palliengelder machten für das Mainzer Erzbistum einen Betrag von 20 000 Gulden aus, eine für damalige Begriffe enorm hohe Summe, die nur ein sehr wohlhabendes Herrscherhaus flüssig machen konnte. Es erwies sich bald, daß nicht einmal das Haus Brandenburg hierzu in der Lage war. Der Bruder Albrechts, Kurfürst Joachim I. Nestor von Brandenburg, winkte ab; er hatte bereits das Palliengeld für Albrechts Ernennung zum Erzbischof von Magdeburg aufgebracht. Außerdem hatte er einen sehr hohen Betrag dafür an den Papst zahlen müssen, daß dieser die Übernahme zweier Bistümer, nämlich Magdeburg und Halberstadt, durch Albrecht genehmigt hatte. Das war an sich kirchenrechtlich unzulässig und bedurfte eines ausdrücklichen päpstlichen Dispenses, den der Papst sich nach der damaligen Handhabung teuer bezahlen ließ. Doch jetzt mußte außer dem Palliengeld noch einmal eine Dispenstaxe von 10 000 Gulden aufgebracht werden, denn die Übernahme zweier Erzbistümer (Magdeburg und Mainz) verstieß erneut und noch eklatanter gegen das Kirchenrecht.

Kurfürst Joachim signalisierte, daß er in die Mainzer Erzbischofswahl nichts mehr investieren könne.

Albrechts Chancen wurden dadurch in keiner Weise gemindert, denn Albrecht verpflichtete sich gegenüber dem Domkapitel, die päpstlichen Abgaben anderweitig aufzubringen. Albrecht beabsichtigte nämlich, sich das Geld bei dem Bankhaus Fugger in Augsburg zu leihen. Die Rückzahlung des Darlehens sollte mit Hilfe des berühmt-berüchtigten Ablaßhandels erfolgen, der dann so ungeahnte Konsequenzen nach sich zog. Wir kommen hierauf in einem späteren Zusammenhang nochmals zurück. Als sicher kann angenommen werden, daß die Mainzer Domherren darüber informiert waren, auf welche Weise Albrecht sich die enorme Summe von 30 000 Gulden beschaffen und wie er sie zurückzahlen wollte. Schon zu ihrer eigenen Sicherheit werden die Domherren hierüber genaueste Fragen gestellt haben. Es ist nicht überliefert, daß das Domkapitel in irgendeiner Weise Einspruch gegen die Finanzierungsmethode erhoben habe; es war also offensichtlich damit einverstanden. So undenkbar ein derartiger Vorgang für uns heute sein muß, so selbstverständlich war er damals am Ende des Mittelalters, in einer Zeit, in der die Simonie (der Ämterhandel) gang und gäbe war.

Die Wahl des neuen Mainzer Erzbischofs wurde für den 9. März 1514 ausgeschrieben. Allzu viel Mühe brauchte sich das Kapitel nicht zu geben, um einen Nachfolger für Uriel ausfindig zu machen. Bewerber um diesen vornehmsten erzbischöflichen Stuhl Deutschlands stellten sich frühzeitig ein; bot sich doch hier jungen Fürstensöhnen die Gelegenheit, eine sehr einträgliche und durchaus standesgemäße Versorgung und darüberhinaus noch Macht und Einfluß zu gewinnen. Große Anstrengungen unternahm das Haus Wittelsbach in seiner kurpfälzischen Linie. Kurz nach dem Tode des Erzbischofs, schon am 24. Februar, erschien der Kurfürst Ludwig von der Pfalz persönlich bei dem Domkapitel, um für einen seiner drei Brüder zu werben. Er wies insbesondere auf die Nachbarschaft der beiden Kurfürstentümer hin, aus der dem Erzstift Nutzen erwachsen könnte. Auch bei Kaiser Maximilian I. bemühten sich die kurpfälzischen Räte, doch vergebens; der Kaiser hatte schon einen Kandidaten, dem er seine Unterstützung zuteil werden ließ. Kaum war ihm nämlich die Erkrankung Erzbischofs Uriel mitgeteilt worden, als er schon seinen Neffen Ernst von Bayern, Sohn des Herzogs Albrecht von Bayern-München, dem Domkapitel als Nachfolger empfahl. Am 22. Februar 1514 trafen die kaiserlichen Gesandten in Mainz ein, um hier für den Prinzen Ernst von Bayern zu werben. Als die kaiserliche und die pfälzische Partei im Laufe der Wahlverhandlungen einsehen mußten, daß ihre Kandidaten nur geringe Aussichten hatten, einigten sie sich auf einen gemeinsamen dritten Kandidaten, den Bischof von Straßburg, Graf Wilhelm von Hohenstein. Dadurch glaubte man zugleich, einen der vom Mainzer Kapitel verschmähten Prinzen in Straßburg unterbringen zu können.

Daß das Mainzer Domkapitel allen drei Bewerbern eine Absage erteilte und Albrecht von Brandenburg den Vorzug gab, hatte – wie bereits erwähnt – letztlich nicht finanzielle, sondern territorial-orientierte Gründe. Denn auch die pfälzische und kaiserliche Partei hatte sofort ihre Bereitschaft erklärt, die Palliengelder selbst aufzubringen. Insoweit standen also die Kandidatenchancen pari. Durch die Wahl Albrechts von Brandenburg hofften aber die Mainzer, einen zusätzlichen Vorteil zu erlangen: nämlich die Konsolidierung ihrer Besitzrechte um die Stadt Erfurt, daneben auch den Rückkauf der verpfändeten Stadt Gernsheim. Dabei kam der Beilegung der Erfurter Krise herausragende Bedeutung zu. Erfurt war seinerzeit die größte Stadt des Kurstaates, wesentlich größer als die Residenzstadt Mainz, eine der drei oder vier größten Städte Deutschlands überhaupt. Ein wohlhabendes Gemeinwesen, das nach dem begehrten Rang einer freien Reichsstadt Ausschau hielt, die Stadt mit der damals berühmtesten und meistbesuchten Hochschule Deutschlands. Luther hatte dort studiert. Erfurt war zugleich das Zentrum der sehr ausgedehnten mainzischen Besitzungen in Thüringen. Mit Erfurt stand und fiel daher die Herrschaft des Kurfürstentums in diesem Landesteil. Nachteilig hatte sich hierbei wie stets die räumliche Entfernung der entlegenen Provinz ausgewirkt. Die Begehrlichkeit der Nachbarfürsten, insbesondere Kur-Sachsens, richtete sich schon seit längerer Zeit auf die thüringischen Besitztümer. Mit Geld, Politik und Propaganda versuchte man, die Thüringer gegen Mainz aufzuwiegeln. Die Subversionsarbeit konzentrierte sich begreiflicherweise auf die Landeshauptstadt Erfurt. Nur mit Mühe hatte Uriel von Gemmingen sich noch in der Stadt behaupten, die sächsischen Parteigänger vertreiben oder zumindesten niederhalten können. Kaiser Maximilian I. zeigte sich in der Erfurter Frage zunächst dem Mainzer Erzbischof günstig gesinnt. Er ergriff auch Maßnahmen zur finanziellen Sanierung der stark verschuldeten Stadt. Aber im Herbst 1510 war es den am kaiserlichen Hofe tätigen Räten gelungen, beim Kaiser eine Sinnesänderung zugunsten Sachsens zuwege zu bringen.

In dieser bedrohlichen Lage sah man sich in Mainz nach Hilfe um. Schon Erzbischof Diether von Isenburg hatte am Ende seiner Tage den sächsischen Prinzen Adalbert zu seinem Koadjutor ernannt, um Erfurt in eine größere Abhängigkeit von dem Mainzer Erzstuhl zu bringen. Uriel von Gemmingen hegte denselben Plan. Er wollte einen Koadjutor aus fürstlichem Geschlecht erwählen, dessen Hausmacht stark genug sei, um den sächsichen Bestrebungen Widerpart zu bieten.

Hierfür hatte man schon zu Lebzeiten Uriels eben den jungen Albrecht von Brandenburg vorgesehen, der seit 1509 in Mainz eine Domherrenstelle besaß. Am 1. Februar 1510 war Albrecht in Mainz eingetroffen, um das ihm von Papst Julius

H. Burgkmair: Kaiser Maximilian I. als Ritter

Albrechts Wahl zum Erzbischof

II. verliehene Kanonikat in Besitz zu nehmen und die dazu erforderliche Residenz von einem Jahr zu halten. Daher war Albrecht den Mainzern kein Unbekannter mehr.

Von dem aufstrebenden Geschlecht der Hohenzollern in der Mark Brandenburg, den geborenen Rivalen der sächsischen Wettiner, durfte sich der Mainzer Erzstuhl den notwendigen Beistand in der Tat erwarten. Gerade in den letzten Jahren war es den Hohenzollern gelungen, den Wettinern einige wichtige Positionen abzuringen. So gelang es dem Hohenzollern-Prinzen Albrecht, einem Vetter des späteren Erzbischofs, Hochmeister von Preußen zu werden, nachdem sein Vorgänger, der Herzog Friedrich von Sachsen, 1510 verstorben war. Auf dem erzbischöflichen Stuhl zu Magdeburg hatte bis 1513 Ernst, Herzog von Sachsen, gesessen. Sein Nachfolger war Albrecht von Brandenburg.

Damit hatten die Sachsen ihre vorletzte geistliche Position verloren. Die letzte verloren sie noch in demselben Jahr, als das Bistum Halberstadt, das bisher von einem nachgeborenen Sohn aus kursächsischem Hause verwaltet wurde, an Albrecht von Brandenburg ging. Den Hohenzollern war es also gelungen, den sächsischen Wettinern in Mitteldeutschland schweren Schaden zuzufügen. Kurfürst Friedrich, genannt der Weise, von Sachsen, suchte nun durch einen Gewaltstreich Erfurt an sich zu bringen, er bereitete eine militärische Invasion vor. Erfurt sollte über Nacht durch 4000 Soldaten besetzt werden. Erfurt war auf das höchste bedroht. Von der Wahl des neuen Erzbischofs hing für die Stadt in Thüringen viel ab.

Das Domkapitel in Mainz tat gut daran, die Rivalität der beiden norddeutschen Fürstenhäuser auszunutzen. Dem Erzbischof von Magdeburg und Mainz, wie dem Kurfürsten von Brandenburg, mußte daran gelegen sein, Erfurt nicht in die Hände der Wettiner gelangen zu lassen. Die Beherrschung Erfurts lag im natürlichen Interesse der Hohenzollern. Thüringen bildete eine günstige Etappe und ein natürliches Bindeglied zwischen Mainz und Berlin. Die Hohenzollern durften den Verlust Erfurts an Sachsen einfach nicht zulassen. Als nun auch noch Kurfürst Joachim von Brandenburg das Versprechen abgab, er wolle im Falle der Wahl seines Bruders Albrecht den Schutz Erfurts auf seine eigenen Kosten übernehmen, durfte das Domkapitel wohl annehmen, daß es ihm damit ernst war. Diese Zusage war es dann, die den letzten Ausschlag für die Wahl Albrechts gab.

Doch die mißtrauischen Mainzer Domherren sicherten sich noch weiter ab. Sie verlangten nämlich als Voraussetzung für die Wahl Albrechts dessen Versprechen, daß er im Besitze des bisherigen Erzbistums Magdeburg bliebe. Die Mainzer befürchteten nämlich, daß andernfalls vielleicht sein Interesse an Erfurt erlahmen könnte. Um ganz sicher zu geben, ließen sie sich eine diesbezügliche Verpflichtungserklärung nicht nur von Albrecht, sondern auch von seinem Bruder, dem Kurfürsten Joachim, geben. Erst danach war die Wahl Albrechts endgültig beschlossene Sache. Übrigens hatte auch die bayerische und pfälzische Konkurrenz im Verlauf der Wahlverhandlungen herausgefunden, daß es den Mainzern nicht nur um Finanzierungsfragen, sondern vor allem um die thüringischen Besitztümer ging. Auch aus diesem Grunde hatten daher die Wittelsbacher Prinzen ihre Kandidatur zugunsten des Straßburger Bischofs Wilhelm von Hohenstein zurückgezogen. Denn dieser entstammte einem thüringischen Grafengeschlecht. In Erfurt hatte er sein Studium absolviert, mit den Verhältnissen des Erzstiftes war er vertraut und besaß in Mainz großen Anhang. Doch sieht man die dynastisch-territorialen Zusammenhänge, so ist es klar, daß dieser Bewerber keine reale Chance haben konnte.

Die Interessen der brandenburgischen Hohenzollern gingen also in jeder Hinsicht mit denen des Mainzer Domkapitels konform. Die Hohenzollern konnten ja nur daran interessiert sein, daß einer der ihren die geistlichen und weltlichen deutschen Teilstaaten Mainz, Magdeburg und Halberstadt regierte, ein anderer das mächtige Kurfürstentum Brandenburg, ein dritter die Länder des Deutschen Ritterordens in West- und Ostpreußen. Hinzu kamen noch die Besitzungen der fränkischen und schwäbischen Hohenzollern.

Durch Albrechts Mainzer Wahl reichte daher ihr Einflußbereich von Rheinhessen bis nach Thüringen; dann jenseits der Mark über das deutsche Ordensland bis ins Baltikum, also ein – wenn auch vielfach zerbröckeltes – Gebiet von Alzey bis Memel.

So rasch vollzog sich der Aufstieg der Hohenzollern, daß selbst der Kaiser – Maximilian I. aus dem Hause Habsburg – mißtrauisch wurde. Obgleich ein Gegner Kursachsens und sonst den Hohenzollern freundlich gesinnt, widersprach er der Wahl Albrechts zum Erzbischof von Mainz, insbesondere mit dem Argument, es gehe nicht an, daß zwei Brüder gleichzeitig Kurfürsten seien, nämlich Joachim und Albrecht von Brandenburg. Das Mainzer Domkapitel setzte sich jedoch über diesen kaiserlichen Einspruch hinweg. Den Mainzern war das thüringische Hemd näher als der kaiserliche Rock.

Außer Erfurt ging es dem Mainzer Domkapitel um die Stadt Gernsheim bei Worms. Einer von Albrechts Vorgängern, Kurfürst Adolf II. aus dem Hause Nassau, hatte Amt und Stadt an den Landgrafen von Hessen für 40 000 Gulden verpfändet. Das Domkapitel legte Wert darauf, daß die Stadt wieder ausgelöst wurde. Albrecht verpflichtete sich hierzu und erfüllte diese Verpflichtung im Jahre 1520. Wenn auch die Stadt Gernsheim bei weitem nicht von so großer territorialer

Albrechts Wahl zum Erzbischof

Bedeutung war wie etwa Erfurt, so bedeutete doch die derzeitige Verpfändung für die Mainzer eine Schmach, die es so bald wie möglich auszulöschen galt.

Schließlich war der Papst in Rom – der Mediceer Leo X. – nicht nur von der finanziellen Seite her an Albrecht interessiert, so groß auch immer sein Geldbedarf gewesen sein mag. Daß er Albrecht in so außergewöhnlichem Maße favorisierte, scheint letztlich politischer Überlegung entsprungen zu sein. Denn die Kurie hatte ein vitales Interesse daran, das brandenburgische Geschlecht in seiner Missionspolitik im Norden und Osten des Kontinents zu stärken und zu ermutigen. Deshalb übersah der Papst auch, daß der Kandidat für den Erzbischofstuhl das nach kanonischem Recht erforderliche Alter von 30 Jahren noch bei weitem nicht erreicht hatte. Deshalb erteilte Leo den doppelten Dispens. Der Papst wollte den einen Hohenzollern in Mainz hofieren, um den andern in Brandenburg zu stärken.

Dennoch: das ganze blieb ein exzeptioneller Vorgang. Ein Zeitgenosse schrieb: „Wie hat sich alles verändert! Ein junger Mann, der kaum die Schulen verlassen hat, wird in einem Jahr auf drei bischöfliche Sitze, und noch dazu die angesehensten, erhoben!"

Der junge Mann, von dem hier die Rede ist, war tatsächlich gerade 24 Jahre alt.

Dom zu Halberstadt

III.
DER ABLASSHANDEL – DAS GROSSE ÄRGERNIS

Johann Tetzel (zeitgenössischer Kupferstich)

Der Ablaßhandel – das große Ärgernis

Es ist immerhin erstaunlich, daß die größte Glaubensspaltung der Alten Welt – bei allem bereits vorhandenen Rumor – letztlich nicht durch einen religiösen Vorgang ausgelöst wurde, sondern durch ein Finanzierungsgeschäft: allerdings durch eine Geldbeschaffungsaktion allergrößten Ausmaßes.

Wie wir bereits sahen, war die Zahlungsunfähigkeit oder -unwilligkeit des Mainzer Domkapitels einer der Gründe – wenn auch nicht der ausschlaggebende – für die Wahl Albrechts zum Mainzer Erzbischof gewesen. Nun hatte sich Albrecht zwar in der Wahlkapitulation hoch und heilig verpflichtet, die 30 000 Gulden Pallien- und Dispensgelder zu zahlen, jedoch der junge Hohenzollern-Prinz war damit eine Verbindlichkeit eingegangen, die er aus eigenen Mitteln überhaupt nicht erfüllen konnte. Er verfügte über kein nennenswertes Vermögen. Auch die Verwandtschaft hatte gepaßt. War Albrecht, der kaum einen Pfennig besaß, nun ein Hochstapler, ein Betrüger? Keineswegs: denn Albrecht erwies sich trotz seiner Jugend und seiner provinziellen Herkunft als Finanzgenie. Er plante und realisierte das gewaltige Projekt in einer für die damalige Zeit höchst originellen und modernen Art und Weise, nämlich über einen Bankkredit.

Der Gang zur Bank – für den heutigen Menschen ein Alltagsgeschäft – stand damals dem gewöhnlichen Sterblichen noch nicht offen. Christen durften keine Kreditgeschäfte betreiben; die Bibel untersagte es, Zinsen zu nehmen.

So blieb das Geldverleihen lange Zeit allein den Juden überlassen. Wer also Geld brauchte, lieh es in kleinen Beträgen und zu meist horrenden Zinsen beim jüdischen „Wucherer". Doch kam dies selten vor. Man lebte nicht über seine Verhältnisse, regelte auch manche Verbindlichkeit durch Naturalien oder durch Dienstleistungen. Erst gegen Ende des 15. Jahrhunderts waren in Deutschland überhaupt Bankhäuser entstanden. Es gab nur wenige, und sie dienten lange Zeit nur den Herrscherhäusern. Erst allmählich fanden sie auch Eingang bei den Großkaufleuten, zumal sie selbst auch Handel trieben. Dem Normalbürger blieben sie noch lange verschlossen.

Je exklusiver, desto größer war ihre Macht. Es ist nicht übertrieben, zu sagen, daß die großen Bank- und Handelsfirmen Jahrhunderte hindurch sogar die einzige, wirklich funktionierende überregionale Organisation in Deutschland darstellten. Werfen wir einen Blick auf den historischen Hintergrund:

Das Heilige römische Reich deutscher Nation war ein Land ohne Hauptstadt, ohne gesicherte Grenzen, ohne Grundbesitz, ohne Geld, ohne Polizei, ohne Armee, ohne einheitliches Recht, ja sogar ohne Steuern und Zölle. Alles dies lag in den Händen der Landesfürsten, und jeder von ihnen – mochte sein Land noch so winzig sein – versuchte, sich möglichst von den andern zu unterscheiden, wachte eifersüchtig darüber, daß die überkommenen Privilegien erhalten blieben. Unaufhörliche Verkäufe, Verpfändungen, Vermächtnisse führten darüberhinaus zur territorialen Zersplitterung. Einzig die geistlichen Fürstentümer hatten ihren Bestand wahren können, weil ihre Territorien nicht durch die ständigen Erbteilungen zerfasert werden konnten. Am Ende des Alten Reiches, in der napoleonischen Epoche, wurden rund 1000 reichs-unmittelbare Herrschaften und rund 500 verschiedene Währungen in Deutschland liquidiert. Als letzter Teilstaat übrigens Mainz, das noch bis zum Schluß gehofft hatte, verschont zu bleiben.

Dennoch ist der Föderalismus, als Ausdruck der Kleinstaaterei, bis heute ein Charakteristikum der deutschsprachigen Länder geblieben. Österreich, West-Deutschland, die Schweiz sind Bundesrepubliken, während andere europäische Großmächte – zum Beispiel Frankreich, Spanien und England – schon im frühen Mittelalter den Durchbruch zum Zentralstaat vollzogen haben.

Die Karte des Deutschen Reiches zur Zeit der Reformation gleicht einem bunten Flickenteppich. Dabei waren die kleinsten Territorien, nämlich die Städte, oft die reichsten und stärksten, allen voran die Freien Reichsstädte. Hier entstanden im 15. Jahrhundert die großen Bankhäuser. Sie spannten bald ein ganzes Netz über Europa, ja bis in die Neue Welt. Die Fugger leiteten von Augsburg aus ihre Kontore in Rom, Krakau, Antwerpen, Venedig, Madrid. Ihnen gehörten Kupferbergwerke in Ungarn, Salzminen in Siebenbürgen, Quecksilbergruben in Spanien. Ihre Augsburger Konkurrenten, die Welser, hatten ihre Vertretungen in Lissabon und Indien. Sie gründeten sogar eine Kolonie in Venezuela. Die Höchstetter, Paumgartner, in Nürnberg die Tucher waren kaum geringer. Sie unterhielten ihre eigenen Gesandtschaften und ihre eigene Kurierpost. Hier allein herrschte Ordnung und Disziplin, wurde geplant, regiert und verdient.

Die Macht der großen Bankhäuser in der damaligen Zeit – übrigens schon damals Monopole genannt – läßt sich schlecht überschätzen. So durfte ein Feldzug nie länger als drei Monate dauern, denn die Söldnerarmeen wurden nur mit Quartalswechseln finanziert, und bis zu deren Fälligkeit mußte die Darlehensrückzahlung aus den Beutegeldern erfolgen. Die Eroberungen und Entdeckungen in der Neuen Welt wären ohne die Kredite der Großbanken nie zustande gekommen. Zu Recht wurden die Fugger die „Königsmacher" genannt. Die deutschen Kaiser und Könige waren arm, nicht selten blieben sie ihre Zeche schuldig. Die Fugger halfen aus, wo es sich lohnte. Manchmal bremsten sie auch. So hatte Maximilian I. eine zeitlang allen Ernstes den Plan verfolgt, Papst zu werden. Das Projekt scheiterte nicht zuletzt deshalb, weil die Fugger jegliche Kreditzusage verweigerten. Doch die Kaiser-Wahl seines Nachfolgers, Karls des V., finanzierten sie, ebenso die Wahl seines Bruders Ferdinand.

Die Fugger besaßen auch Verbindungen zum Vatikan, waren gelegentlich zur

Stelle, wenn es galt, das Geld für den Kauf einer reichen Prälaten-Pfründe vorzuschießen.

Man sieht: ein Wandel bahnt sich an. Adel und Geistlichkeit allein bestimmen nicht mehr die Geschicke des Reiches. Eine neue Macht ist hinzugekommen: die großen, meist reichsfreien Städte und in ihnen die wohlhabenden Bankiers- und Kaufmannsfamilien. Mit der Renaissance hatte auch das Zeitalter der Geldwirtschaft begonnen.

Albrecht, wenig erfahren, aber scharfsinnig und klugem Rat aufgeschlossen, erkannte die Zeichen der Zeit und gedachte, die neuen Möglichkeiten zu nutzen. Er wandte sich an das Augsburger Bankhaus Fugger. Und nun wurde eine Transaktion vereinbart und durchgeführt, die Weltgeschichte gemacht hat, und die sich in dürren Worten so darstellt: die Fugger erklärten sich bereit, den Kredit von 30 000 Gulden zu gewähren. Das Darlehen war rückzahlbar innerhalb von acht Jahren in jährlichen Raten, zuzüglich Zinsen. Sie verlangten dafür zunächst eine Schuldverschreibung, die Albrecht am 15. 5. 1514 in Köln an der Spree unterzeichnete. Allerdings zahlten die vorsichtigen Fugger die 30 000 Gulden nicht an Albrecht aus – er hätte das Geld ja für andere Zwecke verwenden können – sondern direkt an den Papst in Rom.

Die Rückzahlung des Darlehens sollte aus Ablaßgeldern erfolgen. Albrecht verpflichtete sich daher, mit Genehmigung des Papstes eine großangelegte Ablaßaktion durchzuführen. Die eingehenden Gelder wurden in Höhe des Kredites im voraus an Fugger verpfändet.

Ablaß war zwar nicht Sündenvergebung, sondern Nachlaß von Kirchenstrafen. Dieses Benefitium wurde – nicht nur, aber vornehmlich – gegen Geld an die Gläubigen verkauft. Schuld wurde durch Zahlung getilgt, eine Art klerikaler Bußgeldtarif. Sieben Jahre Ablaß, das bedeutete zum Beispiel, sieben Jahre weniger im Fegefeuer zu schmoren. Diese Wohltat konnte man zu einem festgelegten Preis für sich oder auch für Verwandte und Freunde erwerben. Der Ablaßhandel war im Laufe der Zeit zu einem ausschließlichen Privileg der Päpste geworden. Anderen Personen erteilten die Päpste die Ablaß-Genehmigung nur für bestimmte Gebiete, für bestimmte Zwecke und mit zeitlicher Begrenzung. Ohne das Placet des Papstes konnte also Albrecht keinen Ablaß durchführen. Er schickte daher eine Delegation nach Rom, die aus seinen Räten und aus Vertretern des Bankhauses Fugger bestand. Die Herren hatten Glück, der Papst zeigte sich gnädig. Allerdings befand er sich selbst in größter Geldverlegenheit. Allein der riesige Neubau der Peterskirche verschlang Unsummen; diese fabbrica di San Pietro sollte noch die Finanzen zahlreicher Pontifikate ruinieren. Der Papst genehmigte daher den Ablaß nur unter der nahezu ungeheuerlichen Bedingung, daß anstelle der

30 000 Gulden das Doppelte eingebracht würde, und daß auch der Mehrbetrag an ihn – als „Peterspfennig" – fließen solle. Da jedoch die Organisation des Ablasses stets mit erheblichen Unkosten verbunden war, und auch die Zinsen zu tilgen waren, mußte in Wirklichkeit noch ein weit höherer Betrag als 60 000 Gulden eingesammelt werden, um das Geschäft vollständig abzuwickeln.

Die Abgesandten Albrechts und Fuggers akzeptierten die päpstlichen Bedingungen, jedoch erst, nachdem sie – als vorsichtige Geschäftsleute – von Leo X. die Verpflichtung verlangt (und erhalten) hatten, die Ablaßgenehmigung für die Darlehenslaufzeit von acht Jahren weder zu widerrufen noch zu suspendieren, ferner in den drei Bistümern Albrechts so lange keine anderen „Indulgenzien" zu genehmigen.

Schließlich war noch die Zustimmung des Kaisers Maximilian I. einzuholen, denn auch er mußte das Ablaßgeschäft offiziell gestatten.

Er erteilte gnädigst die Erlaubnis gegen Zahlung der relativ kleinen Summe von jährlich 1000 Gulden.

So war nun das Geschäft perfekt und nach allen Seiten hinreichend abgesichert. Der Papst erließ die Ablaßbulle. Der Handel konnte beginnen.

Zu päpstlichen Kommissarien für die Durchführung der Kampagne waren Albrecht und der Mainzer Franziskanerguardian ernannt worden. Sie erließen eine Ende 1516 oder Anfang 1517 bei Johann Schöffer in Mainz gedruckte Instruktion für die Subkommissare, in der alle Einzelheiten festgelegt wurden. Zum Generalsubkommissar für die Magdeburger Kirchenprovinz wurde der Dominikanerprior Johann Tetzel ernannt.

Albrecht hatte damit eine vorzügliche Wahl getroffen. Denn Tetzel war im Ablaßgeschäft sehr erfahren, ein hervorragender Organisator und zudem ein begabter Showman. Schon 1507 hatte er einen großen Ablaßfeldzug zugunsten des Deutschen Ordens in Preußen durchgeführt – von daher war er offenbar dem Brandenburger bekannt. Auch in Sachsen und Schlesien war er als Ablaßprediger höchst erfolgreich tätig gewesen.

Tetzel trat stets mit eindrucksvoller Pracht und großem Gefolge auf. Wenn er sich in seinem großen, mit Ablaßzetteln behängten Wagen einer Stadt näherte, dann hatten seine Funktionäre schon mit dem Magistrat verhandelt und alles gebührend vorbereitet. Bei Tetzels Einzug wurden alle Glocken geläutet, die Honoratioren standen zum Empfang bereit. Tetzel zog in die größte Kirche; dort richtete er das rote Ablaßkreuz auf, das rechts und links von zwei Fahnen mit dem Papstwappen flankiert wurde. Daneben stellte man die schweren, mit Eisenbändern beschlagenen Opferkästen, die für die Aufnahme des Geldes bestimmt waren. Nach feierlichem Gottesdienst bestieg Tetzel die Kanzel und begann eine

Gianbattista Cavalieri: Fabbrica di San Pietro in Rom.
Museum Palazzo Corsini, Rom

seiner mächtigen Predigten, mit der donnernden Stimme eines großen, starken Mannes vorgetragen.

Er muß ein vorzüglicher Redner gewesen sein, ,,sehr kune und ziemlich gelart", wie ihn ein Zeitgenosse schildert. Tetzel war Doktor und Professor der Theologie. Doch vornehmlich volkstümliche, ja marktschreierische Wendungen, Drohungen und Versprechungen gingen ihm leicht von der Zunge. Der Vers: ,,Wenn das Geld im Kasten klingt, die Seele aus dem Fegefeuer springt" wird ihm sicherlich nicht zu Unrecht zugeschrieben. Er soll, Luther zufolge, auch behauptet haben, das rote Ablaßkreuz sei ebenso heilkräftig wie das Kreuz Christi, oder er, Tetzel, könne ebensoviel Gnaden spenden wie der Heilige Petrus.

Ablaßhandel

Im Gefolge der Ablaßprediger befanden sich stets die Kommissare des Bankhauses Fugger. Nur in ihrer Gegenwart durften die Ablaßkästen geöffnet werden. Ferner war die Zuziehung eines Notars vorgeschrieben, der ein durch Zeugen bestätigtes Protokoll anfertigte, in dem das vorgefundene Geld – einschließlich der Falschmünzen – genauestens aufgeführt wurde. Die Hälfte des Geldes war für das Bankhaus Fugger bestimmt, die andere Hälfte gehörte dem Papst. Die Fuggerschen Kommissare dienten zugleich als Treuhänder für die päpstliche Hälfte, so daß der gesamte Inhalt der Ablaßkästen zunächst nach Augsburg geschafft wurde. Übrigens waren auch die Kommissare und sonstigen Funktionäre mit gewissen, stark wechselnden Prozentsätzen am Umsatz beteiligt. Diese Provisionen mußten vorweg ausgezahlt werden, und es galt natürlich auch, die sehr hohen Unkosten für die Ablaßkampagne, Reise- und Verpflegungskosten etc. aus den Einnahmen zu bestreiten.

Tetzel scheint zu Beginn der Kampagne übrigens etwas zu großzügig gewirtschaftet zu haben. Magere Resultate und übergroße Ausgaben veranlaßten Albrecht, Tetzel eine Rüge zu erteilen. Auch habe sich seine Mannschaft unschicklich aufgeführt.

Späterhin ist jedoch von derartigen Beschwerden nicht mehr die Rede. Der Ablaßfeldzug ist offensichtlich in finanzieller Hinsicht ein voller Erfolg geworden. Wir können davon ausgehen, daß die 60 000 Gulden, zuzüglich Zinsen und Unkosten, bis zum letzten Pfennig aufgebracht wurden; das Gegenteil wird nirgendwo berichtet.

Luther selbst hat den Ablaßprediger Tetzel nie angehört. In dem kursächsischen Wittenberg konnte Tetzel nicht predigen, denn Kurfürst Friedrich der Weise wollte nicht zulassen, daß das sächsische Geld für den Mainzer Kollegen aus dem Lande getragen würde. Aber im nahen Brandenburg standen Tetzel alle Türen offen, und Luthers Beichtkinder eilten über die Grenze nach Jüterbog, Zerbst und anderen Orten, um dort die begehrten Ablaßbriefe zu kaufen. Das empfand Luther als Eingriff in seine seelsorgerische Tätigkeit; er war in Wittenberg nicht nur Universitätsprofessor, sondern auch Pfarrer. Zunächst versuchte er, von der Kanzel aus aufklärend zu wirken. Die Ablässe, so sagte er, lehrten das Volk nur die Sündenstrafe zu fürchten, nicht aber die Sünde. Seinen Zuhörern vermochten solch feine Unterscheidungen jedoch nicht einzuleuchten. Sie kauften weiter die Ablaßbriefe. Darauf beschloß Luther, die Sache gründlicher anzupacken. Er besorgte sich eine Textausgabe der Ablaßinstruktion und ersah daraus, daß Tetzels Verkaufsstrategie keineswegs nur seiner eigenen Erfindung entsprang, sondern auf offizieller erzbischöflicher Anweisung beruhte.

Jetzt erst entschloß sich Luther zu dem entscheidenden, historisch so bedeutsam

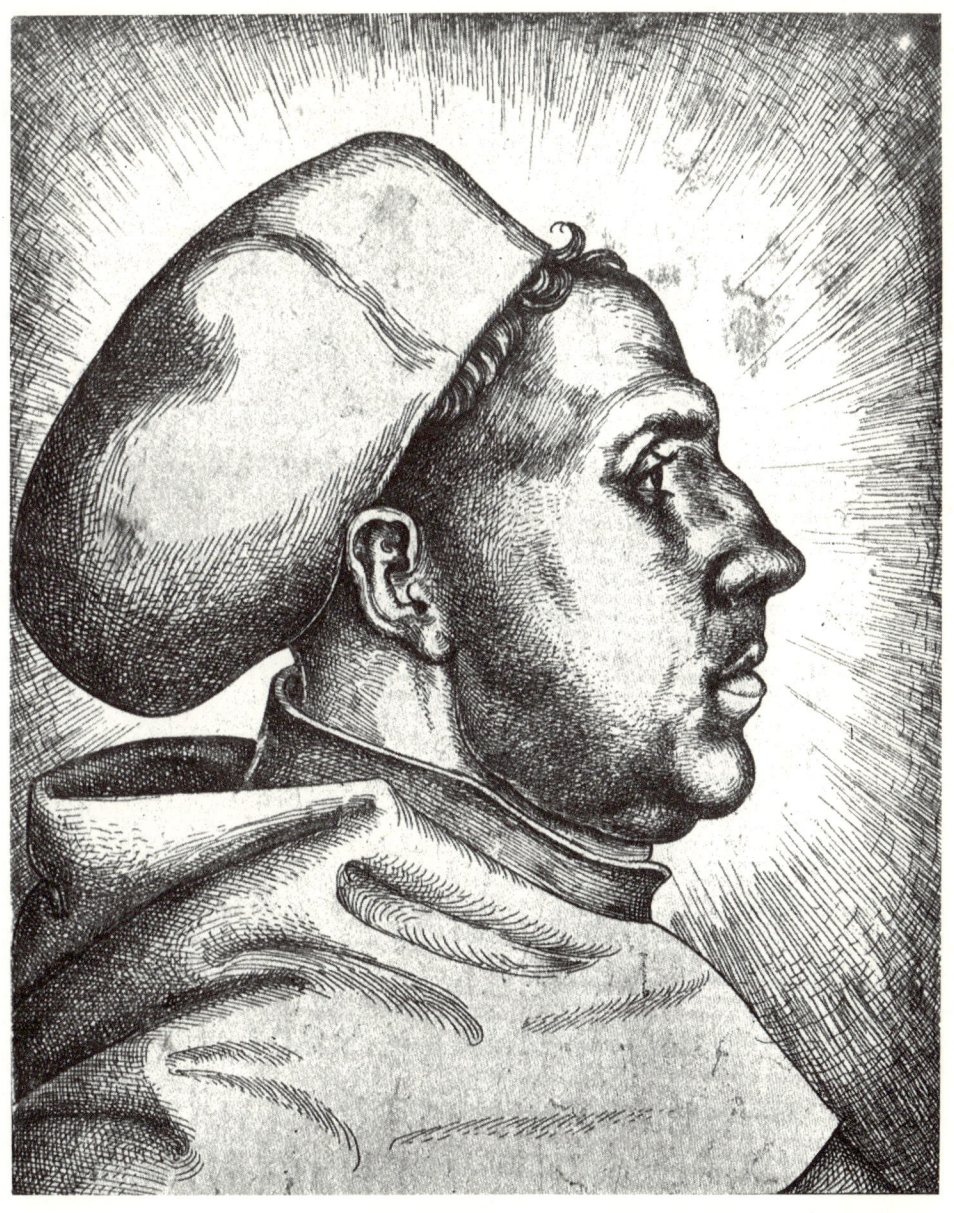

Lukas Cranach d. Ä.: Martin Luther mit Doktorhut.
Kunstsammlungen der Veste Coburg

Der Ablaßhandel – das große Ärgernis

gewordenen Schritt. Er meinte, nun als „berufener Doktor der Theologie" mit allem Nachdruck handeln zu müssen. Dabei beschritt er einen doppelten Weg: am 31. 10. 1517 nagelte er er seine 95 „Thesen wider den Ablaß" an die Tür der Schloßkirche zu Wittenberg und forderte damit, akademischem Brauche folgend, die Verfechter des Ablaßhandels zum theologischen Streit, zur Disputation, heraus. Noch an demselben Tage schrieb Luther seinen berühmten Brief an Albrecht nach Mainz und übersandte ihm als Anlage die Thesen. Albrecht war in seiner Eigenschaft als Erzbischof von Magdeburg Luthers höchster kirchlicher Vorgesetzter innerhalb Deutschlands, denn Wittenberg gehörte zwar politisch zu Kursachsen, kirchlich aber zur Diözese Brandenburg, diese wiederum zum Erzbistum Magdeburg. Eine Abschrift des Briefes schickte Luther an den Bischof von Brandenburg, eine weitere hob er sich vorsorglich auf.

Luthers Brief hat Albrecht nach Durchlaufen mehrerer Instanzen tatsächlich erreicht. Ob aber der hohe Herr die Thesen länger überdacht hat, ist ungewiß; schließlich war er zwar Priester, aber kein Theologe. Er verstand jedenfalls, daß dem Ablaßgeschäft Gefahr drohe. Auch fand er das Vorgehen des Mönches „trotzig".

Albrecht ließ Luthers Thesen der Universität Mainz zur Begutachtung vorlegen, zugleich aber mit dem Wunsch, es möge ein processus inhibitorius eingeleitet werden, ein Verbot, sich weiterhin zu der Frage zu äußern. Die Mainzer Professoren kamen zu dem Ergebnis, einige der Thesen seien falsch, doch sei das Werk im ganzen nicht zu verdammen. Darauf schickte der vorsichtige Albrecht den kompletten Vorgang nebst Gutachten nach Rom an den Papst mit der Bitte um Kenntnis- und Stellungnahme. Auch wenn Albrecht kein gelernter Theologe war, so muß er doch das richtige Gespür für die Brisanz der 95 Thesen besessen haben. Er beschränkte sich nicht etwa darauf, den Brief des „garstigen Mönchleins" ad acta legen zu lassen, sondern behandelte die Angelegenheit mit auffallender Sorgfalt.

Ob Albrecht glaubte, der Fall wäre damit abgeschlossen, wissen wir nicht. Jedenfalls wäre diese Annahme ein schwerer Fehler gewesen. Denn die 95 Thesen und Luthers Brief an Albrecht lösten die größte Glaubensspaltung aller Zeiten aus. Der Abfall der Ostkirche, der einige Jahrhunderte zuvor stattgefunden hatte, mutet dagegen nur an wie eine mittlere Palastrevolution. Die evangelischen Kirchen feiern nicht ohne Grund bis zum heutigen Tage am 31. Oktober das Reformationsfest, ihren ganz speziellen Gedenktag; die Historiker datieren auf den 31. Oktober 1517 den Beginn der Reformation.

IV.
SCHWERT UND KRUMMSTAB

Martinsburg in Mainz (mit dem später angebauten Kurfürstlichen Schloß und dem Kanzleibau)

Nicht nur die beginnende Glaubensspaltung stellte Albrecht gleich zu Anfang seiner Regierung vor schwere Entscheidungen, er mußte auch gegen andere Mächte einschreiten, so gegen das Raubrittertum. Im Jahre 1515 hatte er noch überall in seinen Territorien die Huldigungen seiner Untertanen entgegengenommen, auch so manche lokale Streitigkeit geschlichtet. Dann blieb er zunächst in Halle. Doch seine Anwesenheit in Mainz wäre notwendiger gewesen. Denn Götz von Berlichingen, der „Ritter mit der eisernen Hand", schickte sich an, das Erzstift mit Raub- und Mordbrand heimzusuchen. Er überfiel Mainzer Kaufleute, die zur Frankfurter Messe zogen, brannte Dörfer aus an der Grenze des Kurstaates.

Er versuchte auch, drei Mainzer Domherren, die von Halle nach Mainz zogen und 34 000 Gulden Ablaßgelder mitbrachten, zu überfallen und ihnen das Geld abzunehmen. Auf Betreiben Albrechts wurde Götz im Jahre 1518 in die Reichsacht getan. Ein kurmainzer Amtmann – nicht ein kaiserlicher Hauptmann (wie bei Goethe) – war es, dem der Raubritter darauf sein „klassisches" Zitat an den Kopf warf. Diese Provokation entbehrte nicht einmal eines realen Hintergrundes, denn die Reichsacht blieb nur ein Stück Papier; letztlich konnte man Götz nichts anhaben. Im Gegenteil: nachdem Götz den Grafen von Waldeck, einen Mainzer Lehensmann, entführt hatte, sah sich Albrecht sogar gezwungen, für den Entführten ein Lösegeld zu zahlen und sich mit Götz von Berlichingen zu einigen. Der „Ritter mit der eisernen Hand" hat in der Folgezeit noch viel Unfrieden gestiftet.

In der klaren Erkenntnis, daß eine funktionsfähige Gerichtsbarkeit für ein Staatswesen unerläßlich ist, begann Albrecht schon 1515 mit der Reorganisation der Justiz. Dies führte im Jahre 1516 zur Gründung des Hofgerichts. Damit war erstmals eine Zentralinstanz geschaffen und außerdem ein Appellationsgericht, das bisher völlig gefehlt hatte. Es setzte sich aus einem Vorsitzenden und zehn Richtern zusammen, die teils Doktoren der Rechte, teils Angehörige des höheren Adels waren. Das Hofgericht hat – im Gegensatz etwa zum Reichskammergericht – stets vorzüglich funktioniert. Es hat bis zum Ende des Kurstaates (1803), also rund 380 Jahre lang Bestand gehabt. Die Mainzer Hofgerichtsordnung diente als Vorbild für zahlreiche andere Reichsländer und wurde – in mehr oder weniger abgewandelter Form – noch bis ins 17. Jahrhundert hinein kopiert. Auf dem Reichstag zu Nürnberg 1522/23 brachte man den offiziellen Antrag ein, nach dem Muster der Mainzer Hofgerichtsordnung sollten die Fürsten ihre Gerichtsbarkeit reformieren.

Erster Anstoß zur Gründung des Hofgerichts war die Reichskammergerichtsordnung von 1495. Sie befahl allen Landesherren, ein Obergericht zu schaffen und dessen Organisation dem Reichskammergericht als zentraler Appellationsinstanz

Titelblatt der Mainzer Hofgerichtsordnung von 1521

anzupassen. Indessen – die Fürsten nahmen sich Zeit, und so gehörte Albrecht zu den ersten Landesherren, die dem Gebot des Reiches nachkamen. Er verstand es vor allem, diese Institution konsequent weiterzuentwickeln und für Jahrhunderte lebensfähig zu machen.

So wurde das Hofgericht sogleich vom Hofstaat völlig getrennt. Sein Sitz folgte nicht der jeweiligen Residenz des Kurfürsten, sondern wurde auf Dauer für Mainz bestimmt. Die Richter durften keiner anderen Behörde angehören. Sie waren grundsätzlich nicht weisungsgebunden, wenn auch der Hofrat sich immer wieder anmaßte, ihnen Befehle zu erteilen, wogegen dann die Richter regelmäßig protestierten. Für die Besoldung wurde ein eigener Etatposten geschaffen, dessen reichliche Ausstattung dem Domkapitel lange Zeit ein Dorn im Auge war.

Das Hofgericht war an sich als Berufungsinstanz gedacht, jedoch konnten die Parteien auch vereinbaren, daß ein erstinstanzlicher Prozeß statt bei dem Untergericht beim Hofgericht geführt wurde. Für Berufungssachen gab es eine Frist von 10 Tagen und einen Mindeststreitwert von 25 Rheinischen Gulden. Als Parteivertreter waren Advokaten und sogenannte Prokuratoren zugelassen. Sie unterstanden der Dienstaufsicht des Gerichtsschreibers, der dafür sorgte, daß sie pünktlich zu den Sitzungen erschienen und sich nicht unziemlich benahmen. Während die Advokaten Graduierte einer juristischen Fakultät sein mußten, waren die Prokuratoren Subalternbeamte, die ihre Tätigkeit nur im Nebenberuf ausübten. Sie durften keine Schriftsätze fertigen, wie die Advokaten, sondern nur den mündlichen Sachvortrag vor Gericht halten. Die Gebühren der Advokaten und Prokuratoren konnten auf Antrag der Parteien durch das Hofgericht festgesetzt werden.

Die Geistlichkeit war der allgemeinen Gerichtsbarkeit entzogen, ferner das Hofpersonal, sowie die Juden bei erstinstanzlichen Rechtsstreiten untereinander. Diese Personengruppen hatten ihre eigenen Justizorgane.

Das Hofgericht war ein reines Zivilgericht. Strafsachen kamen in erster und letzter Instanz vor den Hofrat, ein Rechtsmittel war – wie überall im alten Reiche – nicht gegeben. Nur noch ein Gnadenerweis des Kurfürsten konnte den Verurteilten vor dem Henker bewahren.

Gegen die Urteile des Hofgerichts gab es das – allerdings damals wie heute – stark eingeschränkte Rechtsmittel der Revision an das Reichskammergericht. Eine der Zulässigkeitsvoraussetzungen war ein Mindeststreitwert, der zu Albrechts Zeiten immerhin schon 400 Rheinische Gulden betrug. Diese auffällig hohe Streitwertgrenze sorgte allein schon dafür, daß das Reichskammergericht nur mit wenigen Revisionssachen aus dem Mainzer Kurstaat behelligt werden konnte.

Die Mainzer Hofgerichtsordnung von 1516 ist im Zusammenhang zu sehen mit der damals stattfindenden Rezeption des Römischen Rechts. Sie setzt zwar für die

Mainzer Kernlande die bereits vollzogene Übernahme des fremden Rechts als Tatsache voraus, schuf aber in Anwendung der neuen Normen eine für das Staatsvolk vorbildliche und allgemeinverständliche Ordnung.

Für andere Provinzen des Kurstaates, so für das Eichsfeld, bedeutete die Hofgerichtsordnung sogar den Beginn der Rezeption. In Erfurt wiederum konnte die Hofgerichtsordnung sich gegen den Widerstand des Rates nicht durchsetzen; sie trat dort praktisch niemals in Kraft.

Als Redaktoren der Hofgerichtsordnung gelten der Mainzer Hofmeister Eitelwolf vom Stein und, nach dessen Tod, der Mainzer Kanzler Johann Furderer.

Albrechts Sorge für die Justiz ist während seiner ganzen Regierungszeit nicht erlahmt. 1534 folgte als Ergänzung der Hofgerichtsordnung die Untergerichtsordnung für den Mainzer Kurstaat. 1544 waren die Arbeiten an einer zweiten Auflage des Gesetzeswerkes mit zahlreichen Novellierungen und Verbesserungen abgeschlossen. 1534 schuf Albrecht dazu noch eine Art Handelsgerichtsbarkeit, nämlich Schnellgerichte, die in den Kaufhäusern und auf den Märkten an Ort und Stelle Recht sprechen sollten.

Durch Verfügung vom 17. 3. 1517 setzte Albrecht eine Zensur- und Inquisitions-Kommission ein, um das ketzerische Schrifttum zu bekämpfen. Kein Zufall ist es, daß Albrecht in dem Dekret die vielen Bücher erwähnt, die „seit Erfindung der Buchdruckerkunst zutage gekommen" seien, denn schließlich war es in Mainz geschehen, daß, nur wenige Jahrzehnte zuvor, Johannes Gutenberg die Kunst des Druckens mit beweglichen Lettern erfunden hatte. In Mainz waren die Druckereien seitdem wie Pilze aus dem Boden geschossen. Mainz war einer der wichtigsten Plätze der Buchherstellung geworden, wenn auch der Buchhandel schon sehr bald seine Metropole in Leipzig fand.

Am 1. 7. 1517 wurde in Mainz ein Reichstag eröffnet. Kaiser Maximilian I. war nicht anwesend, sondern durch Kommissarien vertreten, jedoch nahmen die Kurfürsten, die anderen Fürsten und Stände teil. Verhandlungsort war der heute noch vorhandene große Kapitelsaal im Dom. Von allen Seiten kamen Klagen. Namentlich die Straßen waren unsicher. Raubritter wie Franz von Sickingen oder Götz von Berlichingen überfielen noch immer die Reisenden, plünderten ganze Ortschaften. Durch den Juli und August zogen sich die Verhandlungen dahin. Man appellierte an den Kaiser, sich den Zustand des Reiches doch zu Herzen zu nehmen. Zu irgendeinem Beschluß kam es jedoch nicht, unverrichtet ging man wieder auseinander.

Zu den ersten Amtshandlungen des jungen Erzbischofs hatte es auch gehört, eine Gruppe vertrauenswürdiger Domherren und Theologieprofessoren zur Visitation von Klöstern und Pfarreien, Kollegiatstiften und Propsteien hinauszusenden.

Dort war schon längere Zeit nicht alles in Ordnung. Ein großer Teil der Mainzer Geistlichkeit gefiel sich im Konkubinat wie im Geschäftemachen. Albrecht erließ ein scharfes Mandat gegen den Grundstückshandel der Kleriker, zumal deren Besitz Steuerfreiheit genoß. Die Anweisung scheint allerdings nicht überall befolgt worden zu sein, sie mußte 1520 wiederholt und verschärft werden.

Auch in den magdeburg-halberstädtischen Landen kümmerte sich Albrecht sogleich um die Verwaltung, insbesondere um die Finanzen, um die Gerichtsbarkeit und die sehr wertvolle Salzgewinnung.

1517 stellte Albrecht der Stadt Mainz einen Freiheitsbrief aus, der die – zwar nur noch sehr geringe – Autonomie der Stadt bestätigte. In demselben Jahr erließ Albrecht eine ausführliche Instruktion für das Mainzer Münzwesen, insbesondere für die Prägung und Verwahrung von Geld. 1518 wurde auf Albrechts Anordnung das kurfürstliche Archiv in Mainz gegründet, das, soweit es die Zeitläufe überstanden hat, eine unersetzliche Quelle für die deutsche Geschichtsforschung darstellt. 1518 erging eine Forstordnung für den Spessart zur Bekämpfung des Holz- und Wildfrevels in diesem auch damals schon riesigen Waldkomplex.

Am 1. 8. 1518 war anläßlich des Reichstages die Prominenz des Sacrum Imperium im Dom zu Augsburg versammelt. Ein feierliches Hochamt hatte soeben seinen Abschluß gefunden. Kaiser Maximilian I. thronte in seinem Ornat aus Goldbrokat unter einem roten Baldachin im Chor, rechts vom Altar, ihm gegenüber, alle zum Reichstag eingetroffenen Kurfürsten, Herzöge, Fürsten, Grafen und Prälaten. Auf den Stufen des Altars stand der päpstliche Legat Kardinal Thomas de Vio, ihm zu Füßen, und dennoch alle um Haupteslänge überragend, Albrecht von Brandenburg. Ihm war soeben der Kardinalshut der Römischen Kirche aufgesetzt worden. „Auf seiner Stirne thronet unerschrockener Mut, in seinen Mienen Heiterkeit, sein Gang ist ruhig, einnehmend, sein Benehmen herablassend, doch voll fürstlicher Würde; mit herkulischer Leibesstärke begabt, hat er in seinem Vortrage die Beredtsamkeit des Paulus". Mit dieser Anrede huldigte der päpstliche Legat dem neuen Purpurträger.

Für den 28jährigen vor dem Altar war dies der Höhepunkt einer Blitzkarriere ohne Beispiel.

Niemals zuvor oder danach hat ein deutscher Kleriker eine solche Fülle von hohen und höchsten Ämtern in derart jungen Jahren erreicht.

Auch für das Erzbistum Mainz war dies ein besonderer Tag. Denn ungeachtet seiner herausragenden Bedeutung – immerhin war der Mainzer Oberhirte Primas von Germanien – hatte es auf dem Mainzer Erzstuhl bisher erst einen Kardinal (Konrad von Wittelsbach) gegeben.

Es bedarf auch der Erwähnung, daß Albrecht die Kardinalswürde nicht durch

Simonie erlangt hat. Papst Leo X., ein Fürstensohn, Mäzen und Diplomat wie Albrecht, setzte nicht nur auf die Hohenzollern'sche Karte, sondern er mochte den jungen Erzbischof und hielt große Stücke auf ihn, empfand möglicherweise eine Art von Geistesverwandtschaft. Albrecht ist stets ein ausgesprochener Günstling des ersten Mediceer-Papstes gewesen.

Albrecht wurde übrigens zunächst Kardinal zu San Chrisogono in Rom, später zu der höherrangigen Kirche San Pietro in Vincola und ließ sich als solcher in zahlreichen Inschriften bezeichnen.

Die Kardinalswürde hat Albrecht im wesentlichen nur als ein Dekorum verstanden. Er fühlte sich nicht als ein Mitglied der „päpstlichen Familie", sondern als deutscher Kurfürst und Landesherr. Schon bald sollte er dies erneut unter Beweis stellen.

Nachdem er nämlich das Gerichtswesen geordnet hatte, ging er an die Reform des Verwaltungssystems. Eine der Besonderheiten des Mainzer Kurstaates war das Fehlen eines zusammenhängenden Staatsgebiets. Es gab vier räumlich getrennte Landesteile:
– das Untere Erzstift (Mainz mit dem Rheingau, dessen Hauptstadt Eltville war)
– das Obere Erzstift (die am Main gelegenen Landesteile mit der Hauptstadt Aschaffenburg)
– Erfurt mit den zahlreichen umliegenden Ortschaften
– das Eichsfeld mit Heiligenstadt und Duderstadt
– hinzu kam zahlreicher Streubesitz außerhalb dieser Territorien (insgesamt 18 Mainzische Oberämter und Ämter im Rheinland, in Hessen und Franken).

Ranghöchste lokale Verwaltungsbeamte waren die Vizedome (auch Vitzthume genannt, von vicedomus), die in Mainz, Aschaffenburg und Eltville regierten. Die nächstniedrigere Instanz war der Oberamtmann, dann der Amtmann. Letzterem gleichgeordnet war häufig der „Kellner" oder „Keller" (von cellarius), dem die Finanzverwaltung unterstand.

Besondere Behörden gab es in Erfurt und im Eichsfeld. Dort regierte im Namen des Kurfürsten der jeweilige Statthalter. Wichtige Kompetenzen waren dort bei den Magistraten und den Landständen verblieben, die sich eine beachtliche Unabhängigkeit von der Mainzer Zentralverwaltung bewahrt hatten. Übrigens ernannte Albrecht außer den vorerwähnten Statthaltern auch noch Statthalter auf Zeit für ein ganzes Erzstift, insbesondere bei längerer Abwesenheit, so während der Bauernkriege den Bischof Wilhelm von Hohenstein, 1532 den Neffen Johann Albrecht von Hohenzollern oder bis 1528 mehrfach den Mainzer Domdechanten Lorenz Truchseß von Pommersfelden.

Albrecht verstand es, der Kurmainzer Verwaltung wie der Rechtspflege durch

Reformen ihre mittelalterliche Unordnung und Schwerfälligkeit zu nehmen und sie zu wirksamen, fortschrittlichen Instanzen umzuwandeln. Dabei verfolgte er zugleich mehrere Ziele: die Stärkung der Zentralgewalt, eine Abgrenzung der Zuständigkeiten, den Abbau der ,,Nebenregierung" des Domkapitels, die Sanierung der Finanzen und die Institutionalisierung der einzelnen Behörden. Auch seine Neuschöpfungen auf dem Gebiet der Verwaltungsreform bestanden, wenig verändert, bis zum Ende des Kurstaates und dienten zahlreichen anderen Fürsten als Vorbild.

Die Verwaltungsreform manifestierte sich in dem 1522 errichteten ,,Regiment". Dieses stellte sozusagen das Gegenstück zum Hofgericht dar. Es schuf in Gestalt des Hofrates die oberste Verwaltungs- und zugleich Aufsichtsbehörde für die Lokalverwaltungen. Der Behörde gehörten 13 ausgesuchte Mitglieder an. Damit wurde erstmals eine zentrale Verwaltungsinstanz geschaffen. Das ,,Regiment" regelte nicht nur die Zuständigkeiten, sondern auch den Geschäftsablauf. Die Räte hatten im Sommer um 6 Uhr, im Winter um 7 Uhr die Messe zu besuchen und anschließend zur Arbeit zu erscheinen. Die Arbeit durfte nur durch die Mahlzeiten und Tagesgebete unterbrochen und nicht eher beendet werden, bis alle Geschäfte erledigt waren. Es herrschte die Sechstagewoche. In dringlichen Fällen hatten die Hofräte auch am Sonntag zur Sitzung zu erscheinen. Beschlüsse wurden nach dem Mehrheitsprinzip gefaßt. Bei Stimmengleichheit entschied der Kurfürst, in seiner Abwesenheit der Vertreter des Domkapitels. Albrecht hat in den ersten Jahren sehr häufig an den Sitzungen seines Hofrates teilgenommen. Später ging er dazu über, sich nur noch in besonders wichtigen Angelegenheiten Vortrag halten zu lassen. Besonders achtete Albrecht darauf, daß die Ratsprotokolle ordentlich geführt und mit anderen wichtigen Urkunden in einer Zentralregistratur gesammelt wurden.

Auch in seinen anderen Territorien versuchte Albrecht, Ordnung zu schaffen, so zum Beispiel 1538 durch eine Kanzleiordnung für das Erzbistum Magdeburg.

Das Mainzer Domkapitel setzte dem ,,Regiment" von Anfang an Mißtrauen, ja Widerstand entgegen. Es betrachtete diese neue Verwaltungsinstanz – nicht zu Unrecht – als ein Instrument zur Schmälerung seiner eigenen Rechte. Nach der Satzung sollten stets zwei Domkapitulare Mitglieder des Hofrats sein. Doch das Domkapital zögerte so lange, die beiden Kandidaten für das verhaßte Gremium zu nominieren, bis Albrecht von sich aus die Ernennung verfügte. Das Domkapitel protestierte und strich seinen beiden Ratsvertretern für die Dauer ihrer Abordnung die Präsenzgelder, die einen großen Teil ihrer Einkünfte ausmachten, um ihnen ihre neue Tätigkeit zu verleiden.

Der Hofrat hatte grundsätzlich keine Funktionen der Rechtsprechung. Diese waren vielmehr dem Hofgericht zugewiesen, womit Albrecht, späteren Ideen vorgreifend, bereits Ansätze einer Gewaltenteilung schuf.

In den Jahren 1526–1528 wurde das „Regiment" ergänzt durch den Erlaß von 15 Städteordnungen sowie zwei Landesordnungen für das Obere Erzstift und den Rheingau. Sie alle hatten dasselbe Ziel, nämlich die Einschränkung der Selbstverwaltung und die Stärkung der Zentralgewalt durch Abbau lokaler Privilegien.

1532 erfolgte die klare Trennung von Verwaltungsdienst und Hofdienst durch den Erlaß der Hofordnung. Sie enthielt im wesentlichen Anweisungen für Küche und Keller, für die Hofbeamten und das Hofgesinde, für die Zeremonien am kurfürstlichen Hof. Albrecht erließ 1541 schließlich noch eine neue Ordnung für „Rat und Kanzlei". Diese schuf erstmals eine genaue Abgrenzung der Zuständigkeiten des Hofrats zu den Ortsbehörden und damit eine wesentliche Straffung und Vereinfachung des Geschäftsganges.

Albrechts Reformwerk verdient auch deshalb Beachtung, weil sich der Erzbischof hierdurch erstmals in größtem Umfang über die Schranken hinwegsetzte, die ihm durch die Wahlkapitulation gesetzt waren. Seit dem Hochmittelalter hatten die Domkapitel das ausschließliche Recht der Bischofswahl als ein unumstößliches Privileg durchgesetzt. Sie benutzten dieses Privileg hauptsächlich dazu, ihre eigenen Rechte und Mitwirkungsbefugnisse zu zementieren und den Bischof weitestmöglich „an die Leine zu legen". Dies geschah in Form der bischöflichen Wahlkapitulationen (auch iuramenta, pacta, Wahlgedinge genannt). Es handelt sich um feierlich beschworene Urkunden mit einem ganzen Katalog von Versprechungen und Zugeständnissen, die der Bischof vor seiner Wahl gegenüber dem Domkapitel abgeben mußte, wollte er überhaupt gewählt werden. Die Wahlkapitulationen waren in den deutschen Bistümern in der ersten Hälfte des 13. Jahrhunderts entstanden als Reaktion auf die von den geistlichen Fürsten angestrebte Alleinherrschaft. Die Domherren hatten ursprünglich das Instrument der Wahlkapitulaton tatsächlich nur dazu benutzt, sich den Autonomiegelüsten ihrer geistigen Landesherren zu erwehren. Mit der Zeit allerdings hatten sie sich ein Übergewicht zu verschaffen gewußt, und sie waren dazu übergegangen, den Katalog ihrer Ansprüche ständig zu erweitern. Hieraus entstand vor den Bischofswahlen regelmäßig ein Tauziehen um Geld und Privilegien, das oft groteske, ja erpresserische Formen annahm. Bei Albrechts Mainzer Bischofswahl hatte es keine Besonderheiten gegeben, seine Wahlkapitulation entsprach den von seinen Vorgängern übernommenen Verpflichtungen. Neu war lediglich die rigorose Forderung, keinen Juden im Bereich des Erzstifts zu dulden – eines der vielen Zeugnisse für den Antisemitismus jener Zeit. Zum Glück für alle Beteiligten unterließ es der liberale Erzbischof, dieser Verpflichtung nachzukommen. Die Juden blieben, wo sie waren und behielten ihren Lebensraum, vornehmlich im Handel und Geldwesen. Aber auch sonst setzte sich Albrecht im Laufe seiner Regierungszeit immer mehr über die einstmals beschworenen Zugeständnisse seiner Wahlkapitulation hinweg, meist zum Vorteil seiner Untertanen, aber ebenso zum Ärger des Mainzer Kapitels. Allerdings in einem Punkte blieben die Domherren wachsam und unerbittlich: bei den Finanzen. Hier vermochte es Albrecht nicht, die Fesseln der Wahlkapitulation abzuschütteln, und hierüber gab es zwangsläufig nicht enden wollende Querelen.

Zu den vielen Neuerungen und Umwälzungen, die das beginnende 16. Jahrhundert mit sich brachte, gehörte auch die Entstehung des Beamtentums im modernen Sinne. Im Mittelalter waren es die Lehnsleute des Fürsten gewesen, denen die Verwaltungsgeschäfte oblagen. Es genügte, wenn sie ihre Aufgaben nebenberuflich und meistens auch ohne Besoldung wahrnahmen. Zwar hatte sich gegen Ende des 15. Jahrhunderts bereits erwiesen, daß das Anwachsen der Bevölkerungszahlen, die Zusammenballungen in den Städten, aber auch das Erstarken der landesherrlichen Gewalt und die damit sprunghaft ansteigende Verwaltungsarbeit eine hauptamtliche Tätigkeit sowie Spezialkenntnisse, z. B. des römischen Rechts und der lateinischen Sprache, erforderte. Doch zog man die nötigen Konsequenzen nur zögernd. War doch die Verwaltung bisher eine Domäne des Adels gewesen, der hier ein jahrhundertealtes Monopol zu verteidigen hatte. Zu Albrechts Regierungszeit kam aber deutlich zutage, daß adelige Herkunft und allgemeine Lebenserfahrung nicht mehr ausreichten. Die Fürsten verlangten nun von ihren Beamten eine akademische Ausbildung, die überall auflebenden Universitäten boten hierzu reichliche Möglichkeiten. Dies hatte zur Folge, daß nun auch zahlreiche Bürgerliche in die Beamtenstellen einrückten. Zwar machen auch die Söhne der Adelsfamilien von der Möglichkeit des Studiums häufigen Gebrauch, doch gewannen die Fachleute aus den Kaufmanns- und Handwerkerfamilien bald die Oberhand. Der Adel zog sich mehr und mehr auf die ihm verbliebenen Domänen des Hofdienstes und des Militärs zurück, und bei dieser Aufgabenteilung ist es in allen deutschen und österreichischen Staaten bis zum Untergang der Monarchien 1918 im wesentlichem geblieben.

Die Besoldung der Beamten war zu Albrechts Zeiten – und noch lange danach – sehr bescheiden. Sie erfolgte zum Teil in Naturalien (z. B. in Wein, Korn oder Holz, der ,,Schlaftrunk" findet sich häufig auf der Besoldungsliste). Oft genug blieb die Besoldung auch ganz aus. Man vertröstete dann die Beamten auf Abschlagszahlungen, versprach ihnen Beförderungen oder entschädigte sie durch Grundbesitz, wenn die Schuld zu hoch aufgelaufen war.

Die Dienstvorschriften waren von altväterlicher Strenge, sie reichten bis in das Privatleben. So wurde den Mainzer Beamten vorgeschrieben, welche Kleider sie –

und auch ihre Frauen – zu tragen hätten, wie oft und wann sie die Messe besuchen mußten, wen sie heiraten durften. Die Teilnahme an verschiedenen öffentlichen Lustbarkeiten und an Glücksspielen war ihnen verboten. Trotz allem waren die Beamtenstellen im Mainzer Kurstaat sehr begehrt, nicht nur, weil sie Bürgersöhnen den sozialen Aufstieg ermöglichten, sondern auch, weil die Verwaltung – nicht zuletzt durch Albrechts grundlegende Reformen – einen vorzüglichen Ruf genoß und bessere Arbeit leistete, als die Administration in den meisten anderen Reichsländern. Goldschmidt sieht denn auch mit Recht den Grund für den Verfall des Maizer Staates im 18. Jahrhundert nicht in der Art der inneren Verwaltung oder in ihrer Besetzung, sondern eher in dem durch die historische Entwicklung überholten Prinzip des geistlichen Wahlfürstentums.

1525, gleich nach Beendigung des Bauernkrieges, schuf Albrecht eine neue Gemeindeordnung für den Kurstaat.

1528 folgte eine Mainzer Stadt- und Marktordnung, die sich unter anderem mit dem Kaufhaus am „Brand" und dem Verkauf von Lebensmitteln befaßte. In demselben Jahr wurde ein neues Wachtreglement zur Verteidigung der Stadtbefestigungen erlassen.

Ebenfalls 1528 verfügte Albrecht eine neue Bauordnung, eine Apothekenordnung, sowie Preisvorschriften für verschiedene Waren und Dienstleistungen, um dem Preiswucher Einhalt zu gebieten, ferner ein Verbot an die Geistlichkeit, öffentliche Gasthäuser und Schankwirtschaften zu unterhalten. Im Jahre 1528 kaufte Albrecht außerdem von dem Grafen von Königstein für 6000 Gulden das auf der Mainspitze, der Hauptstadt gegenüber gelegene Dorf Kostheim, das für Mainz von strategischer Bedeutung war.

Man sieht also, daß Albrecht sogleich die Regierungsgeschäfte mit der frischen Kraft seiner Jugend in die Hand genommen, unter Hinzunahme fähiger Berater Ordnung geschaffen und Schritt für Schritt Neuerungen eingeführt hat, die von grundsätzlicher Bedeutung und langem Bestand gewesen sind.

Eine glänzende Hofhaltung in der Martinsburg, die sich Kurfürst Diether von Isenburg draußen am Rhein anstelle des alten Bischofshofes beim Dom erbaut hatte – das heutige Kurfürstliche Schloß wurde erst später errichtet – gab Gewerben und Künsten zu tun. Der junge Kurfürst übernahm den Bildhauer Hans Backoffen und den Maler Mathias Gothardt, genannt Grünewald, aus dem Dienst seiner Vorgänger. Auch als nachhaltiger Förderer der neuen humanistischen Wissenschaft trat er in Erscheinung. Der Humanist Johann Huttich, der, wie Albrecht selbst, an der Universität Frankfurt/Oder studiert und sich in Mainz niedergelassen hatte, wurde damit beauftragt, aus Stadt und Umgebung römische

Grabsteine und Sarkophage für seine Collectanea Antiquitatum, die 1520 im Druck erschien, zusammenzustellen.

Im Gefolge des Kurfürsten befand sich der gelehrte schwäbische Ritter Eitelwolf vom Stein. Er hatte die Studien des Prinzen geleitet und wurde mit den höchsten Ämtern der Verwaltung betraut. Albrecht, stets in Kontakt mit den führenden Geistern seiner Zeit, zog Professoren nach Mainz und beabsichtigte, die Mainzer Universität zu erneuern und sie zur größten in Europa zu entwickeln. Sie sollte die Hochburg des Humanismus und zugleich ein Bollwerk gegen die Scholastik und Mönchsgelehrsamkeit des Mittelalters werden. Leider blieben diese Universitätspläne durch den frühen Tod des Ritters Eitelwolf, auch infolge der restaurativen Strömungen nach dem Bauernkrieg, größtenteils unausgeführt.

In Mainz gingen mit den stürmisch vordrängenden Humanisten Meistersinger Hand in Hand, zu denen, im Unterschied von Nürnberg, außer Handwerkern auch Leute von Adel und Beamte gehörten. Auf der anderen Seite waren auch die Verteidiger der kirchlichen und wissenschaftlichen Tradition, Priester und Professoren, keineswegs müßig. So entwickelte sich durch Albrechts Initiative sogleich ein sehr aktives Geistesleben in der alten Stadt Mainz, die lange ein bürgerlich-bescheidenes Dasein geführt hatte.

Neben Kunst und Wissenschaft blühten auch Sterndeuterei und Alchimie. So beschäftigte Albrecht in Mainz jahrelang einen Hofastrologen, Johannes Indagine, und sein Nachbar Franz von Sickingen förderte die Projekte des berühmten Dr. Faustus (der längere Zeit in Kreuznach lebte) zur Goldgewinnung.

Albrechts Leibarzt war übrigens von 1516–1520 Dr. Heinrich Stromer, gen. Auerbach. Er wirkte später als Professor in Leipzig, wo ihm (wie Cranach in Wittenberg) das Recht des Weinausschanks gewährt wurde. In seinem Leipziger Haus befand sich „Auerbachs Keller", der durch Goethes „Faust" berühmt geworden ist.

Noch zwei Fakten verdienen, festgehalten zu werden, die das hohe Lob, das der päpstliche Legat dem jungen Albrecht in Augsburg spendete, zu rechtfertigen scheinen. Acht Jahre nach seinem Regierungsantritt wagte Albrecht es, ein so heikles Problem wie die Leibeigenschaft anzupacken und sie für alle seine Territorien endgültig aufzuheben, hierin den meisten anderen Landesherren ein Beispiel gebend. Auch lockerte er – sehr gegen den Widerspruch seiner Domkapitel und Magistrate – die Beschränkungen, die den Juden auferlegt waren. Albrecht erwies sich auch hierin als ein fortschrittlicher, vom Geist des Humanismus geprägter Fürst.

Albrechts Regierungsgeschäfte in der Erzdiözese Magdeburg nahmen bei weitem nicht den Umfang ein wie in Mainz. Während nämlich im Mainzer Kurstaat der Erzbischof die volle geistliche und weltliche Gewalt innehatte, war in der Magdeburger Kirchenprovinz dessen weltliche Gewalt sehr beschränkt. In den Städten mußte der Erzbischof die Regierung mit den Burggrafen und dem Stadtrat teilen, auf dem Lande lagen Verwaltung und Zivilgerichtsbarkeit ganz in den Händen des Adels und der Geistlichkeit. Dies entsprach der allgemeinen staatsrechtlichen Situation in den nordischen Diözesen Deutschlands, wo die dortigen Bischöfe die volle landesherrliche Gewalt niemals durchsetzen konnten. Albrecht hatte sich also in der Magdeburger Kirchenprovinz, zu der acht Suffragen-Bistümer gehörten, hauptsächlich mit geistlichen und fiskalischen Angelegenheiten zu beschäftigen. In Einzelfällen mußte er auch von der ihm zustehenden „Halsgerichtsbarkeit", der Gerichtsbarkeit für Kapitalverbrechen, Gebrauch machen.

Darüberhinaus war Albrecht nicht nur Landesherr und Kirchenfürst. Er hatte in seinen 31 Regierungsjahren auch bedeutsame Funktionen auf Reichsebene wahrzunehmen. Dazu zählten zunächst die Wahlen und die Krönungsfeierlichkeiten der deutschen Kaiser und Könige – vor allem aber die zahlreichen Reichstage. Der Kurfürst von Mainz in seiner Eigenschaft als Reichskanzler führte auf allen Reichstagen das sogenannte allgemeine Direktorium. Ihm oblag die gesamte Planung und Organisation dieser Veranstaltungen, von der Einberufung bis zur Ausfertigung der letzten Urkunde. Man kann sich heute kaum noch eine Vorstellung davon machen, welchen Riesenaufwand es allein erforderte, Tausende von Menschen und Tieren in einer relativ kleinen Stadt wie Worms oder Speyer Wochen und Monate hindurch unterzubringen, zu verpflegen und ärztlich zu versorgen. Es gab nur wenige und kleine Gasthöfe, kaum gepflasterte Straßen, keine Elektrizität, unzureichende Wasserversorgung und Kanalisation. Kein Wunder, daß die Seuchengefahr ständig drohte; mancher Reichstag lief auseinander, weil sich plötzlich das Gerücht verbreitete, die Pest (oder was man dafür hielt) sei ausgebrochen.

Ordnung in diesen Ameisenhaufen zu bringen, erwies sich immer wieder als schier unlösbare Aufgabe. Raufhändel und Messerstechereien waren an der Tagesordnung. Die Großen des Reiches standen darin ihren Untertanen nicht nach. Ständig stritten sie untereinander um Vorränge und Privilegien. Als man sich beim Wormser Reichstag 1521 über die Sitzordnung lange genug gezankt hatte, wurde beschlossen, daß die Herren, die sich nicht einigen wollten, zu stehen hätten, was eine sehr kluge Regelung darstellte.

Nicht minder schwierig gestaltete sich das Problem des Kanzleiwesens und der Kommunikation. Das Heilige römische Reich deutscher Nation war ein Vielvölkerstaat; Polen, Ungarn, Tschechen, Kroaten, Italiener, Franzosen, Niederländer gehörten dazu. Die Deutschen sprachen sehr unterschiedliche Dialekte, nur wenige beherrschten das Lateinische. Karl V. und sein Hofstaat sprachen Französisch. Man stelle sich eine solch internationale Konferenz vor ohne Telefon, Telegraf, Telex, Lautsprecheranlagen, Schreibmaschinen und Synchrondolmetscher. Jedes Wort mußte von Hand geschrieben, jede Nachricht durch Boten überbracht werden. Besonders wichtige Urkunden wurden sogar künstlerisch ausgestaltet. Und alle bedurften der persönlichen Gegenzeichnung Albrechts.

Doch der Reichskanzler hatte nicht nur diesen großen und sehr vielfältigen Apparat zu beherrschen, er mußte auch als Primas von Germanien beim feierlichen Eröffnungs- und beim Abschlußgottesdienst die Messe lesen.

Darüberhinaus führte er den Vorsitz im Kurfürstenkollegium. In dieser Eigenschaft hatte er Gelegenheit, bei den eigentlichen Beratungen und Beschlußfassungen an entscheidender Stelle mitzuwirken und auf die Reichspolitik Einfluß zu nehmen. Albrecht hat von dieser Möglichkeit stets Gebrauch gemacht, beispielsweise ist der Nürnberger Religionsfriede 1532 hauptsächlich durch seinen Einsatz und seine Vermittlung zustandegekommen. Melanchthon versah dieserhalb seinen Kommentar zum Römerbrief mit einer Widmung und Dankadresse für Albrecht.

Die zahlreichen und langdauernden Reichstage stellten für Albrecht eine erhebliche Arbeitsbelastung dar, dazu noch einen beachtlichen Geldaufwand, denn die Fürsten mußten ihre gesamten Aufwendungen aus eigener Tasche bezahlen; die Kaiser gaben hierfür kein Geld. Albrecht hat sich auch seinen Reichsämtern mit der ihm eigenen Gewissenhaftigkeit gewidmet. Als ihn in den letzten Jahren vor seinem Tode die Kräfte verließen, mußte er sich bei der Zelebration der Reichstagshochämter vertreten lassen; schließlich trug man ihn in einer Sänfte zu den Beratungen, weil er, kaum noch gehfähig, dennoch nicht fernbleiben wollte.

Umso erstaunlicher mutet es an, daß Albrecht seine Pflichten als Kardinal der römischen Kirche offenbar total vernachlässigt hat. Gewiß, Albrecht war kein Kurienkardinal, aber während seiner Regierungszeit wurden vier Päpste gewählt, und Albrecht hat – obgleich dazu verpflichtet – an keinem einzigen Konklave teilgenommen. Zumindesten ist nichts dergleichen überliefert. Wir lesen nicht einmal, daß Albrecht überhaupt jemals die Stadt Rom besucht hat. Die Erklärung hierfür liegt möglicherweise darin, daß Albrecht sich ausschließlich als Reichsfürst verstand, eine Mitwirkung bei der Politik des Vatikans rechnete er nicht zu seinen Aufgaben.

V.
ALBRECHT RETTET DEN REFORMATOR

Lukas Cranach d. Ä.: Martin Luther als Augustinermönch.
Wien, Albertina, Graph. Sammlungen

Albrecht rettet den Reformator

Kehren wir zurück zu Luthers Ablaßthesen, die Albrecht nach Rom gesandt hatte, und sehen wir, wie der Papst reagierte. Auch er war kein gelernter Theologe, daher nicht imstande, eine gelehrte Disputation zu führen. Überdies schien ihm die Sache nicht besonders wichtig. Anders als Albrecht, kannte er die Verhältnisse in Deutschland kaum. So hielt er, was da jenseits der Alpen im hohen Norden anhub, für nichts weiter als ein „Mönchsgezänk", eine der häufigen Streitigkeiten zwischen den Bettelorden. In Tetzel sah er nur den Dominikaner, in Luther den Augustiner, damit hatte es sich. Der Ordensgeneral der Augustinereremiten wurde beauftragt, die Angelegenheit weiter zu behandeln.

Doch das „Geplärre" – wie Luther es genannt hatte – ging weiter und drang erneut bis in den Vatikan. Die Dominikaner beschuldigten Luther der Ketzerei und übersandten Beweismaterial. Kaiser Maximilian I. ersuchte den Papst, den Bann über Luther auszusprechen. Der Papst sah sich nunmehr gedrängt, einen Ketzerprozeß zu eröffnen. Allerdings ordnete er ein außergewöhnlich mildes Verfahren an. Luther sollte nicht sogleich nach Rom geschafft und vor ein Ketzergericht gestellt, sondern vorerst durch den Kardinal Cajetan in Deutschland verhört werden. Das geschah denn auch auf dem Reichstag zu Augsburg 1518, eben demselben Reichstag, auf dem Albrecht zum Kardinal erhoben worden war. Ob Luther und Albrecht in Augsburg zusammengetroffen sind, ist nicht überliefert, aber immerhin vorstellbar. Bei Luthers Verhör allerdings scheint Albrecht nicht zugegen gewesen zu sein, es wird berichtet, daß Cajetan nur von einem Kreis italienischer Priester und Adeliger umgeben war. Luther hielt zwischen den Verhörpausen immer wieder Besprechungen ab, jedoch offenbar nur mit den kursächsischen Räten und mit seinen Ordensbrüdern.

Wir wissen aus der Religionsgeschichte, daß Luther sich in Augsburg standhaft weigerte, seine Thesen zu widerrufen, daß das Verhör sich tagelang hinzog, und daß Luther schließlich aus der Stadt fliehen mußte, um nicht doch noch verhaftet zu werden.

Kurz zuvor hatte Albrecht schon auf eigene Faust versucht, gegen Luther vorzugehen. Unter dem 13. 12. 1517 hatte er einen Befehl an die Magdeburger Räte erlassen, Luther zur Rechenschaft zu ziehen, ihn notfalls sogar zu verhaften. Dieser Befehl wurde nicht befolgt, ein nicht seltener Fall von Ungehorsam. Möglicherweise sah man in Magdeburg Luthers Lehrsätze nur als ungefährliche Behauptungen an, von denen in damaliger Zeit so viele aufgestellt und bestritten wurden. Ausschlaggebend dürfte jedoch für die Magdeburger die Befürchtung gewesen sein, Kurfürst Friedrich von Sachsen – von dem man wußte, daß er das kühne Auftreten des Wittenberger Mönchs billigte – könnte mit Freuden die Gelegenheit ergreifen, seinen seit Jahren aufgestauten Groll gegen den Kurfürsten von Mainz mit Waffengewalt auszutragen. Albrecht drang nicht auf die Durchführung seines Befehls. Es scheint, daß er sich in der Folgezeit den Bedenken seiner Magdeburger Räte angeschlossen hat. Wäre Sachsen gegen das Magdeburger und Halberstädter Bistum zu Felde gezogen, so hätte leicht ein neuer Konflikt mit Hessen entstehen können. Einen solchen Zweifrontenkrieg wollte Albrecht wohl unter allen Umständen vermeiden.

Danach hat Albrecht von sich aus nichts mehr gegen Luther unternommen. Er konnte sich hinter juristischen Gründen verschanzen. Denn er selbst hatte die Angelegenheit in Rom anhängig gemacht, und nunmehr galt der kanonische Rechtsgrundsatz, wonach sich der Mainzer Kurfürst mit Luthers Sache nicht mehr beschäftigen durfte, nachdem der Papst, zu dessen Kompetenzbereich sie allein gehörte, diese an sich gezogen hatte. Erzbischof Albrecht als geistlicher Vorgesetzter Luthers war damit für den Fall nicht mehr zuständig. In seiner Eigenschaft als weltlicher Landesfürst konnte Albrecht gegen Luther ohnehin nicht einschreiten, weil dieser ein Untertan des Kurfürsten von Sachsen war. Hinzu kam, daß auch Kaiser Maximilian I. die Angelegenheit vor sein Forum gezogen hatte und die Reichsstände auf dem Reichstag zu Augsburg darüber beraten hatten. In der Folgezeit lag daher der „Fall Luther" ganz in den Händen des Papstes und des Reichstages.

Luther fühlte sich, wie er es in einem späteren Schreiben (vom 1. Dezember 1521) ausgedrückt hat, sehr enttäuscht darüber, daß der Erzbischof auf seinen Brief mit den 95 Ablaßthesen nicht geantwortet hatte. Papst Leo X. dagegen lobte in seinem Kardinalsbreve vom 18. Mai 1518 den Primas von Deutschland dafür, daß er immer bemüht gewesen sei, sich um den apostolischen Stuhl verdient zu machen.

Bemerkenswert ist die Rede, die Albrecht als Vorsitzender des Kurfürsten-Kollegiums am 28. Juni 1519 vor der Kaiserwahl Karls des V. hielt. Er erklärte hierbei, die religiösen Streitigkeiten seien schon so „ausgebreitet", daß sie „bald eine Erschütterung und Veränderung der Kirche nach sich ziehen" könnten. Unter diesen Umständen sei das Übel nur noch durch ein allgemeines Konzil zu beheben. Hier wird eine Grundtendenz erkennbar: nicht mit Feuer und Schwert sollte die Neue Lehre bekämpft werden, sondern ein Konzil sollte die Streitenden an den Verhandlungstisch bringen und Kompromißformeln erarbeiten. Karl V. hat diese Generallinie seines Kanzlers zunächst mißbilligt, sich ihr aber in späteren Jahren, besserer Einsicht folgend, angeschlossen. Die Rede vom 28. Juni 1519 ist auch in anderem Zusammenhang von Bedeutung; ihr Wortlaut ist im Anhang abgedruckt.

Nach dem Mißerfolg auf dem Reichstag zu Augsburg hatte der Papst nunmehr die Bannbulle gegen Luther unterzeichnet. Der Dominikaner Eck wurde beauftragt, die Urkunde nach Deutschland zu bringen und dort zu verbreiten. Doch Eck wurde verhöhnt und bedroht. Die Universitäten wiesen ihn ab. In der kurmainzischen Stadt Erfurt wurde die Bulle ins Wasser geworfen. Eck mußte nach Süddeutschland flüchten. Luther versammelte am 10. 12. 1520 die Wittenberger Studenten vor dem Stadttor. Er ließ einen Scheiterhaufen aufrichten und warf die Bulle des Papstes ins Feuer.

In demselben Jahre 1520 hatte Luther seine beiden Streitschriften: „Sendschreiben an den Christlichen Adel Deutscher Nation: Von des christlichen Standes Besserung" und das „Buch von der babylonischen Gefangenschaft der Kirche" veröffentlicht.

Die erste Schrift nannte ein Zeitgenosse zutreffend den „Trompetenstoß zu dem Angriff auf Rom". Die Autorität des Papstes wird darin infrage gestellt. Der Apostel und des Papstes Regiment reime sich zusammen „wie Christus und Luzifer, Himmel und Hölle, Nacht und Tag." Der Papst heiße zu Unrecht Christi Stellvertreter und der Apostel Nachfolger. Der geistliche Stand habe versagt, nun müßten die Laien sich der Kirche annehmen.

Mit dem Buch über die „Babylonische Gefangenschaft der Kirche" führt Luther seinen Angriff noch weiter. Nun stellt er nicht nur die Kirche und ihre Organisation, sondern sogar die Fundamente des Glaubens infrage: nämlich die Sakramente. Es gäbe nicht sieben Sakramente, sondern nur drei (später erkannte er nur noch zwei an, nämlich Taufe und Abendmahl), und diese wiederum stellten keine heiligen Mysterien dar, sondern nur Verkündigungen des Gotteswillens in sinnenfälliger Form. Die Messe, das wichtigste aller Sakramente, sei keine Wiederholung des Opfers auf Golgatha. Nichts werde dabei verwandelt, Brot bleibe Brot und Wein bleibe Wein.

Wo diese Grundsätze zur Anwendung kamen, da war es mit der Priesterkirche vorbei, da konnte auch nicht mehr von einer reformatio des Katholizismus gesprochen werden, da wurde eine neue, wenn auch christliche, Religion geschaffen.

Mit der Verbrennung der Bannbulle und der Veröffentlichung dieser beiden Schriften hatte Luther in der Tat sich auf immer von der alten Kirche geschieden. Zugleich hatte er sich gegen die öffentliche Ordnung aufgelehnt. Ganz Deutschland stockte der Atem.

Papst und Kaiser nahmen die Herausforderung an. Ende Juni 1519 war nach Maximilians Tode der spanische Habsburger Karl zum Kaiser gewählt worden. Im Oktober 1520 hatte man ihn in Aachen gekrönt. Auf den Anfang des Jahres 1521 schrieb er einen Reichstag nach Worms aus. Nunmehr sollte der Ketzerei ein Ende gemacht werden. Weder der Kaiser noch der päpstliche Nuntius Aleander waren gesonnen, mit Luther wiederum, wie auf dem Augsburger Reichstag, tagelange Disputationen zu führen und den gebannten Ketzer schließlich laufenzulassen. Der Mönch sollte kurz und bündig zum Widerruf aufgefordert werden. Verweigerte er diesen, so war er zu verhaften und als Ketzer dem Scheiterhaufen zu überantworten. Um der päpstlichen Bannbulle noch eine reichsrechtliche Rechtsgrundlage hinzuzufügen, ließ Karl V. ein Edikt vorbereiten, das über Luther die Reichsacht aussprach und jedermann aufgab, ihn gefangenzunehmen und dem Kaiser auszuliefern.

Luther wurde auf den Wormser Reichstag zum Verhör geladen. Karl V. sicherte ihm heuchlerisch freies Geleit für die Hin- und Rückreise zu, nannte ihn in seinem Geleitbrief sogar den ,,ehrsamen, lieben, andächtigen" Dr. Martin Luther. Albrecht wußte, wie wenig diese Zusicherungen gegenüber einem Gebannten wert waren. Denn nach den alten Gesetzen Friedrich II. hatte der Kirchenbann nicht nur den Ausschluß aus der Kirche zur Wirkung, sondern auch die Verurteilung zum Tode auf dem Scheiterhaufen, Ehr- und Güterverlust. Auf Albrechts Betreiben wurde daher der Reichsherold Caspar Sturm, den Albrecht als einen gebildeten und tüchtigen Mann kannte, zu Luther geschickt. Damit war das Geleit, das Karl V. allenfalls halbherzig zugesichert hatte, nicht nur eine kaiserliche, sondern auch eine Garantie des Reiches geworden.

Dennoch rieten Luthers Freunde ihm dringend davon ab, der Aufforderung Folge zu leisten und kursächsisches Gebiet zu verlassen. Sie erinnerten ihn an Johann Hus, den böhmischen Reformator. Auch er war von einem deutschen Kaiser unter Zusicherung freien Geleits zum Konzil (von Konstanz) geladen und dann unter Bruch aller Zusagen verhaftet und als Ketzer verbrannt worden. Franz von Sickingen bot Luther an, sich auf seiner wohlbefestigten Ebernburg zu verbergen. Selbst der Reichsherold fragte ihn unterwegs, ob er nicht lieber umkehren wolle.

Luther wußte genau, daß er sich höchstwahrscheinlich in eine Falle begab. Aber er hatte seinen Entschluß gefaßt. ,,Ein feste Burg ist unser Gott" dichtete er später. Gott, der Herr, sollte entscheiden, in seine Hände allein legte er sein Schicksal. Niemals werde er widerrufen, ,,und wenn sie gleich ein Feuer machten, das zwischen Wittenberg und Worms bis an den Himmel reicht". Er wolle ,,nach Worms, und wenn es dort soviele Teufel gäbe, als Schindeln auf dem Dach". Die heitere Gelassenheit des Märtyrers begleitete den tapferen Mann auf seinem Wege zum Reichstag. In Frankfurt mischte er sich zum Entsetzen seiner kummervollen Begleiter unter die Herbergsgäste, trank und sang mit ihnen. Auch wer Luthers Überzeugungen nicht teilt, muß doch den Heldenmut bewundern, mit dem der 38jährige Mönch einer ungeheuren Gefahr entgegenging.

Albrecht rettet den Reformator

In Worms traf Luther am 16. 4. 1521 ein. Am 17. 4. schon wurde er vor den Reichstag geführt. Als er die Treppe hinaufschritt, legte ihm der Landsknechtsführer Georg von Frundsberg eine Hand auf die Schulter und sagte: ,,Mönchlein, Mönchlein, du tust einen schweren Gang!" Frundsberg war übrigens von Luthers Standhaftigkeit derart beeindruckt, daß er fortan zu seinen Anhängern zählte. Dies blieb nicht ohne weltgeschichtliche Folgen, wie wir noch sehen werden.

Droben im Saale wurde Luther in barscher Form aufgefordert, seine Thesen zu widerrufen. Luther gelang es, mit Hilfe seiner kursächsischen Räte noch einmal eine Vertagung zu erreichen. Jedoch am nächsten Morgen, dem 18. 4., war die Entscheidung unausweichlich. Weder der junge, erst 21-jährige Kaiser noch der päpstliche Nuntius Aleander waren bereit, sich auf eine weitere Verzögerungstaktik, wie in Augsburg, einzulassen. Wieder wurde Luther gefragt, ob er seine Ansichten widerrufen wolle. Luther hielt eine wohlgesetzte Verteidigungsrede, erst lateinisch. Dann riß ihn der Zorn hin, und er verfiel in seine Muttersprache, die er so meisterlich zu gebrauchen wußte. Er begründete noch einmal kurz seine Thesen. Dann rief er mit lauter, fester Stimme: nichts von alledem könne er widerrufen. Denn widerrufe er, so verrate er Gottes Wort. Wer ihn widerlegen wolle, müsse ihn aus der Heiligen Schrift widerlegen. Keinen anderen Widerspruch erkenne er an.

Man entgegnete ihm, nicht zum Disputieren, sondern zum Widerrufen sei er vorgeladen. Da rief Luther, er wolle eine kurze und bündige Antwort geben: da man ihn offenbar nicht aus dem ,,Zeugnis der Schrift zu überwinden vermöge", könne und wolle er nichts widerrufen. Und er endete mit dem ebenso trotzigen wie schlichten, berühmt gewordenen Satz: ,,Hier stehe ich, ich kann nicht anders. Gott helfe mir. Amen."

Der Kaiser hatte von alledem nichts verstanden. Er sprach weder Deutsch noch Latein, nur Französisch und ein wenig Flämisch. Jedes Wort mußte ihm übersetzt werden. Er ließ Luther noch die Frage stellen, ob er meine, daß auch Konzilien irren könnten? Als Luther dies bejahte, stand Karl auf und erklärte, jetzt habe er genug. Von diesem Manne lasse er sich nicht zum Ketzer machen.

Ein Tumult brach aus. Luther wurde unter dem wütenden Zischen des spanischen Hofstaates aus dem Saal geführt. Die anwesenden deutschen Fürsten enthielten sich jeder Mißfallenskundgebung. Auf sie hatte Luthers mannhaftes Auftreten größten Eindruck gemacht. Und während einige Spanier schon riefen: ,,al fuego!" (,,auf den Scheiterhaufen!"), schützten einige von den deutschen Fürsten Luther sogar mit der Waffe und geleiteten ihn bis in seine Herberge. ,,Männerstolz vor Königsthronen", Schillers Wort ist hier am Platze.

Albrecht hat der historischen Szene beigewohnt. Als Vorsitzender des Kurfürstenkollegiums war er, wie immer, bereits mit den Vorbereitungen des Reichstags befaßt und so schon rechtzeitig in der Stadt gewesen. Luthers Auftritt in Worms war mit Sicherheit das erste Mal, daß Albrecht und Luther zusammengetroffen sind. Und wir gehen wohl nicht fehl in der Annahme, daß auch Albrecht zu den Augen- und Ohrenzeugen gehörte, die, wie fast alle deutschen Fürsten oder der Landsknechtsgeneral Frundsberg, von Luthers Persönlichkeit beeindruckt waren. Ja, wir gehen soweit in der Behauptung, daß sich spätestens von diesem Zeitpunkt an – über alle Standesgrenzen, über alle Fronten hinweg – so etwas wie eine menschliche Achtung, ja Zuneigung, um nicht zu sagen: scheue Freundschaft zwischen Albrecht und Luther entwickelt hat, eine Beziehung von Mensch zu Mensch, von Mann zu Mann, die dadurch keine Einschränkung erfuhr, daß Albrecht wohl mehr der Gebende und Luther mehr der Nehmende gewesen ist.

Wie anders, wenn nicht durch dieses „Schlüsselerlebnis" wäre sonst folgender Vorgang zu erklären: Kaiser Karl, der nun „genug" hatte, beabsichtigte, die vorbereitete Reichsachterklärung sofort nach dem Scheitern der Verhandlungen zu unterzeichnen, Luther noch in Worms verhaften zu lassen und der Inquisition auszuliefern. Albrecht, der hierüber orientiert war, intervenierte beim Kaiser und erwirkte zunächst die Einberufung eines Vermittlungsausschusses, der nochmals Luther zum Einlenken zu überreden versuchte. Als dieses Vorhaben an Luthers Weigerung, vor dem Ausschuß zu erscheinen, gescheitert war, wurde Albrecht erneut beim Kaiser vorstellig und erreichte es tatsächlich, daß dieser am 19. 4. 1521 ein Schreiben unterzeichnete, das zunächst einmal einen Aufschub kaiserlicher Verfolgungsmaßnahmen anordnete. Albrecht verschaffte damit – wie wir behaupten und die nachfolgenden Tatsachen bestätigen – vorsätzlich Luther die Gelegenheit, die Stadt Worms unbehelligt zu verlassen und sich dem Zugriff des Kaisers zu entziehen.

Luther reiste dann auch tatsächlich am 26. 4. von Worms ab und trat die Heimreise nach Wittenberg an. Sein Landesherr, der Kurfürst von Sachsen jedoch, der ebenfalls davon wußte, daß der Kaiser die Reichsachterklärung in der Schublade liegen hatte, fürchtete, daß Luther unterwegs von dem Edikt überholt und doch noch dem Ketzergericht überantwortet würde. Er inszenierte daher einen Scheinüberfall, ließ Luther bei Altenstein in Thüringen verhaften und auf die Wartburg bringen, wo Luther zehn Monate lang unter falschem Namen und in Verkleidung als „Junker Jörg" versteckt wurde. Am 4. 5. 1521 langte Luther auf der Wartburg an.

Die ganze Entführungsposse war eigentlich überflüssig. Denn schon ein anderer, noch Mächtigerer, nämlich der Kurfürst von Mainz, hatte ja längst seine schützende Hand über den „verwegenen Mönch" gehalten. Am 8. 5. 1521 unterzeichnete der Kaiser endlich das sogenannte Wormser Edikt, wonach Luther in die Reichsacht getan wurde. Albrecht, in seiner Eigenschaft als Reichserzkanzler, mußte das Edikt gegenzeichnen. Ohne seine Unterschrift war es nicht gültig. Wieder handelte Albrecht zum Schutz des Reformators, dieses Mal eigenmächtig: er zögerte die Unterschrift solange hinaus, bis er annehmen konnte, daß Luther kursächsisches Gebiet erreicht hatte und damit in Sicherheit war. Er wußte mit Bestimmtheit, daß Friedrich der Weise, Luthers Protektor, dessen Auslieferung unter allen Umständen ablehnen würde; was er nicht wußte, war der Umstand, daß der listige Sachse den Reformator Luther bereits aus dem Verkehr gezogen hatte, dazu noch so diskret, daß er jederzeit vortäuschen konnte, er wisse von nichts.

So wurde Luther von zwei Seiten gedeckt. Doch ausschlaggebend war Albrechts mutige Demarche beim Kaiser, die am 19. 4. 1521 den Aufschub der Verfolgungsmaßnahmen erwirkte. Albrecht also ist es gewesen, dem vor allen anderen das Verdienst zukommt, Luther das Leben gerettet und ihn vor dem Märtyrertod bewahrt zu haben.

Albrechts Aufgeschlossenheit für den Humanismus, auch die Souveränität der eigenen Meinung, beförderten diesen Entschluß. Ausschlaggebend war aber – wie wir vermuten – die hohe Achtung und Sympathie, die Albrecht der Person Luthers entgegenbrachte.

Hierfür lieferte Albrecht wenige Jahre darauf noch einen überzeugenden Beweis: am 13. 6. 1525 heiratete Luther. Dies war ein nicht minder kühner Schritt, wie es die Verbrennung der päpstlichen Bannbulle im Jahre 1520 gewesen war. Denn mit dieser Heirat warf Luther endgültig das Mönchshabit hinweg, und er brach mit dem Keuschheitsgelübde, das er bei seiner Priesterweihe abgelegt hatte. Noch verwerflicher aber erschien es den Außenstehenden, daß Luther ausgerechnet eine entlaufene Nonne, Katharina von Bora, zu seiner Frau machte. Die Heirat kostete denn auch Luther viele Sympathien. Nicht nur seine Gegner überschütteten ihn mit Schmähungen, auch zahlreiche seiner Anhänger wandten sich von ihm ab. Luther selbst bekennt in einem Brief an Spalatin, er habe sich ,,durch seine Heirat gering und verächtlich gemacht", wenn er auch hoffe, daß ,,darüber die Engel lachen und alle Teufel weinen" möchten. Überdies war der Zeitpunkt denkbar ungünstig gewählt, denn es war das Jahr der Bauernkriege, und nicht wenige machten den Wittenberger Reformator für diesen Aufruhr verantwortlich. Und was tat Albrecht? Er ließ Luther ein Hochzeitsgeschenk von 20 Gulden überbringen.

Es ist nicht ohne Reiz, die Frage zu stellen, was aus der Reformation geworden wäre, hätte man Luther auf dem Reichstag zu Worms als Ketzer verbrannt. Ein Luthertum ohne Luther?

Nun – nachdem Zwingli in der Schlacht bei Kappel 1531 gefallen war, sind die Züricher nicht wieder katholisch geworden. Und die böhmischen Hussiten schlugen erst richtig los, nachdem man ihren Führer auf dem Scheiterhaufen zu Tode gebracht hatte. Gewiß hatte auch die Neue Lehre in Deutschland – ja selbst darüber hinaus – schon so große Verbreitung gefunden, daß sie nicht mehr auszutilgen war. Aber es existierte im Jahre 1521 noch kein „Protestantismus". Bedenken wir nur, daß Luther ja vor dem Reichstag in Worms noch in der schwarzen Mönchskutte der Augustinereremiten und mit ausrasierter Tonsur erschienen war. Er fühlte sich damals noch ganz als Glied der katholischen Kirche, die er „reformieren" und damit stärken wollte.

Das Luthertum war zu dieser Zeit nicht mehr als ein Gärungsprozeß, beschränkt auf einen kleinen Teil des Volkes und der Gelehrtenschaft. Die große „Bewegung" war noch nicht entstanden. Noch hatte keiner der Fürsten sich offen zur Neuen Lehre bekannt. Noch sprach niemand von einer protestantischen Geistlichkeit, von eigenen Kirchen, eigenem Ritus, selbständiger Organisation. Das alles kam erst einige Jahre später, und es konnte durch keine andere Kraft, als durch Luthers Feuergeist, durch seine Führung, durch seine Persönlichkeit durchgesetzt und verwirklicht werden. Die Bibelübersetzung, die Deutsche Messe, die große Kirchenpostille, der kleine Katechismus für die Familie, der große Katechismus für den Pfarrer, das Taufbüchlein, das Traubüchlein, die vielen Kirchenlieder – alles das stammt allein aus Luthers Feder, und alles ist erst nach 1521 entstanden. Er allein besaß das Charisma des großen Reformators, er allein verfügte über die alles erschütternde Wortgewalt. Auch Melanchthon konnte ihm da das Wasser nicht reichen. Es gab keinen „Kronprinzen", nicht einmal einen Stabschef, überhaupt keine Hierarchie.

Vielleicht wäre die Neue Lehre nicht gänzlich verschwunden. Aber sie hätte niemals die Dimension einer Weltkirche erreicht. Ohne Luther hätte die Gegenreformation ein leichtes Spiel gehabt, und verblieben wäre vermutlich nicht mehr als eine Sekte. Das Beispiel der Altkatholischen Kirche bietet sich an, die in den siebziger Jahren des 19. Jahrhunderts aus einer im Dogmatischen durchaus vergleichbaren Glaubensspaltung entstanden ist. Doch in Ermangelung eines „Luther" ist sie über eine Anhängerschaft von einigen Zigtausend Seelen niemals hinausgekommen.

Hat also Albrecht von Brandenburg, Kardinal der römischen Kirche und Primas für Deutschland, die Reformation gerettet, indem er Luther rettete? Wir wagen es, die Frage mit Ja zu beantworten.

Albrechts eigenmächtiges Vorgehen mag auf den ersten Blick erstaunlich erscheinen: ein Kanzler, der in einer hochwichtigen Staatsaffäre die Befehle seines

Kaisers sabotiert, nachdem er ihnen nicht länger Widerstand zu leisten vermag! Hierbei wird allerdings außer einer gewissen Geistesverwandtschaft und menschlicher Sympathie auch das Selbstverständnis der Mainzer Erzbischöfe mitgewirkt haben. In Mainz nämlich hatten die deutschen Kaiser und Könige nie einen allzu hohen Stellenwert. Welche Bedeutung man hier dem Titel ,,Primas von Deutschland" beimaß, zeigen am sinnfälligsten die im Dom befindlichen Grabmäler der Erzbischöfe Siegfried von Eppstein (gestorben 1249) und Peter von Aspelt (gestorben 1320). Darauf haben die geistlichen Herren sich selbst als Riesen und die zwei bzw. drei deutschen Könige klein wie Zwerge darstellen lassen, Männlein, denen man ein zierliches Fingerlein aufs Haupt legt. Die Symbolsprache des Mittelalters hat hier die – tatsächlichen oder vermeintlichen – Machtpositionen unmißverständlich bis zur Karikatur zum Ausdruck gebracht.

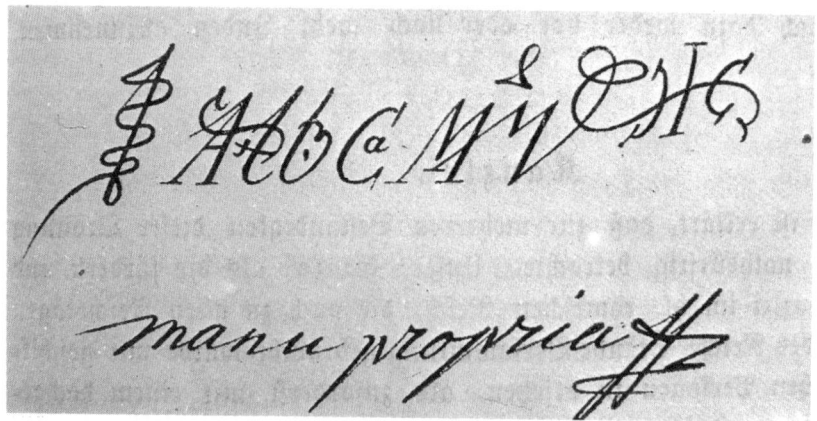

Signatur Albrechts

VI.
EIN HUMANIST AUF DEM BISCHOFSTHRON

Erhard Schön: Ulrich von Hutten

Bestimmend für des Erzbischofs jahrelang positive Einstellung zur Reformation war – wie wir bereits andeuteten – nicht nur sein persönliches Verhältnis zu Luther, sondern eine tief verwurzelte Geisteshaltung. Albrecht stand seit seinem Studium an der Universität Frankfurt/Oder ganz im Bannkreis des Humanismus. Mit Erasmus von Rotterdam pflegte er freundschaftliche Beziehungen und einen regen Briefwechsel. Kennzeichnend für den Einfluß des Erasmus auf Albrecht ist ein Schreiben, in dem Erasmus sich in scharfen Worten gegen die Überspannung des Ketzerbegriffes wendet. Es sei schon soweit gekommen, daß sich der Ketzerei verdächtig mache, wer nur verstehe, sich gewählt auszudrücken und wer Griechisch spreche. Albrecht versuchte jahrelang, den Vielbegehrten an den Mainzer Hof zu ziehen, wenn auch vergeblich, denn Erasmus war zeit seines Lebens ein „homo per se" und lehnte auch alle Einladungen anderer Fürsten ab.

Albrecht hatte an seinem Hof einen Kreis von Humanisten versammelt. Mainz sollte das Zentrum des deutschen Humanismus werden, eine Metropole klassischen Geisteslebens.

Poeten pflegte er reich zu belohnen. Ulrich von Hutten ließ er ein Geldgeschenk von 200 Gulden zukommen aus Dankbarkeit für dessen Aktivität bei den Mainzer Wahlvorbereitungen und für sein Huldigungsgedicht auf Albrechts feierlichen Einzug in Mainz vom Jahre 1514. Sogar evangelische Dichter, wie Melanchthons Schwiegersohn Georg Sabinus oder der Wittenberger Simon Lemnius feierten – gewiß nicht ohne handfesten Grund – Albrecht als Schützer der Musen und als vornehmen Mäzen.

Auch den Künstlern gab Albrecht reichlich zu tun. Die Maler Mathias Grünewald, Hans Baldung Grien, Lukas Cranach, Albrecht Dürer, Hans Sebald Beham, Nikolaus Glockendon, die Bildhauer Hans Backoffen, Dietrich Schro und die Erzgießerfamilie Vischer gehörten zu seinen Auftragnehmern. Besonders große Verbreitung fanden Dürers Porträts „Der kleine Kardinal" und „Der große Kardinal". Albrecht erzielte sogar einen ganz persönlichen Rekord: er wurde der meistporträtierte Fürst seines Jahrhunderts.

Bei dem Mainzer Bildhauer Hans Backoffen gab Albrecht für den Mainzer Dom das Grabmal seines Amtsvorgängers Uriel von Gemmingen in Auftrag und versah es mit einer (noch vorhandenen) Widmung. Dietrich Schro, ein Backoffen-Schüler, schuf den Marktbrunnen in Mainz und das Grabmal Albrechts im Mainzer Dom.

Ulrich von Huttens Beziehungen zu Albrecht bedürfen einer besonderen Hervorhebung. Als Sproß eines angesehenen fränkischen Rittergeschlechts – Huttens waren zum Beispiel Bischöfe in Eichstätt und Würzburg – 1488 auf der Burg Stackelberg bei Fulda geboren, war er zunächst zum geistlichen Stand bestimmt, floh aber 1505 aus dem Kloster Fulda, studierte an den Universitäten in Köln, Erfurt und Frankfurt an der Oder. Dort lernte er Albrecht kennen, als dieser an derselben Universität studierte. Seit 1509 führte er ein Wanderleben in Deutschland und Italien, war aus Not sogar zeitweise Landsknecht und kam 1513, durch Empfehlung seines Onkels, des Mainzer Hofmeisters Frowin von Hutten, nach Mainz. Hier blieb er – von einem zweijährigen Italienaufenthalt (1515–1517) abgesehen – bis 1520. 1517 ernannte ihn Albrecht zu seinem Hofrat. Hutten hatte sich bereits als Poet und Liederdichter einen Namen gemacht. In demselben Jahre 1517 wurde er sogar von Kaiser Maximilian zum Dichter gekrönt. Hutten ergriff mit der Zeit immer mehr die Partei der Protestanten. Zu deren führenden Männern trat er alsbald in freundschaftliche Verbindung, insbesondere zu Franz von Sickingen und zu Luther selbst. Er begann eine Reihe von Pamphleten zu veröffentlichen, die, fulminant, große Verbreitung fanden und die sowohl den politischen Absichten Sickingens als dem religiösen Programm Luthers wirkungsvolle Hilfe leisteten. Auf dem Reichstag zu Augsburg 1518, wohin ihn Albrecht mitgenommen hatte, wagte er es, eine anonyme Schrift zu verbreiten, worin es hieß, der Papst sei ein ärgerer Feind der Christenheit als die Türken. Hutten trug maßgeblich zu dem Verdacht bei, Albrecht sei ein heimlicher Lutheraner, so, indem er einen Brief des Erasmus von Rotterdam an Albrecht vom 1. 11. 1519 in der Weise fälschte, daß dem Namen Luther das Wort „unser" vorgesetzt wurde, und dann den Brief mit diesem Wortlaut in den Druck gab. Den Verdacht verstärkte Hutten noch, indem er Schmähschriften gegen die Geistlichen und Fürsten massenhaft in Mainz und auf seiner Burg Stackelberg drucken und herausgehen ließ. Im Maizer Gasthaus „Zur Krone" unterhielt Hutten eine Tischrunde, die aus Poeten, Freigeistern und jungen Humanisten gebildet wurde. Hier wurden die Parolen für den Kirchenkampf erarbeitet und ausgegeben. Einige der schlimmsten Pamphlete Huttens gelangten dem Papst zur Kenntnis und veranlaßten diesen, am 12. 7. 1520 Albrecht zur Rechenschaft zu ziehen, wie es möglich sei, daß der Kardinal das Treiben eines solchen Mannes in seiner Residenzstadt Mainz dulde. Hutten selbst behauptete, der Papst habe sogar Anweisung gegeben, ihn umzubringen und beschwerte sich dieserhalb bei Kaiser Karl V. Das päpstliche Monitum veranlaßte Albrecht, Hutten vom Mainzer Hof zu entfernen und aus seinen weltlichen Territorien für immer zu verbannen.

Einen seiner Drucker, einen Mainzer Bürger, ließ er sogar ins Gefängnis werfen und in seinen Diözesen die Verbreitung aller Huttenschen Schriften verbieten. Hutten zog sich auf die Ebernburg bei Bad Münster am Stein zurück – die Franz von Sickingen gehörte – und schrieb am 13. 9. 1520 einen Brief an Albrecht, der fast einer Huldigung gleichkommt: „Möge elend zugrundegehen", heißt es darin,

„der mich abzieht von dem Umgange mit Dir, einem Fürsten, welcher ebenso wahrer Frömmigkeit wie guten Männern zugetan ist . . . Ausgeschlossen werde ich von den Höfen, von den Städten, auch – o Schmerz! – von dem Goldenen Mainz". In der Schmähschrift „Vadiscus" oder „Die römische Dreifaltigkeit" (1520) hatte er übrigens das „Goldene Mainz" schon in den lebhaftesten Tönen gerühmt.

In den Jahren 1520–1522 sehen wir Hutten auf der Ebernburg, der „Herberge der Gerechtigkeit". Von dort aus schreibt er an die zum Reichstage von Worms 1521 versammelten Fürsten: „Hebt Euch hinweg von den reinen Quellen, Ihr unreinen Schweine!". In einem besonderen Brief an Albrecht bittet er ihn, diese Beleidigung nicht auf sich zu beziehen.

Auf der Ebernburg verdeutscht Hutten seine Schriften und verfaßt neue Dichtungen, so das Lied: „Ich hab's gewagt mit Sinnen". Nach dem unglücklichen

Albrecht Dürer: Erasmus von Rotterdam

Ausgang von Sickingens Fehde gegen den Erzbischof von Trier muß Hutten von der Ebernburg flüchten. Wieder ist der „Erzengel Michael der deutschen Reformation" (wie ihn Stefan Zweig nennt) ein Heimatloser. Gebannt von Haus und Hof, verarmt und vorzeitig gealtert, bis in die Knochen zerfressen von der unheimlichen Franzosenkrankheit, schleppt sich der kaum 35-jährige nach Basel. Dort lebt jetzt Erasmus von Rotterdam, der Vater des Humanismus, sein Lehrer, sein Förderer, sein Freund von Jugend an, das „Licht Deutschlands". Doch Erasmus will nichts mehr von ihm wissen und nichts mehr mit ihm zu schaffen haben. Der Fanatiker Hutten, der „die Dichtung der Politik geopfert hat" (Stefan Zweig), dieser „Pylades Luthers", ist ihm schon lange suspekt geworden. Erasmus will in keine Fehde hineingezogen werden, niemandes Partei ergreifen müssen. Er läßt den Geächteten nicht in sein Haus.

Hutten wartet, versucht es immer wieder, vergebens. Schließlich reist er ab, „vergifteten Blutes und nun auch vergifteten Herzens" (Zweig). Er flieht weiter zu Zwingli nach Zürich, der ihn furchtlos empfängt. Dort verfaßt er seine letzte große Schmähschrift – diesmal gegen Erasmus. Dann stirbt er qualvoll am 23. 8. 1523 auf der Insel Ufenau im Zürich-See.

Die Ebernburg bei Bad Münster am Stein lohnt ein kurzes Verweilen, und das nicht nur wegen der Schönheit ihrer Lage. Knapp 40 Kilometer westlich von Mainz auf reichsunmittelbarem Territorium erbaut, seit Generationen im Besitz des Rittergeschlechtes von Sickingen, war sie damals die Zuflucht zahlreicher Lutheraner und – außer Wittenberg – das wichtigste Agitationszentrum der Neuen Lehre. Hutten nannte sie die „Herberge der Gerechtigkeit", der päpstliche Legat Aleander mit spöttischer Anerkennung die „Rheinische Akademie".

Ulrich von Hutten und Franz von Sickingen verband seit Jahren eine enge persönliche Freundschaft. Hutten gewann ihn für die Neue Lehre, und Sickingen wurde fortan einer der entschiedensten Anhänger des Wittenberger Reformators. Zwischen Sickingen und Luther entstand eine direkte Korrespondenz; einer dieser Briefe (vom 3. 11. 1520) wird noch im Pfarrarchiv von Altenbamberg aufbewahrt.

Furchtlos gewährte Sickingen zahlreichen jungen Lutheranern Asyl auf der Ebernburg. Hier ist außer Hutten zunächst Martin Bucer (eigentlich: Butzer) zu nennen. Dieser, ursprünglich Dominikanermönch, wurde 1518 Luthers Anhänger. 1521–1522 war er auf der Ebernburg. Später finden wir ihn als Reformator Straßburgs und als einen der reformatorischen Führer in Oberdeutschland, zuletzt sogar noch in England.

Johannes Schwebel, ein Stiftspfarrer aus Pforzheim, mußte 1522 wegen seiner Kritik der kirchlichen Mißstände fliehen und fand Zuflucht auf der Ebernburg. Er wurde bald einer der wichtigsten pfälzischen Reformatoren.

Gleichfalls im Jahre 1522 erschien Johannes Hüssgen, der sich Oekolampadius nannte, auf der Ebernburg. Sickingen machte ihn zum Burgkaplan. Von dort aus ging er nach Basel und erlangte Berühmtheit als der „Schweizerische Melanchthon".

Seit 1521 war schon der Wittenberger Magister Caspar Aquila (eigentlich: Adler) auf der Ebernburg. Er ging später wieder nach Thüringen und half Luther bei der Übersetzung des Alten Testaments. Luther rühmte ihn: „Wenn die Bibel verloren würde, wollte ich sie bei Aquila wiederfinden".

Und nicht zuletzt Martin Luther selbst bot Sickingen Asyl auf der Ebernburg an; doch Luther lehnte ab.

Der Einfluß, der in den wenigen Jahren von dieser „Wartburg des Westens" ausging, kann schwerlich überschätzt werden. Die Burg an der Nahe war in diesen Jahren das, was man heute eine „Sendestation" nennnt, mehr noch: der geistige Mittelpunkt einer Bewegung, die ganz Deutschland erschütterte.

Am 12. 6. 1523 wurde die Ebernburg, nachdem Sickingen in der unglücklichen Trierer Fehde auf seiner Burg Landstuhl gefallen war, zerstört und verbrannt. Schon bald darauf durch die Söhne Sickingens wieder aufgebaut und erweitert, wurde sie 1698 durch die Franzosen endgültig zerstört. Sie ist jedoch heute teilweise wieder hergestellt und wird als Zentrum evangelischer Glaubenserneuerung sinnvoll genutzt. Das Hutten-Sickingen-Denkmal, ein Meisterwerk des Kreuznacher Bildhauers Ludwig Cauer, 1889 am Fuße der Burg errichtet, verweist noch heute auf die große Vergangenheit.

Nach Huttens Verbannung behielt Albrecht einen Mann in seiner Nähe – und ernannte ihn sogar als Hofrat zu Huttens Nachfolger – der ebenfalls zu den prominentesten Feinden des Papsttums und zu den Anhängern Luthers gehörte. Wir meinen den Domprediger Dr. Wolfgang Fabricius Köpfel, der seinen Namen nach Humanistenart in Capito latinisiert hatte. Capito, geboren 1478 in Hagenau im Elsaß, studierte erst Medizin, dann Theologie, war ein hervorragender Kenner der alten Sprachen und der religiösen Schriften. Schon früh trat er zu Erasmus von Rotterdam in enge Verbindung, aber auch zu den militanten Reformatoren. In einem Brief aus späterer Zeit schreibt er selbst: „Ehe Luther ans Licht getreten war, haben wir, Zwingli und ich selbst . . . von der Notwendigkeit gehandelt, den Papst zu stürzen".

Gleich nach Luthers Thesenanschlag trat er zu ihm in Briefwechsel und wurde einer seiner glühendsten Parteigänger. Schon 1519 hatte Capito eine in Basel erschienene Gesamtausgabe der bis dahin veröffentlichten Schriften Luthers herausgegeben und mit einem Vorwort versehen. Darin schrieb er, das Gewissen des Kirchenvolkes sei nun erwacht, es wehre sich gegen die Tyrannei der Theologie.

Erasmus ermahnte er, Luthers Sache ja nicht „zu verkleinern oder zunichte zu machen". Huttens Freund, Dr. Caspar Hedio, berichtete am 15. 10. 1520 an Zwingli: „Capito ist des Kurfürsten von Mainz Rat geworden. Was er für Nutzen stiftet in seiner Stellung, wirst Du kaum glauben. Luther wäre in diesem Landstrich längst verbrannt, seine Anhänger aus der Synagoge geworfen, hätte er seinen Fürsten nicht eines besseren belehrt." Albrecht bezeugte ihm bis zuletzt sein Wohlwollen. Er sorgte dafür, daß Capito auf dem Reichstag zu Nürnberg in den Adelsstand erhoben wurde und im Jahre 1523 die sehr einträgliche Propstei zu St. Thomas in Straßburg erhielt. Capito verließ daraufhin Mainz und betrieb die Reformation in aller Offenheit von Straßburg aus. Dort ist er auch gestorben.

Man muß sich fragen, wie es möglich war, daß Albrecht einen Mann wie Capito jahrelang nicht nur an seinem Hofe duldete, sondern sogar mit Ehren und Auszeichnungen überhäufte. Katholische Schriftsteller bieten die Erklärung an, Capito sei ein perfekter Heuchler gewesen. Er habe es vortrefflich verstanden, seinen Herrn, den „guten Menschen von Kardinal" jahrelang über seine wahre Gesinnung zu täuschen. Sicherlich spricht einiges für diesen Verdacht, nicht zuletzt manches Wort aus Capitos eigener Feder. So schreibt er 1520 an einen Freund: „Es sind einige, die mich Luthers Gunst und Freundschaft zeihen; ich verhehle es aber steif und fest". Der päpstliche Legat Aleander bezeichnet Capito in seinem Brief vom 6. 2. 1521 als einen heimlichen Feind, Albrecht lasse sich von ihm übertölpeln. Solche Charakterisierungen vermögen nicht zu überzeugen. Albrecht war nicht dumm, gewiß kein gutgläubiger Tropf. Überdies hätte er auch noch blind und taub sein müssen, um die lutherischen Lehren zu ignorieren, die jahrelang von Mainz ausgingen. Seine Verehrung für Erasmus von Rotterdam, seine Freundschaft zu Hutten und eben auch zu Capito sind wohl eher ein Beweis dafür, daß der Kardinal selbst lange Zeit der Neuen Lehre große Sympathien entgegenbrachte und diese in aller Öffentlichkeit nicht nur duldete, sondern protegierte. Wie sonst wäre es auch zu erklären, daß Albrecht ausgerechnet Dr. Johann Caspar Hedio als Nachfolger Capitos zum Mainzer Domprediger ernannte? Einen Mann, der aus seiner lutherischen Gesinnung nun wirklich nicht den geringsten Hehl machte. Am 21. 12. 1520 schrieb Hedio in einem Brief: „Ich meinesteils bin nicht müßig, der reinen Lehre Christi Eingang zu verschaffen." 1523 verließ er Mainz und wurde lutherischer Prediger in Straßburg. Hier führte er, zusammen mit Capito und Bucer, die Reformation ein.

Historiker und Theologen der Mainzer Universität, wie Johannes Stumpf, Andreas Mayer, Jakob Kammerlander, wandten sich unter Albrechts Augen der Neuen Lehre zu, desgleichen Angehörige des Stadtklerus und der Kurfürstliche Rat Sebastian von Rotenhan. Als der päpstliche Legat Aleander im November

Caspar Hedio. Zeitgenössischer Holzschnitt nach Baldung Grien

1520 versuchte, in Mainz eine öffentliche Verbrennung lutherischer Schriften vorzunehmen, rotteten sich die Bürger zusammen und verhinderten das Vorhaben. Dabei soll der Nuntius fast gesteinigt worden sein. Die Mainzer Meistersinger – nicht so berühmt wie ihre Nürnberger Kollegen, aber doch von erheblicher Breitenwirkung – verliehen ihrer lutherischen Gesinnung dadurch Ausdruck, daß sie Schauspiele zur Aufführung brachten, in denen die katholischen Geistlichen, an ihrer Spitze der Papst, in aller Öffentlichkeit verspottet wurden. Eine dieser Satiren aus dem Jahr 1522 trug den bezeichnenden Titel: „Ein lustig Spiel von einem Dompfaffen und der schönen Eselin". Die Meistersinger konnten sich hierbei des Wohlwollens der Mainzer Bevölkerung sicher sein, die schon seit langem überwiegend kirchenfeindlich eingestellt war. Im Druckhaus des Johann Schöffer, der auch Huttens Kampfschriften gegen Rom und die Kirche verlegte, erschien in den Jahren 1520–1523 eine Reihe reformationsfreundlicher Schriften. In einigen Mainzer Kirchen, so in St. Ignaz, begannen die Pfarrer lutherisch zu predigen. Bei einer Konferenz mit Domherren aus Köln und Trier im Oktober 1523 mußten sich die Mainzer vorwerfen lassen, daß in ihrer Stadt ungehindert evangelisch gelehrt, gepredigt und gedruckt werde.

Kein Wunder also, daß viele seiner Zeitgenossen Albrecht mehr oder weniger als Lutheraner verstanden haben. Capito, der es am besten wissen mußte, meldet am 4. 8. 1521 in einem Brief an Zwingli: „Der hochwürdigste Kardinal von Mainz dringt, soviel in seinen Kräften steht, darauf, daß das Evangelium gepredigt werde . . . und er will nicht, daß ein Geschrei erhoben werde gegen Luther." Der Wittenberger Professor Carlstadt schrieb 1522 an einen Freund, der deutsche Primas sei der evangelischen Wahrheit günstig gesinnt. Und der päpstliche Legat Aleander berichtete vom Wormser Reichstag 1521 voller Entsetzen nach Rom, ihm erschalle nichts entgegen als wüstes Geschrei in hemmungslosen Schriften. Der Pfaffenkrieg werde vor aller Ohren verkündet, obendrein noch vom Hofe des Erzbischofs Albrecht von Mainz her, des Primas der Römischen Kirche.

Noch im Juni 1527 forderte Melanchthon Albrecht auf, ein Nationalkonzil einzuberufen und damit das jahrelange Ziel der Protestanten zu verwirklichen.

Und ein päpstlich gesinnter Engländer namens Turner, der 1522 die Stadt Mainz besuchte, berichtete naserümpfend – und sehr anschaulich –: Volk und Geistlichkeit führten zwar fleißig den Heiligen Bonifazius im Munde. Schaue man aber unter die Tische und in die Ecken, so grinse allenthalben der Doktor Luther hervor.

Um 1523, nach dem Weggang Hedios, bahnte sich jedoch ein Wandel in Albrechts religiöser Einstellung an. Er erließ im September 1523 sogar ein Verbot an den Mainzer Klerus wegen der lutherischen Lehre. Doch es sollte noch zwei

Jahre dauern, bis sich Albrecht 1525 unter dem Eindruck der Bauernkriege endgültig von der Reformation zurückzog. Und wir meinen, daß es weniger die religiösen Forderungen der Bauern waren, die Albrecht zurück ins katholische Lager trieben, sondern eher das antifeudalistische, also das politische Programm dieser Aufständischen. Die Bauern wollten die Privilegien der Fürsten beschneiden, die überkommene Herrschaft umstürzen. Thomas Müntzer's Anhänger trachteten sogar nach quasi-kommunistischen Eigentumsverhältnissen. Das rief den hochadeligen Souverän, den weltlichen Landesherrn Albrecht auf den Plan. Nun erst, aber endgültig, waren die Würfel gefallen. Nicht eigentlich den alten Glauben – die alte Ordnung galt es zu erhalten.

VII.
SICKINGENS TRAUM UND ENDE

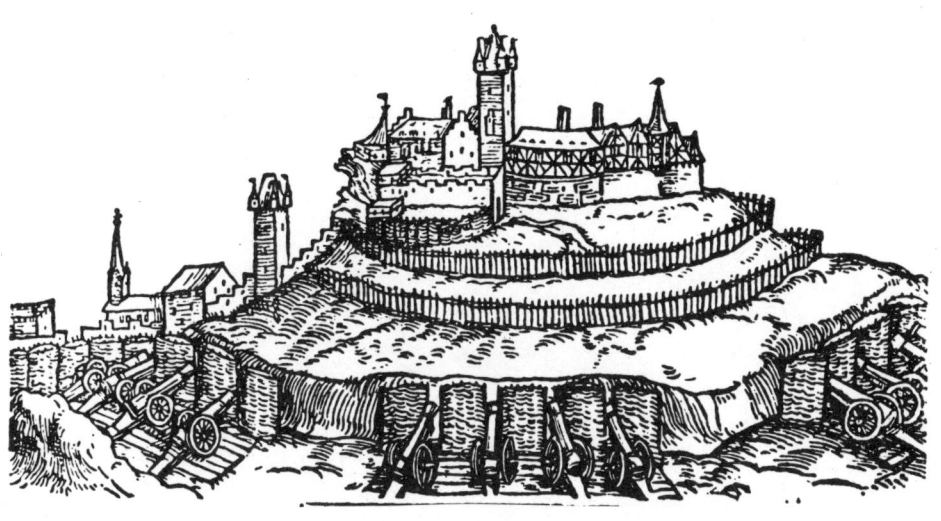

Burg Landstuhl/Pfalz

Sickingens Traum und Ende

Franz von Sickingen

Um die Wende des 15. zum 16. Jahrhundert gehörten viele Ritter zu den Unzufriedenen im Lande. Das ausgehende Mittelalter markiert das Ende der freien Ritterschaft. Nicht zu Unrecht wurde Kaiser Maximilian I. „der letzte Ritter" genannt. Wachsendes Erstarken der Fürstenmacht hatte dazu geführt, daß die Ritterschaft ihrer Privilegien beraubt wurde. Den größeren Potentaten gefielen die stolzen und unabhängigen Land- und Burgherren nicht. Sie trachteten danach, sie entweder als „Beamte" in ihren Dienst zu zwingen oder zu vernichten. Dabei wurden sie wirksam unterstützt durch die Fortschritte der Waffentechnik, insbesondere der Artillerie, mit deren Hilfe man nun die früher uneinnehmbaren Burgen brechen und die Ritterfamilien vertreiben konnte.

Ein Vorgang charakterisiert besonders die Entwicklung: zu den Reichstagen hatte im Mittelalter der Kaiser alle Edlen des Landes zusammengerufen. Doch seit dem Ende des 15. Jahrhunderts waren die Grafen nur noch durch vier Kuriatstimmen (Gesamtstimmen) vertreten; die Herren und Ministerialen wurden überhaupt nicht mehr eingeladen. Stattdessen waren seit 1489 die Vertreter der Freien Reichsstädte hinzugekommen, bürgerliche „Pfeffersäcke" also, die von den Rittern natürlich besonders verachtet wurden.

Die Ritter wehrten sich zunächst, indem sie das Überfallen und Ausrauben von Kaufmannszügen noch gründlicher und brutaler betrieben als zuvor. Einige schlossen sich später auch den aufständischen Bauern an, so Götz von Berlichingen, Florian Geyer sowie Friedrich von Greiffenclau-Vollrads. Die Besonneneren unter ihnen bildeten eigene Ritterbünde, die jedoch über lokalen Einfluß nicht hinausgediehen. Einzig Franz von Sickingen hat eine herausragende Bedeutung erlangt. 1487 auf der Ebernburg, nur einen Tagesritt von Mainz entfernt, geboren und Herr eines kleinen reichsunmittelbaren Territoriums, gelang es ihm schon bald, ein eigenes Heer zusammenzubringen, das er gegen entsprechende Entlohnung den Großen seiner Zeit zur Verfügung stellte. Zu seinen Auftraggebern gehörten die deutschen Kaiser Maximilian I. und Karl V. ebenso wie der französische König Franz I. Meistens jedoch stand Sickingen den Habsburgern zu Diensten. Bei der Wahl Karls V. 1519 unterstützte er die deutsche Partei durch eine Streitmacht, die er in Frankfurt einquartierte. Beim Wormser Reichstag 1521 hatte Sickingen – ungeachtet seiner Sympathien für die Neue Lehre – ein großes Heer aus Reisigen und Landsknechten vor der Stadt zusammengezogen, das dem Kaiser gegen die Lutheraner zur Verfügung stand. Fehlten die Aufträge, so veranstaltete Sickingen Feldzüge und Raubkriege auf eigene Rechnung, so gegen die Stadt Worms und gegen die Landgrafschaft Hessen. Sickingen war der einzige Condottiere großen Stils nördlich der Alpen, nicht zu vergleichen mit den Schnapphähnen und Heckenreitern, die sich darauf beschränkten, schlechtbewachte Transporte auszurauben.

Im Jahr 1522 begann die sogenannte Sicking'sche Fehde, eines der abenteuerlichsten und kuriosesten Ereignisse dieses mit Abenteuern und Kuriositäten angefüllten Jahrhunderts. Sickingen sammelte im August auf eigene Rechnung ein wohlgerüstetes Heer und begann einen Feldzug gegen einen Kurfürsten des

Reiches, den Erzbischof von Trier, Richard von Greiffenclau-Vollrads. Schon die Zeitgenossen wußten nicht recht, was sie von diesem wahnwitzigen Unternehmen halten sollten. Viele unterstellten Sickingen die Absicht, seinen alten Traum zu verwirklichen: durch die Eroberung des Trierer Kurstaates selbst Reichsfürst zu werden. Mag dieses Ziel auch im Vordergrund gestanden haben – Sickingens eigene Proklamationen sprechen dafür – so waren sicherlich noch weitere Gründe maßgebend. Seit langem bestand zwischen Sickingen und dem Trierer Kurfürsten eine persönliche Feindschaft. Richard von Greiffenclau hatte früher einmal besonders nachdrücklich die Hilfe des Reiches gegen des Ritters Gewalttätigkeiten in Hessen angerufen. Sickingen berühmte sich auch mehr oder weniger dubioser Ansprüche auf ein Lösegeld, das Richard ihm angeblich schuldete, und beabsichtigte, sich durch Brandschatzung und Plünderung bezahlt zu machen.

Darüberhinaus sind noch universalere Ziele erkennbar. 1522 hatte der oberrheinische Adel in Landau geschworen, weder das Reichsregiment noch das Reichskammergericht, noch die (freilich recht angemaßten) Kompetenzen des Schwäbischen Bundes anzuerkennen, sondern seine Streitigkeiten nur vor den Lehnsgerichten, durch ritterbürtige Richter also, wie ehedem, austragen zu lassen. Diese Rechte sollten gegen jedermann, notfalls mit Waffengewalt, verteidigt werden; hierzu hatten die Ritter Franz von Sickingen zu ihrem Hauptmann ernannt.

Dazu kam der Gedanke der religiösen Erneuerung, dem sich Sickingen wie kaum ein anderer verschrieben hatte. Richard von Greiffenclau dagegen galt als ein besonders „reaktionärer" Kirchenfürst. Auf dem Reichstag zu Worms 1521 war er als Wortführer der päpstlich-kaiserlichen Partei hervorgetreten. Und hatte nicht Luther just in dieser Zeit geschrieben: „die Leib, Gut und Ehre daran setzen, daß die Bistümer verstört und der Bischöfe Regiment getilgt werde", seien „liebe Kinder Gottes"? Die Ebernburg, Sickingens Stammsitz, galt als das geistige Zentrum der Neuen Lehre, hier wurde der evangelische Gottesdienst zuerst in seinen neuen Formen eingeführt. Mehr noch: die Ebernburg war in jenen Jahren das Aktionszentrum des Luthertums. Die unzufriedene Ritterschaft im Reiche, die Sickingen als ihren Führer ansah und die auf die Ebernburg wie auf den Berg der Erlösung blickte, richtete daher ihre Sympathien zugleich auf den Protestantismus – zwei an sich heterogene Ideen wurden so miteinander verquickt. Hierin ist eine Parallele sichtbar zu den drei Jahre später ausbrechenden Bauernkriegen.

So fand Sickingen von überallher Ermutigung, nicht nur durch Sympathiebeweise, sondern auch durch handfeste Hilfsversprechen der Ritterschaft, betreffend Entsendung von Truppen und Geldmitteln. Hätte Sickingen gewußt, wie wenig ihm von diesen schwadronierenden Zusagen gehalten wurde, so wäre der unglückliche Feldzug vermutlich unterblieben.

Andererseits konnte sich Sickingen aber eines ebenso mächtigen wie zuverlässigen Bundesgenossen versichern, und dies war, so überraschend es klingen mag, der Kurfürst und Erbischof von Mainz – ,,Amtskollege" des benachbarten Trierers und Kanzler des Reiches. Die Ursachen dieser seltsamen Allianz waren vielfacher Natur. Richard von Greiffenclau, übrigens auf Kurmainzer Gebiet, im Rheingau geboren, war Zeit seines Lebens ein Parteigänger des Franzosenkönigs Franz I., während Albrecht dessen ewigem Widersacher, Karl V., zuhielt, ja sogar als das Haupt der habsburgischen Partei angesehen wurde. Albrecht und Sickingen erhofften sich daher wohl auch, der Kaiser werde zumindest stillhalten, wenn es dem Trierer an den Kragen ginge. Hinzu kam Albrechts zur damaligen Zeit offenkundige Sympathie für die Neue Lehre. Sie wurde von maßgebenden Männern seines Hofes geteilt. So waren der Mainzer Hofmeister Frowin von Hutten, wie auch der Marschall Kaspar Lerch von Dirmstein zugleich enge Freunde Sickingens wie auch (kaum noch verkappte) Anhänger des Luthertums. Als weitere Sympathisanten Sickingens aus Albrechts engster Umgebung galten der Kurfürstliche Rat und Mainzer Domherr Sebastian von Rotenhan und Albrechts zeitweiliger Leibarzt Dr. Stromer, genannt Auerbach, ein Freund Huttens. In der Trierischen Fehde wirkten sie als Bundesgenossen und Helfer des Ritters. Darüberhinaus hatte Sickingen auch zahlreiche Freunde im Subklerus der Mainzer Diözese, so den Binger Pfarrer Melchior Ambach, der häufig auf der Ebernburg weilte und schließlich offen zur Neuen Lehre übertrat.

Schließlich darf man die mannigfaltigen familiären Beziehungen nicht unterschätzen. Sickingens gehörten – wie beispielsweise Huttens, Rotenhans, übrigens auch Greiffenclaus – Jahrhunderte hindurch zu den führenden Familien des Mainzer Stiftsadels. Sie waren nicht nur mit den Greiffenclau, sondern auch mit zahlreichen anderen Mainzer Stiftsfamilien in vielfältiger Weise verwandt und versippt. Franz von Sickingen selbst war ein Verwandter des Trierischen Erzbischofs. Ritter Hartmut von Kronberg, ebenfalls aus dem Mainzer Stiftsadel und einer von Sickingens glühendsten Parteigängern, war sein Schwager.

Trotz aller Sympathien stand der Feldzug gegen Kur-Trier, von Sickingen im Winter 1521/22 ausgebrütet, von Anfang an unter einem unglücklichen Stern. Das Kriegführen betrieb man damals tunlichst im Sommer. Doch das Jahr verstrich, und nur ein kleiner Teil der ritterbürtigen Bundesgenossen schickte sich an, die gegebenen Versprechungen einzulösen. Die Truppenkontingente fielen kleiner aus, als vorgesehen oder blieben ganz weg. Einzelne wurden auch unterwegs abgefangen, so 1500 braunschweiger Landsknechte, die dem Landgraf von Hessen in die Hand fielen. Albrecht gehörte zu den wenigen, die ihre Zusagen einhielten. Zwar scheint er vorsichtshalber kein Kriegsvolk gestellt zu haben, aber er gestattete den Sicking'schen Truppen den Durchzug durchs Erzbistum und er unterstützte den Ritter in jeder anderen Weise, vor allem mit Geld, Pferden und Lebensmittellieferungen.

Als der Sommer zur Neige ging, konnte Sickingen nicht länger zuwarten. Am 22. August 1522 kündigte er dem Erzbischof von Trier Fehde an und erließ einen Aufruf an dessen Untertanen, sie würden nun ,,von dem schweren antichristlichen Gesetz der Pfaffen erlöst". Insgesamt hatte er nur 1500 Reiter und 5000 Mann Fußvolk, sowie einiges Geschütz zusammengebracht. Zu Anfang beschränkte man sich darauf, die auf dem Wege liegenden Dörfer und Klöster auszurauben. Vor Trier angekommen, machte das Heer halt und wartete auf die versprochenen Verstärkungen. Jedoch die ,,Krieger aus aller Welt" blieben aus. Zur besonderen Enttäuschung Sickingens verhängte der Kaiser, den er zu seinen geheimen Bundesgenossen gerechnet hatte, über den Ritter die Reichsacht.

Die Trierer setzten sich hartnäckig zur Wehr. Richard von Greiffenclau, ein streitbarer Herr wie Julius II. – der Nuntius Aleander nannte ihn darüber hinaus einen ,,schlauen Fuchs" – übernahm selbst die Verteidigung, unterstützt von Magistrat und Adel. Mit eigener Hand schleuderte er die Brandfackel in das vor den Toren der Stadt gelegene Kloster Sankt Maximin, um es nicht den beutelüsternen Landsknechten in die Hände fallen zu lassen. Als die Landsknechte sahen, daß die Stadt nicht zu erobern war, liefen sie auseinander. Nur noch einige Ritter blieben mit ihren Lehnsleuten bei Sickingen. An diesem 14. 9. 1522 war der Feldzug zusammengebrochen, noch ehe er richtig begonnen hatte. Sickingen flüchtete auf seine Burg Landstuhl in der Pfalz und beschränkte sich darauf, deren Befestigungen auszubauen. Inzwischen hatte der Erzbischof von Trier mächtige Bundesgenossen gefunden, den jungen Landgrafen Philipp von Hessen und Sickingens früheren Gönner, den Pfalzgrafen Ludwig. Die Fürsten einigten sich auf die wohlüberlegte Strategie, Sickingen zunächst auf seiner Burg Landstuhl schmoren zu lassen. Stattdessen knöpfte man sich seine überall verstreuten Mitstreiter und Sympathisanten vor. Sickingens Vernichtung mußte dann leichtfallen und sollte den Schlußakt des Rachefeldzuges bilden. Dieses Konzept, mit Nachdruck verwirklicht, erwies sich als äußerst erfolgreich. Wer nur immer zu Sickingen gehalten hatte, wurde hart bestraft. Die Ritter unter ihnen vertrieb man von ihren Burgen, als ersten Hartmut von Kronberg. Frowin von Huttens Burg Saalmünster wurde erobert. In Franken und Schwaben räumte der Schwäbische Bund unter der Ritterschaft auf. Alle Ritterbünde im Reich wurden bei Gefahr für Leib und Leben verboten.

Den Kardinal von Mainz lud man als prominentesten ,,Kriegsverbrecher" nach Frankfurt vor ein Fürstengericht, das aus dem Erzbischof von Trier, dem Landgra-

Belagerung der Ebernburg 1523 (zeitgenössische Darstellung)

Sickingens Traum und Ende

Franz von Sickingen (1523) schwer verwundet in der Feste
Landstuhl (nach Ludwig Richter)

fen von Hessen und dem Pfalzgrafen bestand. Albrecht wurde am 18. 10. 1522 der Komplizenschaft für schuldig befunden und zur Zahlung einer Geldstrafe von 25 000 Gulden verurteilt. Nur der Form halber kleidete man das Urteil in das Gewand eines Vertrages. Als Albrecht von dem Mainzer Domkapitel die Zustimmung zu dem Diktat und die Aufbringung der Geldstrafe verlangte, kam es zu heftigsten Auseinandersetzungen. Der Domdechant Lorenz Truchseß von Pommersfelden weigerte sich, den ,,Vertrag" namens des Kapitels zu unterzeichnen und warf das Siegel zornig zur Erde, Albrecht vor die Füße. Das Domkapitel konnte schließlich nur dadurch zur Mitunterzeichnung des ,,Vertrages" bewogen werden, daß Albrecht ihm das Amt Höchst verpfändete. Albrecht war vor aller Welt als mitschuldig an Sickingens Landfriedensbruch gebrandmarkt worden; er hatte eine schwere moralische Niederlage erlitten.

Die Fürstenallianz begann nun, die Sicking'schen Burgen zu erobern. Mit denen seiner Freunde waren es 27 an der Zahl; als letzte fiel, nach dreimonatiger Belagerung, die wohlbefestigte und reichausgestattete Ebernburg.

Nachdem dies alles gelungen war, wandte man sich wieder Sickingen selbst zu, der noch immer auf der Burg Landstuhl saß und auf Verstärkungen wartete. Im April 1523 erschienen die drei Fürsten dort mit einem Heer und vor allem mit modernster Artillerie. Am 30. 4. 1523 begann die Beschießung der eilig verstärkten Burg. Der Mörtel war noch nicht ganz trocken, die Mauern – ohnehin schwach – brachen auseinander. Sickingen wurde durch eine Explosion gegen einen spitzen Balken geworfen und lebensgefährlich an der Seite verwundet. Nach einigen Tagen begann der Brand in der Wunde. Sickingen, hilflos auf einer Trage in einer der letzten unzerstörten Kasematten liegend, kapitulierte am 7. 5. 1523. Die drei Fürsten traten an sein Lager. Erzbischof Richard dachte nicht daran, als Geistlicher dem Sterbenden die Letzte Ölung zu reichen, stattdessen attackierte er ihn mit Vorwürfen. Sickingens Todfeind, der junge Landgraf Philipp von Hessen, stand ihm darin nicht nach. Sickingen versuchte noch zu widersprechen: er habe sich nicht zu verantworten, sondern jetzt einem höheren Herrn Recht zu stehen. Der Disput konnte nicht beendet werden; Sickingen verfiel zusehends. Dann drehte er sich zur Seite und verschied. Die Szene ist durch einen Augenzeugen, den Reichsherold Caspar Sturm aus Oppenheim, damals in kurpfälzischen Diensten, in seinem ,,Wahrlichen Bericht", gedruckt bei Schöffer in Mainz, überliefert.

,,Die Eroberung von Landstuhl war ein Sieg des Fürstentums über das Rittertum, des Geschützes über die Burgen, insofern der neuen Zeit über die alte", Rankes Worten ist nichts hinzuzufügen.

VIII.
DER BAUER STUND AUF IM LANDE

Albrecht Dürer: Bauern

Der Bauer stund auf im Lande

Im Herbst 1524 begann der Bauernkrieg, Deutschlands erste überregionale Sozialrevolution. Der eigentliche große Aufruhr umfaßte nur eine relativ kurze Zeitspanne, nicht viel mehr als die Monate vom Frühjahr bis zum Sommer 1525, mit einem Nachspiel auf dem entlegenen Schauplatz Salzburg, Tirol und Steiermark, wo noch bis ins Jahr 1526 hinein gekämpft wurde. Das zusammenhängende Hauptgebiet waren die Landschaften vom Bodensee und Schwarzwald bis nach Franken, jedoch mit isolierten Kriegsschauplätzen am Rhein und in Thüringen. Eine zentrale Steuerung gab es nicht, stattdessen eine Unzahl von weitverstreuten Einzelaktionen. Anfänglich bestanden die Kampfhandlungen nur im Zusammentritt einiger Dorfgemeinschaften mit Sturm auf die benachbarten Klöster und Burgen, jedoch ohne weitere Fernziele. Das Beutemachen stand im Vordergrund. In den Zeitberichten ist von ganzen Wagenzügen mit Speck, Kirchengut und Klosterweinen die Rede. Einzig der Thüringer Bauernführer Thomas Müntzer, ein ehemaliger Priester, wußte dem Aufruhr eine überwiegend religiöse Motivation zu geben. Er ließ sich ein Kreuz vorantragen und wollte ein Gottesreich gründen, in dem es keine Armen und Unterdrückten mehr gäbe.

Trotz aller Zersplitterung kam es in einzelnen Aufstandsgebieten allmählich zur Bildung von größeren Bauernheeren, die vielfach von arbeitslosen Landsknechten durchsetzt und sogar von kampferprobten Rittern geführt wurden. Götz von Berlichingen und der Ritter Florian Geyer sind bekannte Bauernführer gewesen. Der Niederadel, auch manche kleinere Stadt, schloß sich vielfach dem Bauernhaufen an. Das Resultat dieser Empörung war niederschmetternd. Innerhalb weniger Monate wurden Hunderte von Klöstern verbrannt und Burgen gebrochen, zehntausende von Menschen auf beiden Seiten der Front gefoltert und getötet, unersetzliche Kunstschätze zerstört. Doch keines ihrer Ziele haben die Bauern mit ihrem Aufruhr erreicht. Nachdem das größte aller Bauernheere im Sommer 1525 vor der Festung Marienberg in Würzburg abziehen mußte, und als nach der Schlacht von Pavia die frundsbergischen Landsknechte aus Italien zurückgekehrt waren, begann das große Aufräumen, Strafen und Vergelten. Die Bauern verloren nicht nur die während des Aufstandes blutig erkämpften Freiheiten, sondern auch noch den größten Teil der bis dahin gesicherten Privilegien. Nach dem Ende der Bauernkriege waren sie rechtloser als je zuvor.

Auch das Erzbistum Mainz blieb von den Bauernaufständen nicht verschont. Hier brach der Aufruhr zuerst im Odenwald aus. Georg Metzler, ein Gastwirt aus Ballenberg, machte sich zum Anführer der Odenwälder Bauern.

Im März 1525 vereinigten sich mit ihm zahlreiche Haufen aus der Gegend von Rothenburg, aus der Pfalz, aus dem Würzburgischen, aus dem Gebiet des Deutschen Ordens. Zuerst zogen die vereinigten Scharen gen Mergentheim, dem Sitz des Deutschmeisters. Die Burg wurde geplündert, das oberhalb der Stadt gelegene Deutschordensschloß Neuhaus zerstört. Von da ging es nach dem reichen Kloster Schönthal. Die Bauern raubten, was an Wein, Vieh und Hausrat da war, zerschlugen die Kirchenfenster, verbrannten die Bücher und mißhandelten die Mönche. Schönthal blieb danach längere Zeit das Hauptquartier Metzlers. Von hier aus wurden Raubzüge unternommen nach Weinsberg, Heilbronn und Gundelsheim. Im April 1525 stieß Götz von Berlichingen mit seinen Mannen hinzu und wurde, neben Georg Metzler, des ,,hellen Odenwälder Haufens Hauptmann". Man brandschatzte zunächst das mainzische Städtchen Buchen und zog dann zu der reichen Benediktiner-Abtei Amorbach, die geplündert und verwüstet wurde. Aus den Perlen und Edelsteinen der Abtsgewänder ließ sich Götzens Ehefrau einen Halsschmuck fertigen.

Nunmehr traten neun, zum Erzstift Mainz gehörende Städte, im Odenwald und am Main gelegen, auf die Seite der Bauern, bildeten ein gemeinsames Heer und zogen nach Aschaffenburg, wo sie Albrechts Statthalter, den Bischof Wilhelm von Straßburg, im Schloß belagerten. Nachdem auch die Aschaffenburger Bürgerschaft sich den Bauern angeschlossen hatte, sah sich der Statthalter zur Kapitulation gezwungen. Er mußte die ,,zwölf Artikel", das ideologische Konzept der Bauern, anerkennen. Ferner wurde ihm die Verpflichtung auferlegt, 15 000 Gulden an die Aufständischen zu zahlen, alle Klöster zu öffnen und den Befehlshabern des Bauernheeres Gehorsam zu leisten. Die entsprechende Urkunde (der sog. ,,Miltenberger Vertrag") wurde am 7. 5. 1525 zu Miltenberg unterzeichnet und sogleich in allen mainzischen Ortschaften des Odenwaldes kundgemacht.

Dem Beispiel der Odenwälder waren die Rheingauer gefolgt. Doch hier blieb der Aufstand von lokaler Bedeutung, er erreichte bei weitem nicht die Kraft und Ausdehnung wie im Odenwald oder gar in Süddeutschland. Schon vor 1525 hatte ausgerechnet der Mainzer Domprediger Caspar Hedio die Rheingauer Bauern zur Zehntverweigerung ermuntert. Später unterstützte er aus Straßburg die Aufständischen mit Flugschriften. Die ersten Aufrührer waren die Einwohner von Johannisberg und Eibingen. Bald schlossen sich die von Winkel, Östrich, Hallgarten und Mittelheim an. Doch die eigentliche Rebellion brach erst am 23. 4. 1525 in Eltville los. Die Bürger bewaffneten sich und mobilisierten die Einwohner der ganzen Landschaft, die sich auf der ,,Wacholderheide", dem traditionellen Versammlungsort der Rheingauer, einer Wiese beim Kloster Eberbach, zusammenrotteten. Man begann Verhandlungen mit den herbeigeeilten Vertretern des Domkapitels, dem ja der Rheingau gehörte. Die Forderungen richteten sich unter anderem auf Reduzierung der Steuern und Zölle, freie Pfarrerwahl, Aufhebung der Klöster, Wegfall des Beitrages von 1000 Gulden zu den Palliengeldern, Vertreibung der

Juden („von wegen des großen verderblichen Schadens, den sie dem gemeinen Mann zufügen"), freie Jagd und Fischerei. Als keine Einigung zustande kam, begann man auch hier mit Gewalttaten. Das reiche Kloster Eberbach wurde erstürmt. Die Bauern verprügelten die Mönche und machten sich daran, das berühmte Eberbacher Faß auszutrinken. Dieses riesige Weinfaß, „continans LXXIV carrates vini", scheint zunächst eine große Attraktion gewesen zu sein. Die Aufständischen berauschten sich dermaßen, daß sie zu weiteren Taten unfähig waren; die Mönche konnten sie daher „wie Säcke" vor das Kloster tragen und die Pforte wieder verschließen. Dieser Überfall entbehrt nicht gewisser burlesker Begleitumstände.

Doch die Bauern kamen zurück, und nun wurde es ernst. Die Bauern zwangen den Abt, das Todesurteil des Klosters, nämlich eine Urkunde zu unterschreiben, wonach keine Novizen mehr aufgenommen werden durften und aller Grundbesitz der „Rheingauer Landschaft" zufallen sollte. Ähnliche Diktate mußten die Rheingauer Klöster Aulhausen, Eibingen, Gottesthal, Marienthal und Johannisberg akzeptieren. Auch kam es zu neuen Angriffen. Am schlimmsten hausten die Bauern im Kloster Tiefenthal bei Schlangenbad, das völlig geplündert und ausgebrannt wurde.

Unter dem Eindruck der Gewalttaten fand sich das Mainzer Domkapitel und schließlich auch der Statthalter, Bischof Wilhelm von Straßburg, zu einem Kompromiß bereit. Am 18. 5. 1525 erschienen die Vertreter der Mainzer kurfürstlichen Regierung zu Verhandlungen wieder auf der „Wachholderheide" beim Kloster Eberbach. Die geistlichen Herren wurden sogleich von den bewaffneten Bauern umzingelt und unter Drohungen gezwungen, die Forderungen der Aufständischen anzunehmen. Unter dem 19. 5. 1525 wurde die Urkunde über die Annahme der „Rheingauer Artikel" ausgefertigt. Die Bauern, unter ihnen zahlreiche Städter, begannen alsbald mit der Durchführung des Vertrages, insbesondere mit der Säkularisation der Klöster.

Doch die neuen Freiheiten der Rheingauer währten nur kurz. Schon Anfang Juni 1525 traf der Schwäbische Bund unter seinem Feldherrn Georg Truchseß von Waldburg (genannt der „Bauernjörg") Anstalten, nachdem er in Schwaben und Franken gesiegt hatte, nun auch in den Rheingau einzurücken, um die Aufhebung des Vertrages zu erzwingen und „die Bauern zu strafen."

Interessant ist, daß dieses Vorhaben auf den Widerstand des Landesherrn, nämlich Albrechts, stieß. Albrecht wandte sich an den Schwäbischen Bund und erhob Einspruch. Als das nichts nutzte, beauftragte er seinen Statthalter, persönliche Verhandlungen aufzunehmen, um die Strafaktion abzuwenden. Bischof Wilhelm traf sich daraufhin mit Truchseß in Würzburg. In einem Brief (zitiert bei

Hans Burgkmair: Georg Truchseß von Waldburg

Waas) berichtet er den Rheingauern, er habe ,,vielfältig und gnädig angehalten, solchen Zug und Straf von Euch zu wenden".

Es liegt nahe, nach den Motiven zu fragen, die Albrecht zu seinem Widerstand veranlaßten. Sympathie mit den Aufständischen kann wohl am ehesten ausgeschlossen werden. Die Gründe scheinen uns mehr auf landesherrlichem Gebiet zu liegen: welcher Souverän sieht schon gern eine militärische Intervention fremder Truppen auf seinem Staatsgebiet? Außerdem hoffte Albrecht vermutlich, die Revolution im Rheingau werde von selbst zusammenbrechen, nachdem sie in Süddeutschland ja schon ein schmähliches Ende gefunden hatte.

Albrechts Intervention stieß beim ,,Bauernjörg" zunächst auf Ablehnung. Er habe Befehl von den Bundesgenossen, mit aller Strenge gegen die Aufständischen vorzugehen. Albrechts ,,Vorbitte" könne man daher nicht stattgeben. Aber die Mainzer ließen nicht nach, und so fand man schließlich einen Kompromiß. Truchseß erklärte sich bereit – wenigstens vorläufig – nicht selbst mit seinem Heer in den Rheingau einzufallen, falls das Mainzer Erzstift einen Bevollmächtigten stelle, der imstande sei, den Bauernbrand im Namen des Schwäbischen Bundes zu löschen. Es gelang noch, die Zusage zu erreichen, daß dieser Hauptmann ein Stiftsverwandter sein müsse. Hierfür war bald der Mainzer Hofmeister Frowin von Hutten gefunden. Am 11. 6. 1525 machte Georg Truchseß dessen Ernennung allseits bekannt und forderte die Rheingauer und die Mainzer auf, sich auf Gnade und Ungnade zu ergeben. Hutten leitete diese Aufforderung an die Rheingauer weiter mit dem Hinweis, sie könnten dem Einmarsch des Schwäbischen Bundes nur zuvorkommen, indem sie unverzüglich Abgesandte zu ihm entsendeten, um sich zu unterwerfen. Den Rheingauern blieb nichts anderes übrig, als darauf einzugehen. Am 27. 6. 1525 wurden die Unterwerfungserklärungen abgegeben, am 13. und 14. 7. 1525 die entsprechenden Urkunden ausgefertigt. Darin wurde der Vertrag vom 18. 5. 1525 für null und nichtig erklärt. Außerdem wurden auch zahlreiche frühere Privilegien und Rechte der Rheingauer aufgehoben. Die Einwohner mußten alle Waffen abliefern und eine Strafe von 15 000 Gulden zahlen. Neun ihrer Anführer wurden in Eltville hingerichtet.

Einige der Rheingauer hatten sich auch dem großen Bauernheer von 9000 Mann angeschlossen, das sich um diese Zeit bei Worms gesammelt hatte. Bei Pfeddersheim kam es am 23. und 24. 6. 1525 zu einer vernichtenden Niederlage der Bauern. Sie hatten gegen die Reisigen des pfälzischen Kurfürsten, der Erzbischöfe von Mainz und Trier und des Herzogs von Jülich keine Chance gehabt. 4000 tote Bauern blieben auf dem Kampffeld, weitere 800 wurden anschließend auf der Flucht erschlagen.

Die Odenwälder ,,hellen Haufen" waren bereits in der Schlacht bei Königshofen am 2. 6. 1525 größtenteils aufgerieben worden. Die Überlebenden wurden einem strengen Strafgericht unterzogen, Hunderte hingerichtet.

Auch in der Stadt Mainz hatte es Unruhen gegeben. Nach Beendigung einer großen Prozession, die nach der am Fuß des Hechtsheimer Berges gelegenen Heilig-Kreuz-Kirche gegangen war, versammelte sich am 25. 4. 1525 ein Teil der Bürgerschaft bewaffnet auf dem Tiermarkt (dem jetzigen Schillerplatz). Dorthin ließen die Aufständischen die Geschütze von den Stadttürmen fahren. Sie zwangen den Magistrat, ihnen die Stadtschlüssel zu übergeben. Man drang ins Gefängnis ein; die Gefangenen wurden freigelassen. Bewaffnete Bürger erschienen in der Martinsburg und verlangten deren Übergabe. Dem Klerus und dem ihm ergebenen Magistrat gelang es jedoch, die Aufständischen am 27. 4. 1525 zu beschwichtigen durch Annahme einer Reihe von Forderungen (der ,,31 Artikel"). Die Mainzer ,,Artikel" entsprachen im wesentlichen den sonst von den Bauern erhobenen Ansprüchen: Herabsetzung der Steuerlast und der Zölle, Beschränkung des Heeresdienstes, Wald- und Weiderecht, freie Pfarrerwahl, verringerte Privilegien der Geistlichkeit. Hinzu kamen aber auch Artikel von speziell lokaler Bedeutung, so die Reglementierung des Weinzapfs und des Weinverkaufs, die Teilnahme der Geistlichen am Wachtdienst auf den Stadtmauern, ein ,,Ausschuß der Zwanziger" aus den Zünften, der neben den zwölfköpfigen Rat treten sollte. Als besonders rühriger Agitator betätigte sich der frühere Pfarrer von St. Ignaz, Johann Feiertag, der zum lutherischen Glauben übergetreten und dieserhalb längere Zeit inhaftiert gewesen war.

In Mainz brach der Aufstand einige Tage früher zusammen als im Rheingau. Am 22. 6. 1525 ernannte die Stadt ihre Bevollmächtigten für die Friedensverhandlungen. Am 1. 7. 1525 erschien dort Frowin von Hutten mit vierhundert Bewaffneten. Die Mainzer Bürger mußten sich erneut auf dem Tiermarkt versammeln. Das Dokument des Aufstands, die ,,31 Artikel" vom 27. 4. 1525, wurden in aller Öffentlichkeit zerschnitten und durch Siegelabnahme ungültig gemacht. Die Mainzer Bürgerschaft mußte ihre volle Unterwerfung erklären. Es wurde ihr, wie den Rheingauern, eine Strafe von 15 000 Gulden auferlegt. Vier Bürger ließ man enthaupten, fünfzig wurden ins Gefängnis gebracht, andere des Landes verwiesen.

Die Stadt Bingen, seit eh und je dem Domkapitel zugehörig, hatte sich ebenfalls dem Bauernaufstand angeschlossen. Am 23. 6. 1525 fand auch hier die Empörung ihr trauriges Ende. Die Stadt ernannte sieben Bevollmächtigte für Verhandlungen mit dem Schwäbischen Bund. Am 15. 7. 1525 fand auf dem Platz vor der Burg Klopp die Unterwerfung statt. Die Stadt verlor so gut wie alle Rechte und wurde zum Schadensersatz verpflichtet. Drei der Rädelsführer wurden hingerichtet.

Albrecht blieb während der Bauernkriege in seiner Residenz Halle. Offenbar hielt er seine dortige Anwesenheit für erforderlich, um die bevorstehenden Angriffe der thüringischen Bauern gegen seine mitteldeutschen Territorien an Ort und Stelle abwehren zu können. Doch er brauchte nicht mehr einzugreifen, denn die Aufständischen wurden am 15. 5. 1525 bei Frankenhausen von den Söldnern der benachbarten Fürsten vernichtend geschlagen, ohne mainzisches Territorium betreten zu haben. Thomas Müntzer starb 15 Tage später von Henkershand.

Im Südwesten führte den Kampf gegen die Aufständischen Albrechts Suffragen für das Bistum Straßburg und Statthalter für den Mainzer Kurstaat, eben jener Graf Wilhelm von Hohenstein, dem wir bereits bei der Mainzer Erzbischofswahl von 1514 als Gegenkandidat Albrechts begegnet sind.

Zum Gedenken an die Niederschlagung der Bauernaufstände (und an die siegreiche Schlacht bei Pavia) ließ Albrecht im Jahre 1526 in Mainz den – heute noch erhaltenen – Marktbrunnen errichten. Er setzte ihn direkt vor die zum Rathaus bestimmte Münze, also vor das bürgerliche Machtzentrum, den unruhigen Bürgern zur Warnung. In den zahlreichen Reliefs werden die Bauern verspottet. So ist unter einer aus Knoblauch gebildeten Arkade ein fast unbekleideter, bärtiger Bauer dargestellt, der einen Geldbeutel fortträgt; doch der Beutel hat ein Loch, das Geld verrinnt. Ein anderer Bauer liegt betrunken auf dem Rücken, die rechte Hand faßt eine Kanne, mit der Linken reckt der Benebelte einen Hahn hoch in die Luft: Anspielungen auf die Plünderungen der Bauern, ihre Trunksucht und ihre Brandschatzungen, bei denen sie ,,den Roten Hahn auf's Dach setzten".

Der Mainzer Marktbrunnen ist eines der ersten Baudenkmäler Deutschlands im Renaissance-Stil, nicht nur ein Kunstwerk, sondern vor allem ein (vortrefflich restauriertes) Zeitdokument von höchstem Rang. Als Schöpfer des Marktbrunnens wurde früher der Nürnberger Bildhauer Peter Flötner angesehen, neuere Forschungen deuten jedoch auf den Mainzer Peter Schro, dessen Sohn Dietrich Albrechts imposantes Grabmal im Mainzer Dom geschaffen hat.

Das Jahr 1525 hat in Albrechts Haltung zur Reformation die entscheidende Wende gebracht; die Gründe haben wir bereits zu nennen versucht. Albrecht verwarf nun alle lutherischen und weltlichen Neigungen und stellte sich jetzt eindeutig auf die katholisch-päpstliche Seite. Im Dessauer Bund 1525 vereinigte er sich mit den Herzögen von Braunschweig und Sachsen zur Verteidigung des katholischen Glaubens.

Auch scheint Albrecht um diese Zeit seinen Plan, aus Mainz einen Musentempel nach dem Vorbild der italienischen Renaissance-Höfe zu machen, endgültig aufgegeben zu haben. Seine humanistischen Idealvorstellungen traten zurück. Stattdessen konzentrierte er sich auf seine religiösen und administrativen Aufgaben und auf die Unterstützung der Gegenreformation. Albrecht befand sich hierin –

ausnahmsweise – in Übereinstimmung mit dem Mainzer Domkapitel, das schon am 14. November 1525 die Kapitel der 12 Suffragane zu einer Beratung eingeladen und als Ergebnis den ,,Mainzer Ratschlag" beschlossen hatte. Dies war eine Beschwerde an den Kaiser, die Rechte der Altgläubigen überall wieder herzustellen und die übertriebenen Privilegien der Bettelorden abzuschaffen, verbunden mit einem Appell an die Bischöfe und Domkapitel, die Lutheraner aus ihren Diensten und aus ihren Reihen auszuschließen.

In der Erzdiözese Mainz ging Albrecht mit harten Strafen gegen alle Geistlichen vor, die seiner Anweisung vom September 1523 nicht Folge leisteten und der Neuen Lehre zuneigten. Am 3. 2. 1526 erließ er auch an die Geistlichen der Stifte Magdeburg und Halle ein Mandat, beim alten Glauben zu bleiben und sich vor Irrlehren zu bewahren.

Luther bemerkte diesen Wandel und begrub nun offenbar endgültig seine langen und nicht ohne Grund genährten Hoffnungen, den Kardinal doch noch auf seine Seite ziehen zu können. Voll Zorn und Enttäuschung ließ er 1526 von Wittenberg aus die Schrift herausgehen: ,,Wider den rechten aufrührerischen, verräterischen und mordischen Ratschlag der ganzen mainzischen Pfafferei; Unterricht und Warnung Martin Luthers."

Der Titel erinnert an ein anderes, im Jahr zuvor veröffentlichtes Sendschreiben Luthers: ,,Wider die mörderischen und räuberischen Rotten der Bauern". Tragischerweise hatten Bauern und Magistrate sich zu Beginn der Unruhen auf Luther und seine Lehre berufen. Sie betrachteten den ,,Revolutionär" aus Wittenberg als einen der ihren. Hatte er nicht gesagt, man müsse Gott mehr gehorchen als den Menschen? ,,Luthers Worte gegen den Adel und die Fürsten wurden bei den bündischen Bauernscharen zu Spieß und Morgenstern" (Zweig). Aber darin verkannten sie Luther gründlich. Luther wollte nur den Glauben ändern, aber nicht die Obrigkeit ins Wanken bringen. Zeit seines Lebens stand er auf Seiten der staatlichen Ordnung und wurde nicht müde, gegen ,,Schwarmgeister und Enthusiasten" zu donnern. So ermahnte er auch zunächst die Bauern wie die Fürsten und Herren, gütlich zu verhandeln. Unrechttun der Obrigkeit verleihe nicht das Recht zum Aufruhr. Wer das Schwert nehme, solle durch das Schwert umkommen.

Als aber Luther sah, daß diese Mahnung in den Wind geschrieben wurde, erließ er das soeben zitierte, furchtbare Pamphlet, worin er die ,,lieben" Fürsten und Herren aufruft, die Bauern ,,zu stechen, zu schlagen, zu würgen", wo man sie treffe. ,,Dünkt das jemand zu hart", so heißt es weiter, ,,der denk, daß unerträglich ist Aufruhr, und alle Stunde der Welt Verstörung zu erwarten sei".

Luther selbst und der Reformation hat diese Parteinahme großen Schaden gebracht. Das gemeine Volk auf dem Lande und in den Städten betrachtete ihn nun als Verräter, als einen Überläufer, der sich auf die Seite der Fürsten gestellt habe. Vielfach wurde Luther bei seinen Reisen verflucht und bedroht. Auf der Kanzel verhöhnte man ihn. Es half nichts mehr, daß Luther nachträglich seine Haltung zu rechtfertigen suchte in dem ,,Sendbrief von dem harten Büchlein wider die Bauern" und darin auch die Fürsten schalt wegen ihrer grausamen Vergeltung. Das Schicksalsjahr 1525 hatte für Luther – wie für Albrecht – eine Wende gebracht. ,,Von nun an war Luther nicht mehr der Held der ganzen Nation, auf den alle ihre Hoffnungen setzten, sondern nur noch das Haupt einer Partei" (Friedenthal).

Und diese Partei waren die Landesherren, die Vertreter der Obrigkeit, die ,,lieben" Fürsten, wie Luther sie anredete. Die Weichen waren gestellt, der Weg zum Landeskirchentum, zum Prinzip ,,cuius regio, eius religio" war geebnet.

Zeitgenössisches Spottlied auf den Bauernaufstand

Als ich einmal ein Kriegsmann was,
zu Limburg soff aus dem großen Faß,
wie bekam mir das?
Zehn roter Gulden mein Irten was;
der Teufel gesegnet mir das.

Als ich auf dem Wacholder saß,
da tranken wir all aus dem großen Faß,
wie bekam uns das?
Wie dem Hunde das Gras;
der Teufel gesegnet uns das.

IX.
SCHLACHT VON PAVIA

Georg von Frundsberg als Sieger über Franz I. in der Schlacht von Pavia (1525)

In Albrechts Zeitalter fallen einige Daten von welthistorisch höchstem Rang: 1453 erobern die Türken Konstantinopel; das Mittelalter ist zu Ende, die Renaissance beginnt. 1492 entdeckt Columbus Amerika, die „Neue Welt". 1519 bis 1521 segelt Fernando de Magalhaes erstmals um die Weltkugel und widerlegt damit die scholastische Behauptung, die Erde sei eine Scheibe. Das Jahr 1525 führt in mehrfachem Sinne eine Wandlung herbei: abgesehen von den religiösen und sozialen Umwälzungen in Deutschland bringt es – am 24. 2. 1525 – mit der Schlacht von Pavia den Durchbruch einer neuen Art von Kriegskunst.

Diese Schlacht ist daher vor allem von größter Bedeutung für die Militärgeschichte. Das sogenannte stehende Heer – sei es nun aus Berufssoldaten oder aus Wehrpflichtigen zusammengesetzt – war im Mittelalter völlig unbekannt. Krieg führte man nach dem altgermanischen Lehensprinzip. Grund und Boden wurden dem Adel und der Kirche vom Kaiser ursprünglich nicht zu Eigentum überlassen, sondern nur „geliehen", der Kaiser – oder wie der Lehnsherr sonst heißen mochte – konnte es unter gewissen Bedingungen wieder einziehen. Als Gegenleistung für die „Verleihung" der Ländereien schuldeten die Belehnten eine Anzahl von Diensten; darunter finanzielle Abgaben und im Konfliktsfall die Gestellung eines militärischen Detachements. Die Adligen, „Ritter" genannt (von „reiten"), zogen stets zu Pferd in den Krieg, begleitet von ihren eigenen Lehensmannen und Knechten. Die militärische Ausrüstung – Waffen, Pferde, Verpflegung – mußte der Adel aus eigenen Mitteln bezahlen. So kam es, daß die mittelalterlichen Armeen sich aus einer Unzahl von kleinen und kleinsten militärischen Einheiten zusammensetzten. Eine zentrale Führung gab es nicht, jede „Uniformität" wurde sogar ängstlich vermieden. Ein Häuflein Reisiger scharte sich um seinen ritterlichen Herrn, und wenn dieser den Befehl dazu gab, zog man in die Schlacht – oder auch wieder nach Hause.

Das mit Schlag- und Stichwaffen mehr schlecht als recht bewaffnete Fußvolk hatte nur geringe taktische Bedeutung. Stolz und Rückgrat der Heere waren die Ritter in ihren schimmernden Rüstungen, mit Schwert und Lanze auf stampfendem Pferde. Das 15. Jahrhundert brachte zwei Neuerungen, die das Ende der Ritterheere herbeiführen sollten: einmal die Verbreitung des Schießpulvers, und zum anderen die Entstehung der Söldnerheere. Die Feuerwaffen machten über Nacht die stolzen Ritterburgen strategisch wertlos – denn die konnten jetzt aus großer Entfernung beschossen und gesprengt werden – und der Infanterist hatte nun mit dem Gewehr und der Pistole eine Waffe in der Hand, mit deren Hilfe er den Ritter vom Pferd schießen konnte.

Eine noch weit größere Gefahr entstand den Rittern in Gestalt der Söldnerheere. Das waren nun wirklich „Armeen" und keine bunt zusammengewürfelten

Albrecht Dürer: Landsknecht

Einzelgruppen mehr. Sie bestanden ausschließlich aus Berufssoldaten, Landsknechte genannt, und sie fochten in geschlossenen und zentral geführten Formationen. Hier herrschte eine wohlausgebildete militärische Hierarchie, vom Obersten als Regimentsführer über die Hauptleute als Führer der Fähnlein bis zu den Feldwebeln, Rottenmeistern und schließlich den gemeinen Soldaten. Der einfache Landsknecht diente mit dem langen Spieß und dem kurzen Schwert oder auch als Doppelsöldner, wenn er auf eigene Kosten eine Hakenbüchse, auch Arkebuse genannt, beibrachte. Die Landsknechte, fast ausschließlich bewegliche Infanteristen, trugen keine Rüstungen wie die Ritter, sondern die malerische Tracht mit den geschlitzten Pluderhosen, bunten Wämsern und federgeschmückten Hüten, die uns aus unzähligen Abbildungen vertraut sind. Sie traten im taktischen Verband an, dem Gevierthaufen, der mit seinem Lanzenwald schon rein optisch einen imposanten Eindruck vermittelte. Die erste Bresche schlug der ,,verlorene Haufe", dann rückte der ,,helle" oder ,,geballte" Haufe nach, um den entscheidenden Stoß zu führen. Die Landsknechtsheere wurden zusammengebracht und geführt von einigen ebenso hervorragenden wie skrupellosen Männern, die sich bald eines legendären Rufes erfreuten. Georg von Frundsberg, Franz von Sickingen in Deutschland, Malatesta, Colleoni und Sforza aus Italien sind an erster Stelle zu nennen. Frundsberg sind wir bereits auf dem Reichstag zu Worms begegnet, Sickingen bei der Trierischen Fehde. Das Reiterstandbild des Colleoni kann noch heute der andächtige Tourist in Venedig bewundern, und Francesco Sforza schaffte sogar den Sprung vom Condottiere zum Landesfürsten; er wurde 1450 Herzog von Mailand. Diese Männer waren tapfere Soldaten, fochten meist in vorderster Linie, lieferten sich gelegentlich einen Zweikampf mit dem gegnerischen Condottiere, aber sie waren darüberhinaus auch glänzende Organisatoren und geschickte Geschäftsleute. Denn das Söldnerwesen steht in engstem Zusammenhang mit der aufkommenden Geldwirtschaft. Die großen Bankhäuser in Augsburg oder Genua gewannen eine ausschlaggebende Bedeutung für die Kriegführung, indem sie die Söldnerheere finanzierten. Die chronisch verschuldeten Fürsten dagegen waren kaum noch in der Lage, ihre Kriege aus eigenen Mitteln oder durch die immer widerwilliger gezahlten Steuern ihrer Untertanen zu bezahlen. So schossen die Banken das Geld vor, aber sie sorgten auch dafür, daß nicht etwa die Generäle diese Darlehen versausten und ferner, daß die Feldzüge möglichst kurz waren, sie durften nämlich die Laufzeit eines Dreimonatsakzepts in der Regel nicht überschreiten. Das war aber nur realisierbar, wenn nicht militärische Dilettanten, sondern Berufssoldaten die Sache in die Hand nahmen, harte Männer, die das Kriegshandwerk erlernt und zur Lebensaufgabe erwählt hatten.

Das Kriegsziel spielte für den Landsknecht keine Rolle. Er kämpfte für jeden, der ihn bezahlte. Blieb das Geld aus, so liefen die Söldner auseinander oder zu einem besser zahlenden Kriegsherrn, nicht selten sogar zum bisherigen Gegner über.

Zwar gab es neben den Söldnerheeren auch noch Aushebungen, Milizen, landsmannschaftliche, provinzielle, städtische Aufgebote, aber sie traten hinter den Landsknechtsheeren völlig zurück.

Die meisten und besten Landsknechte kamen – wie konnte es anders sein – aus Deutschland und der Schweiz. Die Schweizer waren zuerst – in der zweiten Hälfte des 15. Jahrhunderts – auf dem Plan. Sie erwarben sich legendären Ruhm und wurden ein begehrter Exportartikel. Der Papst, der Kaiser, Frankreich, deutsche Herzöge bezogen aus der Schweiz ihre Truppen. Die päpstliche Schweizer Garde – die übrigens nur aus echten Schweizern besteht – in ihrer historischen Uniform ist bis heute ein malerisches Relikt aus diesen Zeiten geblieben. Die Schweizer Garde des französischen Königs war es, die sich bei der Revolution 1789 in den Korridoren der Tuilerien für ihren Monarchen in Stücke hauen ließ.

Zu Anfang des 16. Jahrhunderts rückten die deutschen Landsknechte nach und machten den Schweizern Konkurrenz. Kaiser Maximillian I. wurde zwar allgemein ,,der letzte Ritter" genannt, ließ sich aber auch als ,,Vater der Landsknechte" rühmen, obgleich er schlecht zahlte. Der Landsknecht diente, wo immer man Löhnung zahlte und Beute versprach. Er verließ sich weniger auf die Fürsten und Könige, die ja eigentlich die Kriege begannen, sondern eher auf seine erprobten Führer, die in eigener Regie einen Kriegshaufen zusammenbrachten, ausbildeten, bevorschußten und vermieteten.

Die deutschen und schweizer Landsknechte fochten im allgemeinen reell für ihre Löhnung und schonten sich nicht, ganz im Gegensatz zu den italienischen Söldnern, die durch geschicktes Manövrieren dem offenen Kampf auszuweichen verstanden und stattdessen die Bauern umso rücksichtsloser ausraubten.

Viel Romantik hat sich um das Landsknechtswesen herumgesponnen, die Landsknechtslieder waren noch in unserer Zeit beliebt. Zuletzt hat das ,,Dritte Reich" einiges dazu beigetragen.

Im Jahre 1525 nun lagen der deutsche Kaiser Karl V. und der französische König Franz I. im Krieg. Die Franzosen waren in die Lombardei eingerückt, in ein altes Reichsland; der deutsche Kaiser trug seit Karl dem Großen auch die eiserne Krone der Langobarden. Die Kaiserlichen verschanzten sich in Pavia, doch sie waren zu schwach. In aller Eile heuerte des Kaisers Bruder Ferdinand den bewährten Frundsberg mit seinen Landsknechten an, der in Gewaltmärschen über die Alpen zog. König Franz verfügte zwar auch über ein Kontingent deutscher und schweizer Landsknechte. Doch der größte Teil seines Heeres bestand noch aus den gepanzerten Rittern, der Crème des französischen Adels. Frundsberg vermochte den Kampfesmut seiner Mannen aufzustacheln: Franz und seine Ritter galten als besonders reich.

Die Hauptstellung der Franzosen war im Park von Mirabell, einem herzoglichen Jagdgehege. Als die Schlacht begann, konnte sich die französische Kavallerie zwischen den Bäumen nicht entfalten. Die Artillerie fand keine Ziele. Es war neblig und feucht, die Sicht miserabel. Die Landsknechte mit ihren Hakenbüchsen, geschult, auch in kleineren Gruppen zu fechten, schossen die Ritter zusammen zwischen den Bäumen und Rasenflächen des Parks. Eine wuchtige Attacke war unmöglich. Einzeln galoppierten die Reiter umher. Die Arkebusiere wußten, daß sie erst auf die Gäule zielen mußten. Die Ritter, unbeweglich in ihren schweren Rüstungen, stürzten dann hilflos zu Boden und konnten dort gefahrlos abgeschlachtet werden. Vorsorglich hatte Frundsberg jedem Arkebusier einen besonderen Plattensprenger und Halsabschneider beigegeben.

Ein französischer Ritter, des Königs Stallmeister, ritt, schon tot, noch eine ganze Weile umher. Der Helm war ihm heruntergefallen, er hatte ein Dutzend Kugeln im Leib, die gebrochenen Augen starrten geradeaus, die Rüstung hielt ihn aufrecht. Die frommen Landsknechte bekreuzigten sich und wichen zurück vor dem Spuk, bis schließlich das Pferd stürzte. Dieser Tote im Sattel ist – wie Friedenthal, dessen Schilderung wir hier folgen, treffend bemerkt – das Symbol für die Schlacht, die das Ende der Ritterkämpfe und des Turniergedankens und den Beginn der neuzeitlichen Kriegführung bedeutete.

Gegen Ende der Schlacht geriet übrigens König Franz in die Gefangenschaft der Kaiserlichen. Er wurde nach Spanien gebracht und erst viele Monate später gegen hohes Lösegeld und Geiselgestellung entlassen. Kaiser Karl V. hatte die Schlacht zwar gewonnen, ihr aber nicht beigewohnt, er weilte in Madrid und hielt nach der Schlacht einen großen Dankgottesdienst ab. Frundsbergs Landsknechte kehrten in die Heimat zurück. Sie wurden sogleich von den süddeutschen Fürsten zur Niederschlagung der Bauernkriege angeworben. Die kriegsgewohnten Berufssoldaten hatten wenig Mühe, die ungeordneten Bauernhaufen vernichtend zu schlagen. Im Herbst 1525, also in demselben Jahre, in dem die Schlacht von Pavia stattfand, wurde der Bauernbrand in Deutschland gelöscht.

Das – soweit wir sehen – einzige Denkmal der Schlacht von Pavia befindet sich in Mainz. Es handelt sich um den – bereits erwähnten – Marktbrunnen, den Albrecht im Jahre 1526 zum Gedenken an die Niederschlagung des Bauernaufstandes, wie auch der Schlacht von Pavia und damit zu Ehren seines kaiserlichen Herrn aufrichten ließ. Das Dekor des dritten Brunnenarchitravs (Süd-Ost-Sturz) ist auf die siegreichen Landsknechte bezogen, die mit laubumwundenen Spießen in eine

Arabeskendekoration eingefügt sind. Die eine der beiden lateinischen Inschriften widmet den Brunnen ausdrücklich Kaiser Karl V., dem Sieger der Schlacht von Pavia. Die Tatsache, daß Albrecht diesen Brunnen aus Anlaß der Bauernkriege und der Schlacht von Pavia errichten ließ, ist ein Beweis für seine klarsichtige Erkenntnis, daß hier zwei historische Ereignisse von säkularem Rang stattgefunden hatten.

X.
REICHSPOLITIK UND GEGENREFORMATION

Lukas Cranach d. Ä.: Die Erzbischöfe Ernst und Albrecht
von Magdeburg als Stifter der Magdalenen-Stiftskirche auf
der Moritzburg über Halle

Albrecht war nicht nur der Ranghöchste der sieben Kurfürsten, sondern er gebot auch als weltlicher Landesherr in drei deutschen Teilstaaten über außerordentlich großen Territorialbesitz. Damit gehörte er zu den Mächtigsten im Reiche, und er hat diese Stellung zu handfester Einflußnahme genutzt. So etwa bei der Kaiserwahl des Jahres 1519.

Im Januar war Kaiser Maximilian I. aus dem Hause Habsburg verstorben. Seit dem 14. Jahrhundert galt der Brauch, einen Angehörigen des Hauses Habsburg zum römischen König und deutschen Kaiser zu wählen. Doch dieses Mal gab es unter den deutschen Fürsten eine starke Partei, die beschlossen hatte, mit der Tradition zu brechen und den König von Frankreich, Franz I., zum Kaiser zu wählen. Im Kurfürstenkollegium galten der Erzbischof von Trier und der Kurfürst von der Pfalz als die Repräsentanten der französischen Partei. Sie erhielten Rückendeckung durch keinen geringeren als Papst Leo X., der eine Einkreisung des Kirchenstaates befürchtete, falls Karl, der spanische Habsburger, der in Personalunion König von Neapel war, Kaiser würde. Auch der Kurfürst von Brandenburg, Albrechts Bruder, war dem Habsburger anfänglich nicht gewogen, allerdings aus anderen Gründen: es war ihm nämlich durch den Sinn gegangen, ob er nicht selbst Kaiser werden könnte. Später wurde er allerdings schwankend und erklärte, er wolle sich seine Entscheidung auf den Wahltag vorbehalten. Der Kurfürst von Sachsen, Friedrich der Weise, zeigte sich ebenfalls unschlüssig und mochte sich vor der Wahl nicht festlegen.

König Franz war entschlossen, sich die Kaiserkrone etwas kosten zu lassen. Mit der immensen Bestechungssumme von nicht weniger als 400 000 Talern schickte er seine Unterhändler, den Admiral Bonnivet und den Marschall von Fleurange nach Deutschland, zunächst nach Trier, dann nach Koblenz, Berlin, Frankfurt und Köln. Die stattlichen und freigiebigen Franzosen fanden großen Anklang bei den mittleren und niedrigen Adligen, ebenso bei den Reichsständen. Von einem Bankett in Koblenz wird berichtet: ,,Es war ganz prachtvoll; nie ward mehr getrunken, als hier; es waren 25–30 Grafen dabei und viele französische Edelleute. Und es war niemand unter ihnen, der nicht gehörig eingewickelt nach Hause kam."

Mit Albrechts Bruder, dem Kurfürsten Joachim von Brandenburg, hatte Franz I. unter anderem über die Vermählung des Kurprinzen mit einer französischen Prinzessin und Zahlung einer Mitgift von 200 000 Gulden verhandelt. Noch auf dem Weg zur Wahl in Frankfurt am Main traf sich Joachim dieserhalb mit dem französischen Abgesandten, Admiral Bonnivet, in Mainz. Hier endeten aber die Gespräche – wie wir annehmen, durch Intervention Albrechts, der es vermochte, seinen Bruder nunmehr endgültig für Karl von Habsburg zu gewinnen.

Der Kurfürst von der Pfalz, Ludwig aus dem Hause Wittelsbach, hatte dagegen seine Stimme regelrecht an Franz I. verkauft. Es gibt hierüber einen förmlichen Vertrag vom 29. 5. 1519, worin dem Kurfürsten eine Einmalzahlung von 100 000 Gulden, eine jährliche Rente von 5000 Gulden, zwei Bistümer für seine Brüder und militärische Hilfe bei der Wiedereroberung verlorener Territorien zugesagt wird. Auch der Erzbischof von Trier, Richard von Greiffenclau-Vollrads, scheint zu den Bestochenen gehört zu haben. Franz von Sickingen hat ihm das jedenfalls in aller Öffentlichkeit vorgeworfen. Und der Condottiere Sickingen, damals Führer eines eigenen Heeres, kann als gut informiert gelten, hatte doch Franz I. ihn sogar eigens nach Paris gebeten, um ihm eine hohe Bestechungssumme anzubieten, die der Ritter jedoch ablehnte. Sickingen blieb den Habsburgern treu. Er zog mit seiner ganzen imponierenden Streitmacht nach Frankfurt, um der Wahl Karls den nötigen Nachdruck zu verleihen, bald gefolgt übrigens von einem Heer der schwäbischen Ritterschaft.

Selten gab es eine Kaiserwahl von so großer Bedeutung, aber auch Ungewißheit. Und um die Verwirrung noch zu steigern, hatte sich zeitweise sogar Heinrich VIII., der König von England, um die deutsche Kaiserkrone beworben, unterstützt durch seinen Kanzler, Kardinal Wolsey.

In letzter Minute gab es noch eine Überraschung: Papst Leo war auf die karlistische Seite geschwenkt. Dieser Frontwechsel nach langem Ränkespiel wird nicht nur territorialen und finanziellen Zusagen zugeschrieben, sondern vor allem Albrechts ausgezeichneten Beziehungen zur römischen Kurie und persönlich zu dem Medici-Papst. Es waren nämlich in Mainz, kurz vor der Wahl, zwei römische Kardinäle erschienen und hatten Albrecht ein Schreiben des Papstes überbracht, worin dieser erklärte, er gebe nun seinen Widerstand gegen Karl auf in der Erwartung, daß Karl sich als guter Sohn der Kirche erweise.

Zu diesem Zeitpunkt hatte Albrecht in seiner Eigenschaft als Kur-Erzkanzler bereits die Kaiserwahl auf den 28. 6. 1519, traditionsgemäß nach Frankfurt am Main, einberufen. Als sich dort die Kurfürsten versammelten, herrschte große Spannung. Bis zuletzt war der Wahlausgang offengeblieben. Anwesend waren die Erzbischöfe Albrecht von Mainz, Hermann von Köln und Richard von Trier, sowie die weltlichen Kurfürsten Ludwig von der Pfalz, Friedrich von Sachsen und Joachim von Brandenburg. König Ludwig von Böhmen ließ sich durch seinen Kanzler von Sternberg vertreten.

Der Wahlvorgang begann in der Sankt Bartholomäus-Stiftskirche mit der Heiligen Geistmesse, die Albrecht zelebrierte. Nach der Messe traten alle nacheinander an den Altar und schworen – ungeachtet der empfangenen Geldbeträge – gewissenhaft und in Treuen ihre Stimme abzugeben, so wie es in der Goldenen Bulle, dem Reichsgrundgesetz, festgelegt sei. Dann begaben sich die Kurfürsten ohne Gefolge in die Sakristei, um den eigentlichen Wahlakt vorzunehmen. Den Vorsitz führte traditionsgemäß Albrecht als ranghöchster Kurfürst. Er hatte auch das Recht der letzten Stimme, die den Ausschlag geben konnte.

Als alle versammelt waren, erhob sich Albrecht. Der 29jährige hielt eine Ansprache, deren Wortlaut uns überliefert ist (siehe Anhang), und die ein Muster an Sachlichkeit und Überzeugungskraft darstellt, ganz im Gegensatz zu den sonst oft so blumenreichen, aber inhaltlich leeren Texten jener Zeit. Albrecht begründet Punkt für Punkt, warum nur der Habsburger Karl als deutscher Kaiser in Betracht kommen könne und nicht sein französischer Rivale. Er geht auf die geäußerten Bedenken ein, behandelt zugleich die damals wichtigsten Probleme des Reiches und belegt seine eigenen politischen Grundsätze.

Ihm antwortet der Führer der französischen Partei, der Erzbischof Richard von Trier, mit einem Plädoyer für Franz I. Eine heftige Diskussion entsteht, bis tief in die Nacht hinein wird debattiert. Als einer der Anwesenden – es könnte der böhmische Gesandte gewesen sein – schließlich sogar vorschlägt, weder Karl, noch Franz, sondern den Kurfürsten Friedrich von Sachsen zu wählen, dieser aber erschrocken ablehnt, bricht man die Beratungen ab und vertagt sich auf den 29. Juni.

An diesem Tage gelingt es Albrecht, endgültig die Unentschlossenen unter den Kurfürsten davon zu überzeugen, daß Karl mit seiner gewaltigen Hausmacht das Wohl des Reiches eher zu mehren verstünde, als der ehrgeizige Franz, der ein zwar reiches, aber vergleichsweise doch nur kleines Land regiert und der zudem als ein unsicherer Kantonist in Bezug auf die Türken gilt. Als nun auch der ewig bedächtige Friedrich von Sachsen offen die Partei Karls ergreift, sind die Würfel gefallen. Man schreitet zur Wahl. Fünf Stimmen entfallen auf Karl, zwei auf Franz, vermutlich die Stimmen von Trier und Kurpfalz. Damit ist Karl von Habsburg rechtmäßig zum deutschen Kaiser gewählt; eine historische Entscheidung von höchstem Range ist gefallen.

Großer Jubel brandet auf, als Albrecht vom Balkon des Bartholomäus-Stifts der wartenden Menge das Wahlergebnis verkündet. Die französische Gesandtschaft reist in die Heimat zurück. Es kann angenommen werden, daß nicht zuletzt Albrechts Hinweis auf die Beziehungen des Franzosen-Königs zu den Türken die Zögernden beeindruckt hat. Denn die Türkengefahr schreckte seinerzeit die deutschen Reichsfürsten bis ins Mark. Franz sollte übrigens später (1545) die diesbezüglichen Vorbehalte bestätigen, als er, ein katholischer Herrscher, sich nicht scheute, mit den Türken ein Bündnis wider das Reich zu schließen. Karl V. dagegen wurde ein Kaiser, mit dem die Deutschen zufrieden sein konnten.

Niemals in der Geschichte erreichte das Deutsche Reich eine derartige Ausdehnung, wie in seiner Regierungszeit. Und Karl gebot jenseits der Reichsgrenzen noch über weit größere Territorien: Ungarn, Spanien, Neapel, Sizilien, Sardinien und vor allem die gerade erst eroberte Neue Welt mit ihren riesigen und reichen Kolonien. Er war der Kaiser, ,,in dessen Landen die Sonne nicht unterging".

Ihm war – ebenso wie Albrecht – eine überaus lange Regierungszeit (von 39 Jahren) beschieden. Am 24. 2. 1500 in Gent geboren, Sohn Philipps des Schönen, Erzherzogs von Österreich und Herzogs von Burgund, und Johanna der Wahnsinnigen, Prinzessin von Kastilien und Aragon, erbte er dank der klugen Familienpolitik seines Großvaters Maximilian I. und dem frühen Tod mehrerer Thronanwärter Aragon, Kastilien (mit den Kolonien in Amerika), Burgund und Österreich. Bei seiner Kaiserwahl war er erst 19 Jahre alt.

Das Porträt von Bernhard Striegel in der Galerie Borghese in Rom zeigt, wie alle Jugendbildnisse Karls, einen schmalen, verschlossenen Jüngling, jedoch schon mit einem Anflug königlicher Unnahbarkeit. Karl ist sein ganzes Leben hindurch so geblieben: stets verbreitete er Kälte und Strenge um sich, aber auch Autorität. Luther auf dem Reichstag zu Worms 1521 gehörte zu den ganz wenigen, die ihm offen zu trotzen wagten. Karl führte zahlreiche Kriege, darunter allein fünf gegen Frankreich. Doch niemals stürzte er sich, wie sein großer Widersacher Franz I., selbst in den Kampf. Er war kein Soldat, kein Feuerkopf, kein Bonvivant wie so viele seiner Zeitgenossen, wie Julius II., Franz I. oder Heinrich VIII. etwa. Ein Schreibtischstratege, ein Zauderer oft, klug und bienenfleißig, von hohem Pflichtbewußtsein, persönlich bescheiden, aufrichtig fromm, wirkt er wie ein Mensch des Mittelalters, fast wie ein erstarrtes Fossil in jener strotzenden und buntbewegten Szenerie der Renaissance. In einer Zeit, in der die Männer geschmückt wie die Pfingstochsen herumstolzierten, trug er fast immer schwarz und befahl auch seinem Gefolge, schwarz zu tragen. Das Zeremoniell des kaiserlichen Hofstaats – aus Burgund übernommen – war an Düsterkeit und Steifheit kaum zu überbieten.

Tizians berühmtes Porträt in der Alten Pinakothek zeigt den 48jährigen Karl in seiner typischen Tracht und Haltung.

Man konnte Karl V., den deutschen König und Kaiser, kaum einen Deutschen nennen: seine Mutter war Spanierin, eine Großmutter Französin, eine Urgroßmutter Portugiesin gewesen. Er selbst hat die deutsche Sprache nie erlernt, er benutzte zunächst das Französische, später auch das Spanische. Aus seiner Jugend in Flandern waren ihm einige Reste des Niederländischen verblieben, die er gelegentlich in Deutschland anzuwenden versuchte.

Trotz aller Blutmischungen hatte sich auch bei Karl V. das körperliche Kennzeichen der Habsburger durchgesetzt: der vorstehende Unterkiefer; ja diese Anomalie war bei ihm so extrem ausgebildet, daß er fast nicht kauen konnte. Chronische Magen- und Darmbeschwerden waren die unausbleibliche Folge. In einer Zeit, in der so gern und viel gegessen wurde, muß dieses Handicap wie eine tägliche Strafe gewirkt und zu des Kaisers Altersmelancholie erheblich beigetragen haben.

Karl V. war zehn Jahre jünger als Albrecht, er starb 13 Jahre nach diesem, war ein rundes Menschenalter hindurch Albrechts Weg- und Kampfgenosse. Kaiser und Kanzler, der Habsburger und der Hohenzoller – zwei Männer mit einer gemeinsamen Aufgabe, doch voller Verschiedenheiten im Charakter, in der Denk- und Lebensweise.

Auch in der körperlichen Statur unterschieden sich die beiden Fürsten beträchtlich. Der Kaiser muß neben seinem Kanzler äußerlich wie eine „halbe Portion" gewirkt haben. Denn Karl war klein und schmächtig, dunkel, eingezogen, verhalten. Albrecht dagegen wird von den Zeitgenossen als außergewöhnlich groß und stark geschildert, ein Mann mit einem breiten, fleischigen Gesicht, mit ausladender Gestik und ungehemmten Gefühlsregungen, so wenn er bei einer öffentlichen Bußprozession bittere Tränen vergoß.

Karl V. übertrug 1555 die Regierung der Niederlande, 1556 die von Spanien und Neapel seinem Sohn Philipp II. Die deutsche Königskrone ging schon 1531 an seinen Bruder Ferdinand. 1557 dankte Karl V. ab und zog sich in eine Villa nahe dem Kloster San Yuste in Spanien zurück, wo er, nur noch von wenigen Bedienten umgeben, sich religiösen Übungen hingab und an seinen Memoiren arbeitete. Er starb ein Jahr nach seiner Abdankung.

Bei allen Qualitäten des Habsburgers – auch die Wahl Franz I. wäre, vom heutigen Standpunkt aus betrachtet, nicht ohne historischen Reiz gewesen. Der König von Frankreich auf dem deutschen Kaiserthron – das hätte nämlich die Wiedervereinigung Deutschlands und Frankreichs bedeutet und damit die Anullierung der Reichsteilung von Verdun (843). Das alte Reich Karls des Großen wäre wieder erstanden. Und wenn sich aus dem französischen Kaisertum eine Erbmonarchie nach Art der Habsburger entwickelt hätte, so wären die unseligen deutsch-französischen Kriege unterblieben, die Jahrhunderte hindurch – bis in unsere Tage – die beiden, so eng verwandten Nationen zu „Erbfeinden" gemacht haben.

Albrecht blieb stets ein treuer Diener des Hauses Habsburg. Er war es, der 1531 – wiederum gegen erbitterten Widerstand – durchsetzte, daß Karls jüngerer Bruder Ferdinand schon zu Lebzeiten des Kaisers zum deutschen König gewählt wurde. Damit sicherte Albrecht die Nachfolge des regierenden Hauses und schob einer Prätendenz ausländischer Fürsten – wie bei der Wahl Karls V. – von vornherein einen Riegel vor. Die Mehrheit der Kurfürsten wollte anfänglich den

Herzog Wilhelm von Bayern zum König wählen. Der Bayern-Herzog – dem Albrechts ewige Geldnöte bekannt waren – hatte diesem sogar ein Bestechungsgeld von 100 000 Gulden versprochen (Urkunde vom 31. 07. 1529) für den Fall, daß der Mainzer dem Bayer seine Stimme gebe. Doch Albrecht lehnte ab. Im Kurfürstenkollegium gab es – wie seinerzeit bei der Wahl Karl V. – heftige Debatten. Kur-Köln, Kur-Pfalz und Brandenburg konnten schließlich überredet, Sachsen mußte überstimmt werden.

Ferdinands Königskrönung war übrigens die letzte, die in Aachen stattfand. Er folgte 1556 als Ferdinand I. seinem Bruder Karl auch auf dem Kaiserthron.

Der Zusammenhalt der beiden Herrscherhäuser Hohenzollern und Habsburg war übrigens keine Neuerung, sondern entsprang einer jahrhundertealten Tradition. Schon an der Erhebung des Grafen Rudolf von Habsburg zum deutschen König im Jahre 1273 hatten die Hohenzollern wesentlichen Anteil gehabt. Kaiser Maximilian I. war ein besonderer Freund der Hohenzollern gewesen. Er hatte bewirkt, daß ein brandenburgischer Prinz Hochmeister des Deutschen Ritterordens wurde. Seine Nichte Susanna, Herzogin in Bayern, gab er dem Markgrafen Casimir von Hohenzollern fränkischer Linie zur Frau; Albrecht vollzog die Trauung auf dem Augsburger Reichstag 1518.

1517 hatte Kaiser Maximilian Albrecht sogar zum Reichsverweser ernannt. Albrecht sollte, falls der Kaiser durch Abwesenheit oder Krankheit verhindert sei, mit Hilfe von vier Reichsräten das Deutsche Reich regieren. Diese Vollmacht ist zwar niemals zum Tragen gekommen, stellt aber eine hohe Auszeichnung und einen kaum zu überbietenden Vertrauensbeweis dar.

In den Jahren nach dem Bauernkrieg sehen wir Albrecht auf den zahlreichen Reichstagen und Fürstenversammlungen zwar nun eindeutig auf der päpstlichen Seite, jedoch immer wieder um einen Ausgleich mit den Protestanten bemüht. Albrecht fand sich auch darin einer Meinung mit seinem weltlichen Oberhaupt, dem Kaiser Karl V. Am 4. 2. 1532 erschien dieser sogar persönlich in Mainz und erließ nach Rücksprache mit Albrecht und dem Kurfürsten von der Pfalz neue Instruktionen für einen Vermittlungsversuch. Die anschließenden Verhandlungen führten dann schließlich zu dem Nürnberger Religionsfrieden vom 2. 8. 1532.

Albrecht, der wenig Vertrauen in diesen Religionsfrieden setzte, brachte anschließend – als Erneuerung des Dessauer Bundes – den Halleschen Bund zur Verteidigung des katholischen Glaubens zustande, dem nicht nur der Herzog Georg von Sachsen-Meißen und die Herzöge von Braunschweig, sondern auch sein Bruder, Kurfürst Joachim I. von Brandenburg, angehörten.

Außer durch Reichstagsbeschlüsse suchte Albrecht der Kirchenspaltung durch ein Konzil beizukommen. Diese Lieblingsidee verfolgte er Jahrzehnte hindurch, jedoch ohne Erfolg; das Konzil kam nie zustande. Zu unterschiedlich waren die Zielsetzungen: Albrecht und die katholischen Fürsten wollten auf deutschem Boden ein papistisches Konzil. Die Protestanten forderten dagegen ein deutsches Nationalkonzil ohne Teilnahme des Papstes. Die Päpste schließlich scheuten das Konzil überhaupt. Noch saß ihnen der Schrecken der Jahre 1414-1418 in den Knochen, als auf dem Konzil zu Konstanz der Kaiser und die deutschen Fürsten dafür gesorgt hatten, daß gleich zwei Päpste abgesetzt und ein dritter gewählt wurde. Erst 1544, kurz vor Albrechts Tod, berief der Papst das Konzil von Trient ein, doch bald wurde es wieder vertagt. Erst 1562, nach langer Unterbrechung ist es wieder zusammengetreten. Es war ein Konzil auf italienischem Boden, ohne Teilnahme der Protestanten. Das war nicht das Konzil, das Albrecht gewollt hatte. Und für eine „Aussöhnung" kam es ohnehin viel zu spät.

So flexibel Albrecht auch nach außen hin verhandelte, in seinen eigenen Territorien ging er mit wachsender Schärfe gegen das Luthertum und seine Anhänger vor. In Mainz verbot er jegliche evangelische Propaganda. Die verdächtige Zunft der Mainzer Meistersinger wurde nunmehr unter Bewachung gestellt und schließlich verboten. Den Halberstädter Bürgermeister Heinrich Schreiber ließ Albrecht wegen seines Abfalles vom alten Glauben gefangensetzen und zum Tode verurteilen. Schreiber konnte sich in letzter Minute durch ein hohes Lösegeld freikaufen.

Seinen Stiftsprediger Winkler aus Halle, der das Abendmahl in beiderlei Gestalt spendete, zitierte Albrecht 1527 nach Aschaffenburg und verhängte über ihn die Strafe der Landesverweisung. Auf der Rückreise wurde Winkler, nur zwei Meilen von Aschaffenburg entfernt, ermordet. Albrecht und das Mainzer Domkapitel mußten sich vorwerfen lassen, den Mord befohlen zu haben. Die Sache kam vor das Reichskammergericht, versandete aber dort wie die meisten Prozesse.

Als 1534 alle gewählten Ratsmitglieder in Halle – bis auf einen – lutherisch wurden, forderte Albrecht sie auf, zum alten Glauben zurückzukehren. Die Ratsherren verweigerten dies. Darauf erging an sie und ihre Familien der Ausweisungsbefehl, und sie mußten das Land verlassen. Luther schrieb den Betroffenen: „Ich dachte, Euer Früchtlein hat nun ausgeheuchelt und lange genug den Baum auf beiden Achseln getragen." Wenn Luther hierin – noch 1534 – Albrecht als einen Mann bezeichnet, der auf beiden Schultern getragen habe, so kommt darin deutlich die Enttäuschung darüber zum Ausdruck, daß Albrecht seinen bekannten Sympathien für die Neue Lehre letztendlich doch nicht nachgab.

Luther, dessen Sprache ohnehin immer ausfälliger geworden war, beschimpfte schließlich Albrecht als „Bluthund" und „Satanas Moguntinus", als Albrecht dem Hallenser Patrizier und Kurfürstlichen Kommissar Hans von Schönitz den Prozeß machen und ihn am Galgen sterben ließ. Schönitz wurde jedoch nicht aus religiösen Gründen, sondern wegen bewiesener Unterschlagungen gehenkt, doch scheint er ein heimlicher Lutheraner gewesen zu sein. Wie auch immer: nun waren die Brücken abgebrochen, endgültig und von beiden Seiten.

Bei den Wormser Religionsgesprächen 1540, wo namentlich die Kurfürsten von Köln und Trier einen erneuten Versuch unternahmen, sich mit den Protestanten zu verständigen, nahm der mainzische Abgeordnete eindeutig die ablehnende, päpstliche Partei ein.

Vorbei waren die Zeiten, als Humanisten und lutherisch gesinnte Priester in Mainz den Ton angaben. Albrecht berief nun bedeutende Vertreter des neugegründeten Jesuiten-Ordens nach Mainz, so Petrus Canisius und Peter Lefèvre. Beide lebten in dem Pfarrhaus von St. Christoph und hielten Vorlesungen an der Mainzer Universität. Mit ihrer Hilfe suchte der Erzbischof dem neuen Glauben auch auf dem Felde der Gelehrsamkeit und der Überzeugung entgegenzutreten.

Die Druckerei von Franz Behem im Sankt Viktor-Stift versandte Streitschriften zur Verteidigung der katholischen Lehre nach ganz Deutschland. Mainz wurde nun ein Bollwerk der Gegenreformation. Doch Albrecht blieb in seinem innersten Wesen das, was er immer gewesen war, ein typischer Renaissance-Fürst. Verbissenes Zelotentum war nicht seine Sache. Auch nicht der halsstarrige Restitutionalismus, wie ihn etwa der Würzburger Fürstbischof Johann Echter von Mespelbrunn (1545–1619) praktizierte, der kurioserweise noch bis ins 17. Jahrhundert hinein seine ,,Juliustürme" baute, Kirchtürme im gotischen Stil, also im Stil des ,,rechtgläubigen" Mittelalters, weil er einfach den Anbruch der neuen Zeit nicht wahrhaben wollte.

Die letzten Regierungsjahre brachten für Albrecht eine Kette von Enttäuschungen. Im Herzogtum Sachsen-Meißen – nicht zu verwechseln mit dem Kurfürstentum Sachsen – war 1539 Herzog Georg, ein standhafter Verteidiger des Katholizismus, verstorben. Sein Nachfolger, Herzog Heinrich, schloß sich sogleich nach seiner Regierungsübernahme der Neuen Lehre an. Und noch in demselben Jahr mußte Albrecht erleben, daß sein Neffe, der nun regierende Kurfürst Joachim II. von Brandenburg, die Trennung von der alten Kirche vollzog. Der Bischof von Brandenburg, Mathias von Jagow, war ihm darin vorangegangen.

Unter dem Eindruck dieser Ereignisse in den benachbarten Fürstentümern war nun auch die Reformation im Erzbistum Magdeburg und im Bistum Halberstadt nicht länger aufzuhalten: im Jahre 1541 kam es zu dem denkwürdigen Landtag in Calbe, einer Kleinstadt an der Saale. Ritterschaft und Städte hatten sich versammelt. Man forderte von Albrecht ,,das freie Exercitium der Augsburger Confession", im Klartext: die Einführung des Luthertums. Lediglich Albrechts Residenzstadt Halle sollte davon ausgenommen bleiben. Albrecht gewährte nach langen Verhandlungen die verlangten Privilegien. Bald tauchten Gerüchte auf, wonach der ewig verschuldete Kardinal seine Zugeständnisse gegen enorme Geldsummen verkauft habe. Von den Magdeburgischen Ständen habe er 200 000 Gulden, von den Halberstädtischen 30 000 Gulden gefordert, andere Quellen nennen 400 000 Taler.

Die Vorgänge sind umstritten und anscheinend nicht mehr exakt rekonstruierbar. Möglich auch, daß sie später bewußt verschleiert wurden. Ein geistlicher Landesherr, der die religiösen Freiheiten und die Territorien dazu an die „Ketzer" verkauft? Ein skandalöser Vorgang, der manchem katholischen Berichterstatter ein Ärgernis gewesen sein muß. Wir wollen versuchen, die Sache wertfrei zu betrachten. Tatsache ist, daß Albrecht auf dem Landtag zu Calbe die versammelten Stände flehentlich um Finanzhilfe anging. Tatsache ist ferner, daß die Stände am 10. 2. 1541 die Zahlung von insgesamt 200 000 Gulden zusagten. Viel spricht dafür, daß diese Zahlung wirklich die Gegenleistung für das Zugeständnis der freien Religionsausübung, sozusagen das Lösegeld, gewesen ist. Trifft dies zu, so kann man nur das Finanz- und Verhandlungsgenie Albrecht bewundern, der sich ein Riesenvermögen zahlen ließ für eine Bewilligung, die er ganz kurze Zeit später ohnehin, und dann umsonst, hätte gewähren müssen. Denn 1541 war die Reformation in Albrechts mitteldeutschen Bistümern schon so weit fortgeschritten, daß diese kaum noch zu den katholischen gerechnet werden konnten.

Nachdem so der katholische Glaube in der Erzdiözese Magdeburg zusammengebrochen war, konnte sich Albrecht auch in Halle an der Saale nicht länger halten. 1541 verließ er schweren Herzens seine sächsische Lieblingsresidenz. Nie wieder kehrte er dorthin zurück. Das in Halle als Bollwerk gegen die Reformation errichtete Neue Stift löste er auf. Die von ihm dort angesammelten Kunstschätze, das sogenannte „Halle'sche Heiltum" überführte er nach Mainz und nach seiner Residenz Aschaffenburg, wo er fortan meistens Wohnsitz nahm.

Seit 1541 war Albrecht de facto nur noch Erzbischof von Mainz, nicht mehr Erzbischof von Magdeburg und bischöflicher Administrator von Halberstadt, was ihn allerdings nicht davon abhielt, diese Titel bis zu seinem Tode weiterzuführen.

XI.
ALBRECHT UND DAS MAINZER DOMKAPITEL

Wappen des Kurstaats Mainz und des Mainzer Domkapitels. Mainz, Dommuseum

Die Mainzer Domherren dünkten sich allzeit etwas besseres als ihre Brüder. Schon seit dem Jahre 1326 wurden nur Adelige aufgenommen, wofür man ritterliche Herkunft beider Eltern und von mindestens zwei Großeltern voraussetzte. Damit nicht genug, ließ sich das Mainzer Domkapitel im Jahre 1500 von dem Borgia-Papst Alexander VI. das Privileg bestätigen, nur Männer aufzunehmen, die außer dem Adel der Geburt auch noch den Adel der Gelehrsamkeit nachweisen konnten.

Wie es mit der Gelehrsamkeit bestellt war, läßt sich schwerlich nachprüfen, aber feststeht, daß auf die adelige Abkunft streng geachtet wurde. Ein Berichterstatter unserer Tage (Hartmann) hat nachgezählt: für die zweite Hälfte des 15. Jahrhunderts konnte er beim Mainzer Domkapitel insgesamt 91 Neuzugänge feststellen. Davon waren 14 Fürstensöhne, 11 Grafen, 6 Freiherren, 60 Ministerialen und Ritter. Kein einziger Bürgerlicher erscheint in den Namenslisten, im Gegensatz etwa zu dem Personal der benachbarten Kapitel Worms und Speyer, das eine große Anzahl von Gelehrten-Kanonikern bürgerlicher Abkunft aufweist. Berücksichtigt man Zu- wie Abgänge, so ergibt sich übrigens für die Zeit von 1450 bis 1499 eine durchschnittliche Mitgliederzahl in Mainz von 42 Domherren. Das Mainzer Domkapitel galt als besonders exklusive Versorgungsinstitution für die nachgeborenen Söhne des – fast ausschließlich einheimischen – Adels. Es war zudem begehrt wegen seiner reichen Pfründen.

In der zeitgenössischen Zimmerischen Chronik werden denn auch die Domherren der rheinischen Bistümer (der sog. „Pfaffengasse") um 1500 wie folgt charakterisiert: „Basel die Ärmsten, Straßburg die Edelsten, Speyer die Kärgsten, Worms die Ältesten, Trier die Würdigsten, Köln die Beredtesten und Mainz die Hoffärtigsten". Der Jesuit Petrus Canisius (1521–1597), später seliggesprochen und einer der führenden Köpfe der Gegenreformation, hatte noch ein härteres Urteil parat. Er bezeichnete das Mainzer Kapitel als das verderbteste in ganz Deutschland. Seine Mitglieder führten einen ungeistlichen Lebenswandel und widersetzten sich allen Reformversuchen ihres Erzbischofs.

Mit Nachdruck pflegte das Mainzer Domkapitel seine Rechte zu verteidigen, insbesondere gegen tatsächliche oder vermeintliche Alleinherrscheransprüche des Erzbischofs. Im 14. Jahrhundert waren die Gegensätze einmal so weit gediehen, daß die Kanoniker ihrem Oberhirten Heinrich von Virneburg kurzerhand den Gehorsam aufkündigten und den Erzbischof von Trier, Balduin von Luxemburg, baten, die Mainzer Kirchenprovinz im Auftrage des Domkapitals zu regieren. Balduin nahm diesen Auftrag an, aber auch Heinrich resignierte nicht, und so entstand für neun Jahre (1328–1337) in Mainz ein Schisma – Bischof und Gegenbischof – nicht besser, als in Rom.

Schon anläßlich von Albrechts Einzug in Mainz im Jahre 1514 war es zu einem Zusammenstoß mit dem Domkapitel gekommen. Albrecht beanstandete einen Artikel im Bürgereid, wonach die Mainzer im Falle der Gefangennahme des Erzbischofes nur dem Domkapitel zu gehorchen hätten. Das Domkapitel gab jedoch nicht nach, und der Artikel wurde bei der Huldigung mitverlesen.

Am 27. 6. 1515, nur kurze Zeit nach Albrechts Regierungsantritt in Mainz, beschwert sich das Domkapitel bereits bei ihm, er unterhalte einen zu großen Hofstaat; die Ausgaben seien zu hoch, Albrecht lasse sich von seinen Finanzbeamten Vorschüsse auf die Steuern gewähren etc. Auch den ersten offenen Streit zwischen Erzbischof und Domkapitel gab es bereits 1515, als Albrecht von den Domherren begehrte, ihm die Kurie ,,Zum Stecken" in Mainz, die er während seines Domherrenjahres bewohnt und liebgewonnen hatte, zum persönlichen Eigentum zu überlassen. Es kam zu einem erregten Wortwechsel, das Kapitel mußte sich dieserhalb nachträglich bei Albrecht entschuldigen, blieb aber bei seiner Weigerung.

Solange Albrecht regierte, konnte eine tiefverwurzelte Abneigung der eher provinzell-biederen Mainzer Domherren gegenüber ihrem weltmännischen und großzügigen – dazu noch landfremden – Erzbischof niemals überwunden werden. Das anfängliche Zweckbündnis schlug bald in kleine Querelen um, wozu reichlich Anlaß gegeben war, denn Albrecht hatte sich in der Wahlkapitulation verpflichtet, keine Darlehen über 2000 Gulden ohne Genehmigung des Kapitels aufzunehmen. Immer wieder mußten Albrechts Räte vor ,,Dechant und Kapitel" erscheinen, um durch mühevolle und häufig entwürdigende Verhandlungen den Konsens für neue Anleihen einzuholen. Der ständige Kleinkrieg entwickelte sich mit der Zeit zu unverhohlener Feindschaft. Wortführer des Kapitels, und damit Albrechts Hauptgegner, war der langjährige Domdechant Lorenz Truchseß von Pommersfelden (1473–1545). Truchseß, der aus einem unterfränkischen Ministerialen-Geschlecht stammte, scheint ein typischer Vertreter des Landadels gewesen zu sein, nicht ungebildet zwar – Hutten lobt ihn sogar in seiner Livius-Ausgabe 1519 – aber halsstarrig und reaktionär. Seine Einstellung zu Albrecht, aber auch die Abneigung des Landadligen gegenüber dem hochfürstlichen Magnaten kommt deutlich in seinen eigenen Worten zum Ausdruck. Anläßlich einer Rede vor dem Domkapitel am 25. 4. 1528 sagte er: ,,Wir haben einen hochgeborenen Fürsten, einen Kardinal und Primaten zum Erzbischof. Aber was ist uns damit geholfen?"

Die ständige Obstruktion des Domdechanten fand ihren Höhepunkt im Jahre 1528. Im Zuge der sogenannten ,,Pack'schen Händel" rüstete Landgraf Philipp von Hessen, der in seinen benachbarten Landen bereits 1526 das lutherische Kirchenwesen eingeführt hatte, allen Ernstes zu einem Eroberungskrieg gegen das

Kurfürstentum Mainz und versammelte ein Invasionsheer an dessen östlicher Grenze. Nur durch lange und beschwerliche Verhandlungen, bei denen die Kurfürsten von der Pfalz und Trier als Vermittler fungierten, konnte Albrecht diesen Krieg abwenden. Kurmainz mußte jedoch 40 000 Gulden „Sühnegeld" an Hessen zahlen, und im Vertrag von Hitzkirchen (11. 6. 1528) auf seine geistliche Jurisdiktion in Hessen und Sachsen verzichten.

Die Stadt Gernsheim mußte zur Sicherung der Zahlung erneut an Hessen verpfändet werden. Albrecht hatte sich lange geweigert, diesen Vertrag zu unterzeichnen. Er habe nichts zu einer Eroberung der Landgrafschaft Hessen unternommen. Umgekehrt: die Rüstungen des Landgrafen trügen eindeutig offensiven Charakter. Doch die beiden anderen Kurfürsten überredeten Albrecht, sodaß er sich schließlich trotz seiner Unschuld bereit erklärte, den „Vertrag" zu unterzeichnen, um den Frieden zu sichern.

Das Domkapitel hatte über die Zustimmung zu dem Vertrag, insbesondere über die Bewilligung der Zahlung, zu befinden. Darüber kam es in der Kapitelsitzung vom 12. Juni 1528 zum Eklat. Albrecht ließ sich durch zwei seiner Räte vertreten. Truchseß wandte sich in heftigen Worten gegen den Vertrag und gegen Albrecht. Vor allem argumentierte er dagegen, daß Gernsheim wieder zu Hessen kommen solle; doch in Wahrheit ging es wohl wieder einmal um das leidige Geld. Als Truchseß merkte, daß seine Mitkapitulare ihm nicht folgen wollten, wurde er erst recht wütend und verließ schimpfend die Sitzung. Albrecht beschuldigte ihn später, er habe bei dieser Gelegenheit – wie schon einmal anläßlich der Sicking- 'schen Fehde – das Kapitelsiegel auf die Erde geworfen. Im Sitzungsprotokoll heißt es (möglicherweise geschönt), Truchseß habe „sigill und secret" dem Kapitel unter Protest durch den Domherrn von Kronberg überantworten lassen. Dann sei er gegangen. Wie auch immer, es war ein peinlicher Auftritt. Das empfanden offenbar auch die Zurückgebliebenen. Sie genehmigten den Vertrag.

Als Truchseß am 1. 7. 1528 wieder einer Kapitelsitzung beiwohnte, wurde überraschend gemeldet, Albrecht sei angekommen und befinde sich auf dem Weg zum Kapitelsaal. Truchseß wollte ihm mit den Domherren entgegengehen, um ihn geziemend zu empfangen. Doch als er im Domkreuzgang auf Albrecht stieß, wurde ihm übel mitgespielt: der Kardinal trat rasch auf ihn zu, nahm ihn persönlich gefangen und ließ ihn durch seine Diener abführen.

Albrecht begab sich dann mit den verstörten Domherren in den Kapitelsaal und rechtfertigte sein Vorgehen in einer längeren Rede, die den ganzen, seit 14 Jahren aufgestauten Groll zum Vorschein brachte. Truchseß habe ihn schon früher mit Pontius Pilatus verglichen, ihn einen Narren genannt, ihn wegen seiner Kleidung als Nonne verspottet, seine Befehle sabotiert, das Domkapitel gegen ihn aufgehetzt, Reformen abgelehnt, und er habe auch schon einmal, anläßlich der Unterzeichnung des Sühnevertrages nach dem Sickingenschen Feldzug, seine Zustimmung verweigert. Nun sei das Maß voll, Truchseß werde seiner gerechten Strafe zugeführt.

In den folgenden Tagen bat das Kapitel um Gnade für Truchseß, versuchte auch sein Verhalten zu entschuldigen. Doch Albrecht ließ sich zunächst nicht erweichen. Truchseß wurde in verschärfter Haft und in Ketten gehalten. Albrecht ließ ihm ausrichten, er möge sich ihm unterwerfen oder er werde noch eine schlimmere Herberge erhalten. Nach sechs Tagen Kerker schien Truchseß aufzugeben. Er unterzeichnete eine von Albrecht vorbereitete Urkunde, worin er das Amt des Domdechanten zur Verfügung stellte und sich verpflichtete, den Kurstaat sofort zu verlassen. Drei Mainzer Domherren mußte er als Bürgen für die Einhaltung seiner Verbindlichkeiten stellen. Daraufhin wurde er wieder in Freiheit gesetzt und verließ die Stadt.

Doch Truchseß gab keine Ruhe. Kaum auf freiem Fuße, begann er eine Rechtfertigungskampagne mit dem Ziel, wieder in seine früheren Rechte eingesetzt zu werden. Von seinem nunmehrigen Wohnort Würzburg aus wandte er sich an den Papst, an den Kaiser, an den Reichstag und sparte nicht mit Schmähungen gegen Albrecht. Dieser habe ihn ,,allein aus neidischem und gehässigem Gemüte" verfolgt, ,,wider alle Ehrbarkeit und Billigkeit". Albrecht schlug zurück, indem er die drei Bürgen an ihre Verbindlichkeiten mahnen und vorübergehend auf ihren Schlössern inhaftieren ließ. Das in Mainz verbliebene Privateigentum des Verbannten wurde beschlagnahmt. Nach zwei Jahren ständiger Querelen konnte die Angelegenheit endlich durch einen auf dem Augsburger Reichstag 1530 geschlossenen ,,Vergleich" beendet werden, wonach der Unruhestifter durch Zahlung einer lebenslänglichen Rente von 300 Gulden aus der Kurmainzer Kasse zum Schweigen gebracht wurde.

Truchseß hat danach noch etliche Jahre als einfacher Domherr in Würzburg gelebt. Seinen Groll über den ,,Tyrannen" Albrecht vergaß er nicht, äußerte ihn aber nur noch im kleinen Kreise. Dafür sammelte er um so boshafter alle Nachrichten über Albrechts finanzielle Nöte. Von einem Korrespondenten in Nürnberg ließ er sich regelmäßig berichten, welche Pretiosen Albrecht wieder einmal zu verkaufen gezwungen war. 1543 ist Truchseß in Würzburg gestorben und im dortigen Dom bestattet worden.

Blicken wir noch einmal zurück in das Jahr 1518, so finden wir einen weiteren, sehr bezeichnenden Vorgang. Als sich in Mainz die Nachricht verbreitete, der Papst beabsichtige, Albrecht die Kardinalswürde zu verleihen, müssen die Mainzer Domherren in regelrechte Panik geraten sein. Das Vorhaben des Papstes an sich war schon ungewöhnlich, denn auf dem Mainzer Erzstuhl hatte es – entgegen dessen eminenter Bedeutung – bislang erst einen Kardinal, den Grafen Konrad von Wittelsbach (1160–1200) gegeben. Vor allem aber fürchtete das Domkapitel, der Erzbischof werde nunmehr in größere Abhängigkeit von Rom geraten, und er werde als Vasall des Papstes danach trachten, die autonomen Rechte des Domkapitels – wie schon früher durch die Kurie geschehen – zu verkürzen. Schon in der nächsten Kapitelsitzung wurde daher nichts weniger, als eine schriftliche Aufforderung an Albrecht beschlossen, die Kardinalswürde abzulehnen. Anderenfalls entstünden der Mainzer Kirche größte Nachteile. Ob die Mainzer allen Ernstes an den Erfolg ihres Widerstandes geglaubt haben, wissen wir nicht, immerhin erreichten sie, daß Albrecht dem Domkapitel die beruhigende Zusicherung geben mußte, das Recht des Domkapitels auf freie Erzbischofswahl werde nicht eingeschränkt; auch bleibe der Mainzer Kirchenschatz unangetastet.

Auf dem zweiten Reichstag zu Nürnberg 1524 hatte man beschlossen, die sogenannte Türkenhilfe nun wenigstens teilweise in die Tat umzusetzen. Es sollte Geld aufgebracht werden, um ein Truppenkontingent zu finanzieren. Die Mainzer Domherren taten sich mit den Trierern und Kölnern zusammen, und man faßte gemeinsam den Entschluß, die Ausführung dieses Reichstagsbeschlusses zu verweigern. Man berief sich u. a. auf die angebliche Inkompetenz ihrer Kurfürsten. Diese hätten ohne vorherige Zustimmung der Domkapitel einem derartigen Reichstagsbeschluß nicht zustimmen dürfen. Die Mainzer scheinen die Anstifter gewesen zu sein, denn ihnen wurde ausdrücklich Konspiration vorgeworfen. Sie wiesen diesen Vorwurf zurück und empfahlen Albrecht in einem Verteidigungsschriftsatz, er möge lieber in der Stadt Mainz für gute Ordnung und Reformation sorgen, als des Domkapitels Rechte mißachten. Albrecht, der als Kurfürst gegenüber dem Reichstag im Wort war, löste das Problem auf seine Art. Wieder einmal erwies er sich als Pumpgenie und beschaffte die 25 000 Gulden für die Türkenhilfe durch eine verzinsliche Kreditaufnahme bei einem der großen Bankhäuser.

Die umfassende Reform des Justiz-, Verwaltungs- und Finanzwesens, die Albrecht in den zwanziger Jahren des 16. Jahrhunderts im Mainzer Kurstaat vornahm, stieß ebenfalls auf heftige Ablehnung seitens des Domkapitels. Die Beschränkungen der Steuerfreiheit des Klerus und des Adels empfanden die Domherren und ihre adlige Verwandtschaft als persönlichen Affront. Albrechts Anordnungen zur Verbesserung des häuslichen und sittlichen Lebens der Geistlichkeit trafen manchen von ihnen in seinem privaten Bereich. Hinzu kam, daß das Mainzer Domkapitel, wie sein Dechant Truchseß, noch überwiegend scholastisch gesinnt war und alle humanistischen Tendenzen als Häresie verabscheute. So formierte sich in der Mainzer Kurie, unter Vorantritt des Domkapitels, eine stark reaktionäre Opposition. Vereinzelt nannte man sogar Albrecht einen „Landstürzer aus dem biblischen Geschlecht der Riesen", der nur darauf ausgehe, Land und Leute auf den Kopf zu stellen und den alten Glauben und die alte Ordnung zu zerstören.

Dabei hatte sich die Weigerung des Mainzer Domkapitels, die immer wieder erlassenen Reformaufrufe zu befolgen, lange genug verhängnisvoll ausgewirkt. Wie oft war doch vom Papst und vom Kaiser strengstens empfohlen worden, endlich mit der längst überfälligen Neudisziplinierung des Klerus zu beginnen. Die Priester sollten mit aller Strenge veranlaßt werden, wieder regelmäßig ihre Messen zu lesen, die Pfründen besser zu verwalten, weltliche Geschäfte zu unterlassen und ihre Konkubinate aufzugeben. Die Domherren scherten sich keinen Deut um diesen Befehl. Als sie deshalb von Albrecht zur Rechenschaft gezogen wurden, richtete ihm der Dechant Lorenz Truchseß von Pommersfelden aus, Albrecht möge sich um seine eigenen Angelegenheiten kümmern und ihn mit seinen Pfaffen gewähren lassen. Das war nicht nur impertinent, sondern auch kurzsichtig, denn nur durch Reformen innerhalb der Kirche konnte dem weiteren Eindringen der lutherischen Lehre Einhalt geboten werden.

Ganz besonderen Anstoß erregte Albrecht natürlich bei den haushälterischen Mainzer Domherren mit seiner Geldverschwendung und Schuldenmacherei. Dabei wird auch ein Quentchen Eifersucht mit im Spiele gewesen sein, denn Albrecht sammelte seine Schätze nicht in Mainz, sondern in Halle, seiner langjährigen Lieblingsresidenz. Doch kann es nicht verwundern, daß dem Kardinal bei soviel Feindseligkeit der Aufenthalt in Mainz vergällt war.

Man sollte es Albrecht auch honorieren, daß er sich – im Gegensatz zu manchen anderen Würdenträgern – niemals persönlich bereicherte. Alle seine Schätze dienten religiösen Zwecken, schmückten Kirchen und Stifte. In seiner persönlichen Lebensführung dagegen erwies er sich als keineswegs verschwenderisch und prunksüchtig. Im Gegenteil – der Primas von Deutschland ließ sich hierin häufig von anderen Fürsten in den Schatten stellen. Erwähnt sei nur, daß er 1520 zur Krönung Karls V. in Aachen mit 130 Reitern erschien, während der Kurfürst von der Pfalz 700 und der Kurfürst von Köln 500 im Gefolge hatten. Auf dem Reichstag zu Augsburg 1530 hatte er wieder nur 130 Reiter bei sich, der Herzog von Bayern dagegen 600. Daß er jemals mit einem Riesengefolge von Prunkkriegern und Hofschranzen, einschließlich des damals so beliebten Hofnarren, erschienen sei, wird nicht überliefert. Die Kosten für Albrechts zahlreiche Reichstagsbesuche wurden niemals vom Mainzer Domkapitel allein, sondern stets gemeinsam mit den Magdeburger Domherren bestritten.

Bemerkenswert – weil sehr selten – ist auch die Tatsache, daß Albrecht in seiner

Eigenschaft als Mainzer Erzbischof in das Besetzungsmonopol der einheimischen Adelsfamilien nicht eingegriffen hat. Schließlich waren die Bischofsthrone nicht nur begehrt wegen der Ehre, sondern auch wegen der Pfründen und Hofämter, welche der hohe Herr sogleich nach seinem Amtsantritt an die zahlreiche Verwandtschaft zu verteilen pflegte. Der Nepotismus, von den Päpsten in Rom vorexerziert, hatte in den Provinzen Germaniens Anklang und Nachahmung gefunden. Entgegen dieser allgemeinen Übung läßt sich jedoch weder im Mainzer Domkapitel, noch in der Liste der Mainzer Hofbeamten auch nur ein einziger Verwandter des Erzbischofs feststellen. Überhaupt kennen wir nur einen Hohenzollern, der durch Albrechts Hilfe ein geistliches Amt erlangte, nämlich Johann Albrecht aus der fränkischen Linie (einen Bruder des Deutschordens-Hochmeisters), der als Koadjutor für Magdeburg und Halberstadt eingesetzt wurde, um diese Territorien nicht wieder an die Wettiner fallen zu lassen.

Die Mainzer Domherren haben trotz allem – wie wir noch sehen werden – ihre Feindseligkeit gegenüber Albrecht buchstäblich bis zu dessen letzter Stunde beibehalten. Wir meinen: zu Unrecht. Was konnten denn die Mainzer ernstlich gegen ihren Oberhirten vorbringen? Hatte sie Albrecht nicht ebenso vor den räuberischen Bauernhaufen gerettet, wie vor den nicht minder beutelüsternen Ritterheeren? Hatte Albrecht nicht den aufrührerischen Mainzer Magistrat – den ewigen Feind des Domkapitels – entmachtet und gedemütigt? Hatte er nicht – und das vor allem – die Mainzer Domherren vor der Reformation bewahrt und ihnen damit ihr bequemes Leben und ihre einträglichen Pfründe erhalten, ganz im Gegensatz zu den Magdeburgern etwa, die ihren ganzen Besitzstand aufgeben mußten?

Hinzu kam, daß Albrecht seine geistlichen Aufgaben als Bischof stets äußerst gewissenhaft erfüllt und darin niemandem Anlaß zur Klage gegeben hat – was bei der damaligen Verweltlichung der geistlichen Fürsten keineswegs als selbstverständlich gelten kann. In der Tat bescheinigen ihm alle Zeitgenossen ausgeprägte Frömmigkeit, die in seltsamem Gegensatz steht zu seinen humanistischen Neigungen und seiner persönlichen Libertinage. Kritiker haben seine Vorliebe für die kirchlichen Zeremonien mit der Prunksucht eines Renaissance-Fürsten zu erklären versucht. Doch scheint eine echte Neigung die Grundlage gewesen zu sein.

Das erste Zeugnis in dieser Richtung stammt bereits aus dem Jahre 1511, als der 21-jährige Albrecht sein Residenzjahr als Kanonikus in Mainz absolvierte. Sein Hofmeister von Dieskau berichtet in einem Brief vom 7. Februar, der junge Herr würde „allhier in allem Tun ziemlich gelobt", doch sei leider „sein fürstlich Gnaden zuviel geistlich". Er fügt die Erwartung hinzu, das möge hoffentlich „mehr ab, als zunehmen". Dieser Brief wirft zugleich ein Schlaglicht auf die Intentionen des Hohenzollern-Clans (an den der Brief gerichtet war). Aus Albrecht wollte man freilich einen Bischof machen, einen Erzbischof sogar, aber doch keinesfalls einen Betbruder, dem der Blick für die Realitäten der Reichs- (und Haus-) Politik abging.

Nun – Albrecht enttäuschte die Erwartungen seiner Familie nicht, aber er wurde dennoch ein gewissenhafter Oberhirte.

Hierfür gibt es zahlreiche Zeugen, so Wolfgang Capito, Domprediger und Geistlicher Rat in Mainz, der 1521 berichtet, Albrecht habe ihm gesagt, er schäme sich keines Dinges von dem, was er als zum Bischofsamt gehörig erkannt habe. Er ,,opfere, weihe die Kirchen selbst, weihe Priester, verrichte alle Zeremonien und Handlungen und alles, was zur Devotion gehört und scheue keine Mühe und Kosten, um wie durch ein Lockmittel die Seelen der Einfältigen zum wahren Gottesdienste einzuladen".

Albrecht hat sich hierin nicht zu Unrecht gelobt, die zeigenössischen Chronisten bestätigen ihn. So berichtet im Jahre 1533 der brandenburgische Hofastronom Johann Carion von seinem Besuch in Halle, der Kardinal habe ,,alle Ämter, als Palmen weihen, Litanei singen, Messe halten, Taufsegnen, Sakramente austeilen, höchst persönlich getan".

Von dem Würzburger Weihbischof Augustus Marius erfahren wir 1538 statistische Angaben: Albrecht habe innerhalb von 24 Jahren (seit 1514) allein zwölf Bischofsweihen vorgenommen. Es gäbe keine Handlung der bischöflichen oder priesterlichen Stände, die Albrecht nicht unzählige Male vollzogen habe. Er, ,,ein so hoher Fürst" sei darin fleißiger, als die meisten Angehörigen des niederen Klerus (was wohl kaum übertrieben war). Friedrich Nausea, Domprediger in Mainz und Frankfurt, rühmt im Vorwort zu seinem 1542 erschienenen ,,Katholischen Katechismus" Albrecht als einen ,,mutigen Verteidiger und Beobachter der christlichen Zeremonien".

Andere Zeitgenossen berichten, Albrecht habe beim Beten häufig geweint, auch bei Bußprozessionen ein schweres hölzernes Kreuz getragen.

XII.
DIE SCHÖNE REDINGERIN

Aschaffenburg: Stiftskirche

Friedenthal sagt von Luther, er sei „ein sehr zusammengesetzter Charakter" gewesen, ein Mensch, der viele gegensätzliche Eigenschaften in sich vereinigt habe. Das ist sicherlich nicht nur für Luther zutreffend, sondern auch für viele andere Persönlichkeiten in jener Zeit des Umbruchs, vor allem für die Hauptakteure. Die Vita der Päpste, der Kaiser, mancher Fürsten und Ritter – welch ein Kaleidoskop von Kontrasten!

Gott und Teufel – das waren für diese Männer, die noch zur Hälfte im Mittelalter wurzelten, nicht leere Worte, sondern Wirklichkeiten. Und dennoch arrangierte man sich mit ihnen, so wie es im Altertum die Griechen mit ihren Göttern vorexerziert hatten. Diese Renaissancemenschen teilten noch wie eh und je das Jahr nach dem Heiligenkalender ein – und doch maßten sie sich tagtäglich Freiheiten an, die jedem christlichen Gesetz spotteten.

Auch Albrecht war ein typisches Produkt dieser Zeitenwende. Er führte ein Leben im Zwiespalt zwischen Mittelalter und Neuzeit, zwischen Enge und Weite, doch nicht – und darin ganz wie Luther – im Niemandsland hin und hergestoßen, sondern erstaunlicherweise Scylla und Charybdis zu einer wie selbstverständlichen Synthese vereinigend.

So fand Albrecht es offenbar als mit seinem priesterlichen Amt durchaus vereinbar, jahrelang in aller Öffentlichkeit eine Liebesbeziehung zu einer Frau zu unterhalten. Es war dies die schöne Ursula Redinger (auch Riedinger genannt), eine Bäckerstochter aus Mainz. Albrecht hatte sie bereits während seines Mainzer Domherrenjahres 1510/11 kennengelernt, als er im Hause ihrer Eltern (oder in der Nachbarschaft) Wohnung nahm. Sie scheint 1525 verstorben zu sein. Den Erzbischof hat in dieser Zeit, also rund 15 Jahre hindurch, ein inniges Verhältnis mit dieser Frau verbunden. Folgt man den zahlreichen, von ihr erhaltenen Porträts, so bestätigt sich, daß der allgemeingebräuchliche Beiname „die Schöne Redingerin" berechtigt war. Eine schlanke, fast zarte junge Frau mit blonden Locken und einem leicht scheuen Liebreiz blickt uns aus den Gemälden entgegen. Die Chronisten berichten, ihr plötzlicher Tod habe Albrechts Gemüt mit tiefer Traurigkeit erfüllt.

Gelegentlich wird auch berichtet (so bei Schreckenbach und Neubert), aus der Verbindung seien mehrere Kinder hervorgegangen. Jedoch halten wir diese Behauptung nicht für hinreichend gesichert, denn nähere Einzelheiten – Anzahl, Namen und Daten – werden, soweit feststellbar, nicht überliefert. Albrechts Verehrung für die „Schöne Redingerin" ging soweit, daß er auf mehreren Altarbildern sich selbst als Heiligen und die Freundin als Heilige malen ließ – ein immerhin erstaunlicher Vorgang. Wir werden in einem späteren Kapitel noch auf die einzelnen Abbildungen zurückkommen.

Überhaupt scheint Albrecht aus dieser Beziehung nie ein Geheimnis gemacht zu haben; der Tatbestand war allgemein bekannt und hat ganz offensichtlich bei den Zeitgenossen kein Ärgernis erregt.

Luther richtete unter dem 2. 6. 1525 – also noch während des Bauernaufstandes – an Albrecht jenen denkwürdigen Brief mit der Aufforderung, seine geistlichen Fürstentümer in eine weltliche Herrschaft umzuwandeln und in den Stand der Ehe zu treten. Er verwies dabei auf das Beispiel von Albrechts Vetter und Namensvetter, den letzten Hochmeister des Deutschen Ritterordens, Albrecht aus der fränkischen Linie der Hohenzollern, der 1525 die Ordensregel fallengelassen, die Neue Lehre angenommen und sein Land zum (weltlichen) Herzogtum Preußen umgewandelt hatte. Luthers Brief verdient besondere Aufmerksamkeit. Die Anrede („Durchlauchtigster Hochgeborener Fürst, gnädiger Herr!") entspricht noch ganz dem Stil der Zeit und bringt den ungeheuren sozialen Unterschied, der zwischen den beiden Männern bestand, zum Ausdruck. Einleitend spricht Luther davon, er habe bisher „Kurfürstliche Gnaden" nur mit Briefen anderer Leute wegen bemüht. Jetzt aber sehe er sich gezwungen, ihm in einer ihn selbst betreffenden Angelegenheit zu schreiben. Dann schmeichelt er ihm, indem er Albrecht als „der Häupter größten eines in deutschen Landen" bezeichnet, kommt aber schon bald zur Sache mit dem Hinweis auf Albrechts Vetter, der ein „schön Exempel" statuiert habe. Schließlich fordert er Albrecht auf, er möge „frisch es wagen, aus dem lästerlichen unchristlichen Stande" (vermutlich eine Anspielung auf die Redingerin) „in den seligen und göttlichen Stand der Ehe" einzutreten. Dies werde die anderen Bischöfe zur Nachahmung anregen und sei ein gottgefällig Werk. Wem „die Gnade der Keuschheit" nicht gegeben sei, der solle heiraten. Andernfalls müßte der sich nach seinem Tode von Gott fragen lassen: „Wo ist Dein Weib?" Luther schließt mit dem Wunsch, Albrecht möchte diese „treue untertänige Ermahnung gnädiglich annehmen und darüber nachdenken".

Dieser Brief des Mönchs an seinen Erzbischof ist ein immerhin bemerkenswerter, fast schon kurioser Vorgang, aber er liefert zugleich auch einen weiteren Beweis für den Mut und den Einfallsreichtum, mit dem Luther seine Ziele verfolgte. Luther hielt sich übrigens an seine eigene Ermahnung: nur elf Tage nach der Abfassung dieses Briefes, am 13. 6. 1525, trat er selbst in den Stand der Ehe, zum größten Aufsehen seiner Freunde und Gegner.

Albrecht soll sich lange Zeit tatsächlich mit dem Gedanken getragen haben, Luthers Aufforderung und dem Beispiel seines Vetters zu folgen. Doch eben die Redingerin sei es schließlich gewesen, die ihn wieder davon abgebracht und so dem katholischen Glauben erhalten habe; allerdings aus höchst persönlichen Motiven, denn sie, eine Bürgerstochter, habe sich keine Hoffnungen machen können, zur

Gattin eines weltlichen Fürsten erhoben zu werden. Nicht allein sachliche Überzeugung also hat den Kardinal schließlich doch der katholischen Kirche erhalten, sondern die Liebe zu einer Frau. Weltgeschichtliche Entscheidungen von höchster Bedeutung haben oft sehr private Ursachen.

Als Luther übrigens merkte, daß sein Vorschlag von Albrecht endgültig verworfen war, polterte er gegen Albrecht los. So schrieb er nach dem plötzlichen Tode der Redingerin an die Magdeburger: „Hab' ich es doch nicht erdichtet, daß er seine Hure läßt in Särgen als Heiligtum mit Kerzen und Fahnen in sein Hurenhaus Moritzburg tragen". Luther übernahm damit ein Gerücht, das bis ins 19. Jahrhundert im Umlauf war. Man erzählte sich nämlich, Albrecht habe den Leichnam der Redingerin in einen kunstvollen Sarg legen und in der Stiftskirche zu Halle als Gebeine der Heiligen Margaretha verehren lassen.

Nun hat es der Zufall gewollt, daß eben dieses Margarethen-Reliquiar zu den wenigen Bestandteilen des sogenannten „Halle'schen Heiltums" gehört, die bis in unsere Tage erhalten geblieben sind. Der Sarkophag steht heute in der Stiftskirche in Aschaffenburg, und zwar auf dem Bronze-Baldachin, der einen Bestandteil von Albrechts Grabmal bildet. Am Kopfende ist folgende Inschrift angebracht: „Corpus S. Margaritae Virginis ed Martyres e numero Undecim Millium Virginium". Ein solcher Sarkophag wird schon in einem Verzeichnis der Reliquien der neuen Stiftskirche in Halle aus dem Jahre 1520 – also fünf Jahre vor dem Tod der Redingerin – erwähnt und ist offenbar mit dem heute in Aschaffenburg befindlichen Sarkophag identisch. Das Gerücht, Albrecht habe seine Freundin in dem Sarg begraben lassen, findet eine gewisse Bestätigung durch die Inschrift. Denn die hier gemeinte Margaretha war eine von den 11 000 Jungfrauen der Hl. Ursula, und Ursula lautet der Vorname der Redingerin. Merkwürdig und nicht sehr geistlich mutet auch das Herz mit einer Stichwunde an, das in die Deckplatte des Bronze-Baldachins eingraviert ist.

Der Mainzer Domkapitular Dr. Friedrich Schneider hat im Jahre 1880 das Margarethen-Reliquiar geöffnet und festgestellt, daß es darin überhaupt kein menschliches Skelett gab, sondern lediglich die Nachbildung eines menschlichen Gerippes aus Holz. Damit steht nun fest, daß die Aufschrift dem jetzigen Tatbestand nicht entspricht. Doch ob und welches menschliche Gebein früher in dem Sarg gelegen hat, bleibt damit nach wie vor ungeklärt.

Ein weiteres Indiz für die historische Wahrheit der Legende hat allerdings Albrecht selbst durch die allzu durchsichtige Patroziniumsverleihung geliefert. Es handelt sich darum, daß des Erzbischofs Lieblingskirche, die Stiftskirche in Halle, ursprünglich nur den Heiligen Erasmus und Mauritius, sowie der Hl. Magdalena geweiht war. Albrecht nun hat zunächst den Erasmus-Kult verstärkt, einmal aus

Verehrung für Erasmus von Rotterdam, zum anderen, weil der Heilige als eine Art Hauspatron der brandenburgischen Hohenzollern fungierte. Dann aber hat Albrecht der Kirche noch eine vierte Patronin beigegeben – und zwar just die Hl. Ursula. Nun stand aber diese Heilige in keiner irgendwie gearteten Beziehung zu Halle. Sie war vielmehr eine britannische Königstochter, die – der Legende nach – aus Glaubensgründen mit ihren 11 000 Jungfrauen in Köln niedergemetzelt wurde. Seitdem war die Hl. Ursula sozusagen in Köln zu Hause und blieb die große Schutzpatronin dieser Stadt. Bis auf den heutigen Tag zeugen die elf Kreuze im Kölner Stadtwappen hiervon. Als demnach Albrecht der Hl. Ursula auch in Halle Heimstatt gab, können hierfür nur private – und auch recht weltliche – Gründe vorgelegen haben.

„Laßt ihn, er ist ein Renaissance-Mensch!", pflegte Hitler seinen Hofschranzen zu antworten, wenn diese wieder einmal Hermann Göring wegen seiner Prunksucht verpetzten. Doch wie unendlich harmlos nehmen sich die Marotten des dicken Reichsmarschalls aus neben den Eskapaden der wirklichen Renaissance-Fürsten.

Jede Zeit hat ihre Maßstäbe. Und wer heute über die Verwahrlosung der Sitten klagt, dem muß man entgegenhalten, daß in früheren Jahrhunderten Dinge toleriert wurden, die heute völlig unmöglich wären.

Man stelle sich vor, ein deutscher Erzbischof unserer Tage halte sich in aller Öffentlichkeit eine Geliebte. Mehr noch: er ließe sich mit ihr zusammen, als Heilige verkleidet, porträtieren und die Bilder in den Kirchen aufhängen. Müßig, von den Konsequenzen zu reden, die ein solches Verhalten nach sich zöge. Aber damals hat offensichtlich niemand Anstoß genommen, nicht einmal das mit Albrecht ewig verfeindete Mainzer Domkapitel.

Illegitime Verhältnisse höchster und allerhöchster Herren zu – meist bürgerlichen – Frauen waren allerdings in der Renaissancezeit gang und gäbe. Kaiser Maximilian I. sagt man nicht weniger als 14 uneheliche Kinder nach. Eines davon, eine Tochter, war mit einem Grafen von Helfenstein verheiratet. Der Graf wurde 1525 bei der Erstürmung von Weinsberg von den aufständischen Bauern durch die Spießruten gejagt und umgebracht, die Gräfin mißhandelt und mit ihrem Söhnchen gezwungen, auf einem Mistwagen die Flucht zu ergreifen. Der provokative Vorgang löste weithin Empörung aus und hat viel dazu beigetragen, die Repressalien gegenüber den Bauern zu verschärfen.

Kaiser Karl V. hatte drei Bastarde. Eine Tochter – aus einer flämischen Lagerliebschaft – verheiratete er mit Alessandro de' Medici, nach dessen frühem Tode mit Ottavio Farnese. Später war sie als Margareta von Parma lange Zeit Statthalterin der (spanischen) Niederlande.

Aus Karls Liaison mit der Regensburger Bürgerstochter Barbara Blomberg stammte ein Sohn, Don Juan d'Austria genannt. Er wurde kaiserlicher Heerführer und erfocht glänzende Siege, so über die Türken in der berühmten Seeschlacht von Lepanto 1571. Carl Zuckmayer hat Barbara Blomberg ein gleichnamiges Schauspiel gewidmet.

Ein unehelicher Sohn des Kurfürsten Friedrich von der Pfalz mit der Klara Dett, genannt Friedrich von Bayern, war Domherr in Worms und Speyer.

Kurfürst Friedrich der Weise von Sachsen, der nie geheiratet hat, besaß zwei Söhne mit seiner langjährigen Freundin Anna Weller.

Und in Rom gab es kaum einen Renaissance-Papst ohne Geliebte und ohne Kinder. Anfangs wurden die Söhne noch als Neffen ausgegeben, doch später machten die Päpste aus ihrer Vaterschaft kein Geheimnis mehr. Schon Innozenz VIII. (gestorben 1492) hatte die Hochzeiten seines Sohnes Franceschetto und seiner Enkelin Battistina in aller Öffentlichkeit und mit großem Pomp im Vatikan gefeiert. Die Töchter der Päpste wurden zumeist mit Angehörigen des italienischen Hochadels verheiratet, die Söhne bevorzugt zu Kardinälen ernannt. Ottavio Farnese, dem wir soeben als zweitem Ehemann der Margareta von Parma begegnet sind, war ein Enkel des Papstes Paul III.

XIII.
GALERIE DER PÄPSTE

Raffael Santi: Papst Leo X., Uffizien, Florenz

Weltgeschichte wird demjenigen stets unverständlich bleiben, der nicht nach den Ursachen fragt. Aber Ursachen sind nur selten Naturereignisse; sie werden meistens von Menschen gesetzt. Zu dem vollständigen Bild einer Zeit gehören daher die Porträts der Akteure. Und auch sie wiederum werden nur faßbar, wenn man ihre Mit- und Gegenspieler beleuchtet.

So konnten wir Albrecht von Brandenburg, den Gegenstand unserer Darstellung, nicht sichtbar machen, ohne zugleich seine Lebensgefährtin, Luther, die Kaiser und Fürsten, die Humanisten, die Ritter, Bauern und Landsknechte zu betrachten. Was noch fehlt, ist die oberste Instanz der damaligen Welt: der Papst.

„Der Papst in Rom" – das ist nun freilich auch nicht nur ein abstrakter Begriff, wie etwa die ewige Seligkeit oder der Kommunismus. Auch die Päpste wiederum sind: Menschen, Männer aus Fleisch und Blut, von höchst unterschiedlicher Herkunft, Natur und Wirksamkeit.

Das Bild Albrechts wäre daher unvollständig ohne die sieben Päpste, die zu seiner Zeit regierten. Sie waren nicht nur – seit 1508 – Albrechts geistliche Vorgesetzte, sondern die meisten von ihnen haben auch kräftig in die europäische Politik eingegriffen. Ihr verweltlichtes Regiment forderte Luther heraus.

Der Reigen beginnt mit dem unrühmlichsten von allen, Alexander VI. (1492–1503). Rodrigo Lanzol y Borja stammte aus einer spanischen Adelsfamilie. Er war einer der wenigen Nichtitaliener auf dem Papstthron. Zunächst Erzbischof von Valencia, erkaufte er sich die Tiara. Sein unchristliches Leben, seine Ausschweifungen und Verbrechen sind seit Jahrhunderten Gegenstand wollüstiger Reportagen; Alexander dient noch heute als Paradepferd der Sittengeschichte. Es muß jedoch erwähnt werden, daß der Borgia-Papst nicht nur ein Wüstling, sondern ein bedeutender Staatsmann im Geiste der Renaissance gewesen ist. Klug und berechnend, ehrgeizig und habsüchtig, suchte er mit Erfolg die Macht der italienischen Fürsten zu brechen und sich ihrer Besitzungen zur Bereicherung seines Hauses, wie des Kirchenstaates zu bemächtigen. Den Streit zwischen Spanien und Portugal über die Teilung der Neuen Welt schlichtete er durch eine Demarkationslinie, die in Südamerika von Nord nach Süd verlief. Auf diesen Schiedsspruch ist es zurückzuführen, daß bis heute die Brasilianer portugiesisch sprechen, während die Sprache Mittel- und Südamerikas sonst das Spanische ist.

Alexander VI. hatte mehrere Kinder, die er offiziell anerkannte. Am bekanntesten sind Cesare, der General des Kirchenstaates, und die Tochter Lucrezia geblieben. Der Papst hatte auch noch einen älteren Sohn Giovanni, der durch Cesare ermordet wurde. Giovannis schönes Grabmal ist noch heute in der Kirche Santa Maria del Popolo in Rom zu sehen, ebenso wie das Grabmal seiner Mutter Vannozza.

Alexanders Ende ist bezeichnend. Er beabsichtigte, einen der reichsten Kardinäle mit Gift aus dem Weg zu schaffen, um sich seines Vermögens zu bemächtigen. Aber der Kardinal wurde noch rechtzeitig gewarnt. Es gelang ihm, den päpstlichen Küchenmeister zu bestechen, und dieser setzte das tödliche Konfekt, das dem Kardinal zugedacht war, dem Papst vor. Der Papst starb qualvoll an dem Gift, mit dem er den anderen hatte töten wollen.

Caravaggio's Porträtbüste, wie auch die zahlreichen anderen Porträts des Borgia, zeigen überraschenderweise nicht einen plumpen Genießer, sondern eher das Profil eines „Machers", eines Tatmenschen voll Klugheit und Verschlagenheit.

Der Nachfolger des fürchterlichen Spaniers, Pius III. (1503), Francesco Todeschini, verdient nur der Vollständigkeit halber erwähnt zu werden. Er gilt als typischer Verlegenheitspapst; ein zitteriger Greis, der über seine Wahl dermaßen erschrak, daß er schon nach 27 Tagen verschied.

Julius II. (1503–1513), Giuliano della Rovere, der „Soldatenpapst", war dagegen ein Mann wie aus Eisen. Julius entstammte einer kleinen italienischen Handwerkerfamilie. Als Bettelmönch des Armutsordens der Franziskaner war sein Onkel zum Ordensgeneral und dann zum Papst aufgestiegen und hatte – als Sixtus IV. – den Neffen Giuliano sogleich zum Kardinal ernannt. Julius zählte zu jenen militanten Kirchenfürsten, deren das Quatrocento und das Cinquecento so viele hervorgebracht hat. Dieser Pontifex, mehr Soldat als Priester, zog schon gerüstet zu Pferde in Rom ein. Seine Landsleute nannten ihn „il terribile". Julius war eine Art Condottiere, ein gewaltiger Mann, der absolute Contratyp zu seinen Vorgängern, aber auch zu dem Diplomaten Albrecht.

Als Michelangelo ihn mit einem Buch in der Hand abbilden wollte, wies er den Vorschlag entrüstet zurück. Man möge ihm ein Schwert geben, ein Buch wisse er nicht zu halten.

Er führt unaufhörlich Kriege, so gegen Venedig, dann gegen Frankreich, und zwar keineswegs aus der sicheren Etappe, sondern in vorderster Front mitkämpfend. Rechts und links von ihm fallen die Soldaten; den Papst stört es nicht, er scheint kugelfest. Die Schlacht, das Kampfgetümmel war sein eigentliches Lebenselement. Rücksichtslos hetzt er die Armee des Kirchenstaates von Feldzug zu Feldzug, sich selbst nicht schonend. Nichts geht ihm schnell genug. Bei der Belagerung der Burg Mirandola in Norditalien läßt sich der 68jährige in einer Holzkiste über die geborstene Mauer hinaufziehen, weil er es nicht erwarten kann, die eroberte Burg als erster zu betreten.

Es war zu seiner Regierungszeit, als Luther 1510/11 Rom besuchte. Ob er den Papst je zu Gesicht bekommen hat, ist nicht überliefert. Doch nahm Luther mit

Raffael Santi: Papst Julius II. Florenz, Palazzo Pitti

offenen Augen und Ohren wahr, was sich in Rom tat. Diese Mißstände haben ihn unter anderem zur Erhebung seiner späteren Anklagen veranlaßt.

Die Kirchengeschichte feiert Julius II. als den Neubegründer des Kirchenstaates, der den Territorialbesitz der Päpste sammelte und festigte. Die Kunstgeschichte rühmt ihn als den großen Mäzen, den Förderer Bramantes, Raffaels, Michelangelos. Er war es, der die alte Basilica Sanct Peter niederreißen ließ und an ihrer Stelle die größte Kirche der Christenheit, den neuen Petersdom, zu bauen befahl.

Nach seinem Tode erschien eine treffende Satire, die allgemein dem Erasmus von Rotterdam zugeschrieben wird. Danach weigert sich Petrus, den eben Verstorbenen in den Himmel einzulassen; er habe ein unfrommes Leben geführt. Julius schert sich nicht darum und versucht, von sich aus das Himmelstor zu öffnen. Aber sein Schlüssel paßt nicht; er ist nur zum Öffnen von Geldtruhen gemacht. Darüber gerät Julius derart in Wut, daß er dem Himmel den Belagerungskrieg erklärt und die Seelen der Krieger, die in seinen Feldzügen gefallen sind, zu Hilfe ruft.

Leo X. (1513–1521) aus dem berühmten Florentiner Kaufmanns- und Fürstengeschlecht der Medici, Sohn Lorenzos des Prächtigen, war aus anderem Holze geschnitzt, als der miles gloriosus Julius II. Mit 17 Jahren bereits Kardinal, mit 38 Papst, im materiellen und geistigen Reichtum seiner Vaterstadt verwurzelt, war er kein Soldat, sondern vor allem ein Förderer der Wissenschaft und der Künste. Er gründete die Universität Rom, finanzierte Maler, Bildhauer und Architekten, forcierte den Weiterbau des Petersdoms. Leo war auch ein geschickter Kaufmann, wie sollte es bei einem Medici anders sein. Er war Albrechts Vertragspartner, als es um den Kauf der Mainzer Erzbischofswürde ging. Er war es, der das Ablaßgeschäft genehmigte, das dann Luther auf den Plan rief. Aber auch er mußte Kriege führen, vor allem gegen Frankreich, dessen ehrgeiziger, junger König Franz I. in Italien einfiel und Mailand eroberte. Leo war danach gezwungen, sich an Karl V., den deutschen Kaiser, anzulehnen, obgleich er viel mehr eine Schaukelpolitik zwischen den Mächten vorgezogen hätte. Auf dem Reichstag in Worms 1521 schlossen seine Abgesandten ein Bündnis mit Karl V. zur Wiedereroberung Mailands. Die Stadt wurde erstürmt, aber die Franzosen konnten erst später, 1525, in der Schlacht von Pavia vernichtend geschlagen werden und stellten danach ihre Expansionsbestrebungen in Norditalien ein. Leo X. konnte die Freude über die Eroberung Mailands kaum genießen, da wurde er von einer tückischen Krankheit plötzlich dahingerafft. Wenn wir Ranke folgen, so konnte ihm das Volk von Rom nicht verzeihen, daß er ohne die Sakramente verschieden war, daß er soviel Geld ausgegeben und riesige Schulden hinterlassen hatte. ,,Wie ein Fuchs", sagte man, ,,hast Du Dich eingeschlichen, wie ein Löwe hast Du regiert, wie ein Hund bist Du dahingefahren". In der Tat hinterließ Leo fast eine Million Dukaten Schulden. Es fehlte sogar an Geld, um Kerzen für das Begräbnis zu kaufen.

Im Konklave fiel es schwer, einen Nachfolger zu finden. Selten hatte man so lange – fast ein halbes Jahr – gebraucht, um einen neuen Papst zu wählen. Da man sich auf keinen der anwesenden Kardinäle einigen konnte, beschloß man endlich, sich nach einem umzusehen, ,,der nicht zugegen war". Die Wahl fiel 1522 auf einen Holländer, Adrian von Utrecht, den letzten nichtitalienischen Papst bis auf Johannes Paul II. Adrian – als Papst Hadrian VI. – Sohn eines Schiffszimmermannes, langjähriger Professor in Löwen, Lehrer des Erasmus von Rotterdam, Erzieher Karls V., war ein international bekannter Gelehrter, ein untadeliger Mann, jedoch ohne jede Erfahrung in der schwierigen Kunst des Regierens, dazu ohne Kenntnis der kurialen Verhältnisse. Im Vatikan setzte er sein weltfremdes Professorenleben fort, entließ den Hofstaat und ließ sich allein von einer alten Haushälterin bedienen, die er aus seiner flämischen Heimat mitgebracht hatte. ,,Un olandese!" höhnte das Volk von Rom. Ein Papst, der nicht einmal italienisch sprach!

Und das Volk von Rom hatte sich stets ein sehr aktives Verhältnis zum Heiligen Stuhl bewahrt. Nicht ganz zu Unrecht übrigens, denn der Papst war ja nicht nur das Oberhaupt der Christenheit, sondern zugleich auch der Bischof von Rom. Hadrian VI. lebte völlig isoliert im Vatikan. Die Mißbräuche in der Kirche gab er offen zu und gelobte Reformen. Ein gnädiges Geschick bewahrte ihn davor, das absolute Scheitern seiner Bestrebungen mitansehen zu müssen. Er starb bereits 1523 nach nur 20monatiger Regierungszeit.

Nach Leo X. plötzlichem Tode hatte es zunächst nur einen wirklich aussichtsreichen Kandidaten gegeben, den Kardinal Giulio de Medici, einen Vetter des verstorbenen Papstes. Schon zu Leos Zeiten war er viele Jahre als Staatssekretär der Kurie tätig gewesen, hatte schon den größten Teil der Geschäfte geführt und den komplizierten Verwaltungsapparat des Vatikans beherrschen gelernt. Auch in der Diplomatie verfügte er über größte Erfahrung. Aber die Kardinäle wollten keine direkte Fortführung der Medici-Herrschaft. Die Eifersüchteleien der großen italienischen Familien, die ja zumeist die Kardinäle stellten, der Colonna, Farnese, Orsini, spielten bei der Papstwahl nur zu oft eine größere Rolle, als das Wohl der Kirche.

Doch als nun auch Hadrian, der ,,Barbar", wie durch ein Gottesurteil dahingerafft war, ließ sich Giulio die höchste Würde nicht nochmals entgehen. Und auch die Kardinäle zeigten sich nun zu keinem Experiment mehr bereit. So wurde Giulio de Medici als Clemens VII. Papst (1523–1534). Ihm stand ein höchst schwieriges, ja tragisches Pontifikat bevor.

Der Papst aus Flandern

Sebastiano del Piombo: Papst Clemens VII. Pinakothek Parma

Gegen seine Lebensführung war nichts einzuwenden, ihn beschimpfte Luther zu Unrecht. Die Historiker bescheinigen ihm Unbescholtenheit und Mäßigung. Er vermied die Unzuverlässigkeiten, Vergeudungen und anstößigen Gewohnheiten, die das Papsttum in Verruf gebracht hatten. Die kirchlichen Zeremonien wurden sorgfältig vollzogen, die Audienzen pünktlich abgehalten, Wissenschaft und Künste gefördert. Clemens VII. war ein vielfältig gebildeter, fast genialer Geist. In der Theologie, der Philosophie, ja sogar in der Ingenieurwissenschaft konnte er es mit den Fachleuten aufnehmen. Ranke bescheinigt ihm ,,in allen Dingen ungewöhnlichen Scharfsinn".

Seine Fehler beging er auf politischem Gebiet und zwar in einem Ausmaß, das ihn und mit ihm das Papsttum in eine seiner tiefsten Demütigungen führte.

Clemens war, wie Albrecht von Brandenburg, jahrzehntelang ein treuer Anhänger des Hauses Habsburg gewesen. Er rühmte sich, Franz I. aus Italien ferngehalten, Karls Kaiserwahl gefördert, Karl bei der Wiedereroberung Mailands unterstützt zu haben. Tatsächlich hatte der Kardinal Medici stets auf der Seite des Kaisers gestanden. Auch nachdem er Papst geworden, kam er den kaiserlichen Truppen mit Geld und Mannschaften zu Hilfe. Doch dann bahnte sich bei Clemens ein folgenschwerer Willensumschwung an. Ranke vermutet den Grund in persönlicher Enttäuschung; Clemens habe das Haus Habsburg zunehmend als undankbar empfunden, schon als Kardinal habe er geglaubt, oft nicht nach seinem Verdienste berücksichtigt worden zu sein – gekränkter Stolz also, für einen Südländer ein glaubhaftes Motiv. Hinzu kam die wachsende Befürchtung des Papstes, der Einfluß des Hauses Habsburg, und damit der Spanier, sei in Italien ohnehin schon zu groß geworden, es gelte nun, die Eindringlinge zurückzuwerfen. Hier dachte Clemens vornehmlich als Sproß eines italienischen Fürstenhauses. So kommt es 1526 zum Frontwechsel, zum Abschluß jenes verhängnisvollen Bündnisses mit Frankreich, Venedig, Mailand und Florenz, einer Koalition, ,,Heilige Liga" genannt, die nichts weniger als heilig war und sich offensiv gegen den deutschen Kaiser richtete.

Nachdem auch die Schweiz und England ihre Unterstützung zugesagt haben, hält der Papst den Zeitpunkt zum Losschlagen für gekommen. Der Krieg gegen die Spanier, und damit gegen den Kaiser, wird eröffnet. Die päpstlichen Truppen rücken in Oberitalien vor. Doch die Verbündeten kneifen. Sie lassen den Papst im Stich. Der Feldzug bleibt stecken. Da schickt Ferdinand, des Kaisers Bruder, noch im November 1526 Georg von Frundsberg mit 12 000 deutschen Landsknechten über die Alpen, dem Papst entgegen. Die meisten von ihnen sind lutherisch gesinnt. ,,Komm' ich nach Rom", sagt Frundsberg, ,,so will ich den Papst henken". In den Alpen herrscht Winter. Die Strapazen sind fürchterlich. Das

Geschütz muß zurückbleiben. Endlich auf der Südseite, können sich die Landsknechte mit dem Heer der Spanier vereinigen. Doch es kommt nicht zum Kampf, die päpstlichen Truppen verhalten sich abwartend, werden teilweise abgezogen.

Das Heer der Landsknechte und Spanier verharrt untätig in Norditalien. Die Löhnung bleibt aus. Im Lager kommt es zur Meuterei. Nach Rom wollen die Landsknechte, Rom wollen sie plündern, die reiche Metropole der Welt, die prunkvolle Residenz des Papstes, und sich so bezahlt machen.

Frundsberg versucht, Ordnung zu schaffen, die Mannschaft wieder in seine Gewalt zu bekommen. Die Landsknechte brüllen ihn nieder. Den altgedienten General ereilt der Schlaganfall. Todkrank muß er nach Deutschland geschafft werden, wo er im folgenden Jahr sterben wird.

Die Landsknechte ziehen nun auf eigene Faust gen Süden, begleitet von den Spaniern. Anfang Mai 1527 stehen sie vor Rom. Die Ewige Stadt, schwach verteidigt, ist schnell erobert. Der Papst flieht in die Engelsburg. Und nun beginnt eine der größten Plünderungen aller Zeiten, der „Sacco di Roma". Fast ein halbes Jahr lang bleibt das Heer des Kaisers in Rom, und ebenso lange wird geraubt, gebrannt, gemordet, vergewaltigt. Als buchstäblich nichts mehr vorhanden ist, nur ein paar mittellose Einwohner, leere Häuser und rauchgeschwärzte Kirchen, ziehen die Söldner endlich ab. Der Papst verläßt die Engelsburg. Er wagt sich aber nicht in die verödete Stadt, sondern flieht nach Orvieto. Dort stellt er sich unter den Schutz des Kaisers.

Die Eroberung und Plünderung der Ewigen Stadt, der „Sacco di Roma" von 1527 durch die Truppen Kaiser Karls, des „treuesten Sohnes der Kirche", hat – wie Friedenthal zutreffend registriert – die Zeitgenossen tiefer erschüttert als die meisten damaligen Ereignisse. Viele hielten diese Plünderung für ein Gottesgericht, als ein sichtbares Zeichen dafür, daß es so nicht weitergehen konnte, daß Papsttum und Kirche einer dringenden Erneuerung bedurften.

So ungeheuerlich der Vorgang auch ist – die Geschichte vermag, wie meist, mit einem Beispiel aufzuwarten: einige Jahrhunderte zuvor, 1204, hatte ein Kreuzfahrerheer, das mit Hilfe der Venezianer ausgezogen war, Jerusalem von den Ungläubigen zu befreien, den Kurs geändert und das christliche Konstantinopel, die Hauptstadt des oströmischen Reiches, im Handstreich erobert und gründlichst geplündert. Noch heute kann man an der Fassade des Markusdomes die vier Bronzepferde bewundern, die damals von den frommen Venezianern geraubt worden sind.

Karl V. hat die Eroberung Roms ursprünglich zwar nicht befohlen, aber die Landsknechte und Spanier, als er deren Absicht erkannte, bestärkt und angefeuert. In einem Brief an ihren neuen Befehlshaber, den Connetable Bourbon, schreibt er: „Es wird nötig sein, aus fremdem Leder Riemen zu schneiden. Ihr zieht nach Rom, macht euch dort bezahlt". Als die Stadt geräumt ist, gibt Karl den Befehl, den Papst als Gefangenen nach Spanien zu schaffen. Doch dann kommen ihm Bedenken. Sein Kanzler Gattinara stellt ihm vor, er besorge die Sache Luthers, wenn er weiterhin gegen den Papst wüte. Er wird, wie so oft nach seinen Siegen, schwankend. So überwindet er sich schließlich und bietet dem Papst die Hand zur Versöhnung. Papst und Kaiser treffen sich in Bologna. Clemens beweist wiederum sein diplomatisches Geschick. Er, der im Staube der tiefsten Erniedrigung liegt, wagt es, Bedingungen zu stellen. Florenz, das Stammland der Medici, ist von seinem Herrscherhaus abgefallen, während Clemens gefangensaß.

Clemens verlangt nun von Karl, es für ihn zurückzuerobern. Der Kaiser willigt tatsächlich ein und schickt seine noch vom „Sacco" in Italien verbliebenen Söldner gegen die – nunmehr republikanische – Stadt. Nach tapferer Gegenwehr müssen die Florentiner kapitulieren. Der Kaiser setzt Alessandro de' Medici zum Fürsten ein und gibt ihm als Huldbeweis seine uneheliche Tochter Margareta zur Frau.

Um aller Welt die Versöhnung zwischen Kaiser und Papst zu demonstrieren, wird verabredet, die stets aufgeschobene Kaiserkrönung nachzuholen. Dem Kaiser wollte schon lange die einst in Aachen von den geistlichen Kurfürsten vollzogene Krönung nicht genügen. Er hatte den Wunsch geäußert, wie weiland Karl der Große auch noch vom Papst gekrönt zu werden. Die Kaiserkrönung findet am 24. 2. 1530 statt. Es ist die letzte Kaiserkrönung, die ein Papst vollzogen hat. Und sie verstößt in mehrfacher Hinsicht gegen die jahrhundertealte Tradition. Weil sich der Kaiser nicht nach Rom getraut, muß die Krönung in Bologna stattfinden. Zudem sind mit einziger Ausnahme des Pfalzgrafen bei Rhein weder die Kurfürsten, noch die deutschen Ritter vertreten, sondern lediglich einige spanische und italienische Granden.

Die deutschen Kurfürsten, tief beunruhigt, erheben sogleich durch Albrecht, den Sprecher und Vorsitzenden ihres Kollegiums, gegen die regelwidrige Krönung Einspruch beim Kaiser, und zwar in einer Protestnote vom 29. 7. 1530. Sie sehen sich hierin merkwürdigerweise durch Luther bestärkt, der in einem Sendschreiben von der Veste Coburg den Kurfürsten vorhält, der Papst habe sie übertölpelt, indem er die Kaiserkrönung ohne ihre Anwesenheit vornahm. Des Kaisers Bruder, König Ferdinand, beeilt sich, in einem Schreiben vom 9. 9. 1530 an den Erzbischof von Mainz feierlich zu bestätigen, daß die Nichteinberufung zur Krönung nach Bologna den Kurfürsten keine Nachteile bringen und die aus der Goldenen Bulle erwachsenen Rechte nicht schmälern werde.

Die letzten Lebensjahre brachten für Clemens VII. weitere Enttäuschungen. Er mußte erleben, wie Heinrich VIII. wegen seiner Scheidungsaffären England von der Kurie lossagte, wie Skandinavien und ganz Norddeutschland sich den Protestanten anschloß, gefolgt von mehreren süddeutschen Fürstentümern, so Württemberg und der Pfalz. Auch der Versuch, aus dem Kirchenstaat eine selbständige weltliche Macht zu formen, war fürs erste gescheitert. Der Kaiser, den Clemens hatte demütigen wollen, war mächtiger denn je, die Türkengefahr nicht abgewendet. Im Gegenteil: die Türken hatten schon 1521 Belgrad erobert, 1522 die Insel Rhodos, ein Hauptbollwerk des christlichen Abendlandes. 1529 lagen sie erstmals vor Wien.

So fand denn Paul III. (1534–1549), aus dem römischen Hochadelsgeschlecht der Farnese, bei seiner Thronbesteigung wenig mehr als einen Scherbenhaufen vor. Paul III. stammte noch aus dem Anhang des Borgia-Papstes Alexander VI., der ihn einst, als Bruder seiner Geliebten Giulia Farnese, zum Kardinal ernannt hatte. Paul III. hatte vier Kinder, darunter einen Sohn, Pier Luigi Farnese, für den er eigens das Herzogtum Parma-Piacenza schuf. Er wurde später ermordet, wie es heißt, im Auftrag Karls V.

Paul III. begann den Wiederaufbau mit einer Reform des Kardinalskollegiums, berief hervorragende Männer, die sich allein durch Verdienste ausgezeichnet hatten und delegierte ihnen wichtige Aufgaben. Hier sind vor allem zu nennen der Neapolitaner Caraffa (der als Paul IV. später selbst Papst wurde), der Venezianer Contarini, der Engländer Poole, der Franzose Sadolet, der Mailänder Morone. Die meisten von ihnen erscheinen immer wieder als Akteure der deutschen Kirchengeschichte, als Päpstliche Legaten auf Reichstagen, als Diplomaten an den Fürstenhöfen. Hierin zeigt sich nicht nur der neue Führungsstil des Papstes, sondern auch seine klare Erkenntnis, daß das Vordringen des Luthertums eine starke Aktivität des Heiligen Stuhls in Deutschland erfordere.

Paul III. versuchte darüberhinaus, durch die Einführung einiger Glaubenserneuerungen der gefährlichen Bewegung zuvorzukommen. Als er jedoch einzusehen glaubte, daß Konzessionen zu nichts führten, schwenkte er das Ruder in die entgegengesetzte Richtung. Die Einigung, die sein Legat Contarini auf dem Reichstag zu Regensburg 1541 mit den protestantischen Theologen über wichtigste Punkte, darunter Luthers Rechtfertigungslehre, getroffen hatte, fand nicht seine Billigung. Contarinis Schrift zu dieser Frage wurde sogar auf den Index gesetzt. Paul III. bestätigte 1540 den Jesuitenorden und verstärkte ihn zur Phalanx der Gegenreformation. 1542 organisierte er die Inquisition gegen den italienischen Protestantismus. Durch die Einberufung eines streng päpstlichen Konzils 1545 suchte er der alten Lehre, wie dem Primat des Papstes Stärkung zu verleihen. Jedoch Karl V. setzte dem Konzil schärfsten Widerstand entgegen. Es wurde nach Trient einberufen, nach Bologna verlegt und nach zehn Sitzungen vertagt auf zehn

Galerie der Päpste

Tizian: Papst Paul III., Rom, Museum Palazzo Corsini

Jahre. Es ist erst 1562, lange nach Pauls Tode – in Trient – wieder zusammengetreten und hat mit dem „Tridentinischen Glaubensbekenntnis" die dogmatische Grundlage der katholischen Kirche auf Jahrhunderte hinaus geschaffen.

Paul III. konnte trotz aller Gegenmaßnahmen die Auflösung in den eigenen Reihen nur teilweise verhindern. Sein Beichtvater Ochino schloß sich der Neuen Lehre an. Sein langjähriger Legat, der Bischof Pietro Vergerio, trat zum Protestantismus über und wurde evangelischer Pfarrer in Graubünden; er starb in Stuttgart.

Hermann Graf zu Wied, Kurfürst und Erzbischof von Köln (1515–46), bis 1536 romtreu, schloß sich dem Luthertum an, ließ durch Melanchthon und Bucer eine neue – überwiegend „evangelische" – Kirchenordnung für sein Erzbistum ausarbeiten und mußte dieserhalb 1542 seines Amtes enthoben und exkommuniziert werden.

Zum Abschluß dieses Kapitels sei nicht verschwiegen, daß auch die Stadt Mainz ihren – wenn auch etwas zweifelhaften – Beitrag zur Papstgeschichte geleistet hat. Es ist die Rede von der Päpstin Johanna, deren angebliches Relief Luther 1510 während seines Rom-Aufenthaltes gezeigt wurde. Sie soll Jutta geheißen und aus Mainz gestammt haben. Ihr Liebhaber, so wird berichtet, habe sie in Mannskleidern nach Rom gebracht. Dort habe sie unter dem Namen Johannes Anglicus studiert und sei ein berühmter Kirchenlehrer geworden, den man wegen seiner Gelehrsamkeit im Jahre 855 als Johann VIII. zum Papst wählte. Doch die Sache sei aufgeflogen, als die Päpstin nach zweijähriger segensreicher Regierungszeit, just während einer Prozession mit einem strammen Knaben niederkam und dadurch ihr Geschlecht verraten habe. Die Geschichte ist nachweisbar schon im 13. Jahrhundert erzählt worden und hat später mehrfach als Dramenstoff gedient.

XIV.
EIN BITTERES ENDE

Grabplatte Albrechts in der Aschaffenburger Stiftskirche

Ein bitteres Ende

Die letzten Jahre seiner langen Regierung verbrachte Albrecht – veranlaßt durch den Verlust der sächsischen Sprengel – hauptsächlich in Aschaffenburg. Das dortige Klima scheint ihm besser zugesagt zu haben als das Mainzer. Seit einiger Zeit schon war der Kardinal krank und nur noch beschränkt regierungsfähig. Auf den Reichstagen zu Regensburg 1541, Nürnberg 1543 und Speyer 1544 konnte er seinen vielfältigen Funktionen nur noch unvollkommen nachkommen; das Stehen fiel ihm schwer, schließlich auch das Gehen. Im November 1542 mußte er seinen Vertrauten, den Bischof von Hildesheim, Valentin von Tettleben, als Vertreter zu den Vorbereitungsverhandlungen für das Konzil nach Trient schicken, da er wegen Körperschwäche und Unwohlsein nicht persönlich erscheinen konnte.

Im August 1543 finden wir Albrecht wieder in Mainz, anläßlich eines Zusammentreffens mit Kaiser Karl V.

Am 15. 3. 1545 eröffnete der Papst das Konzil zu Trient. Albrecht, bereits dem Tode nahe, ließ sich durch Bevollmächtigte vertreten. Seine Kräfte schwanden zusehends dahin.

Des Erzbischofs körperlicher Verfall rief das Mainzer Domkapitel auf den Plan, und dieses inszenierte zu guterletzt noch ein Schauspiel, wie es würdeloser nicht sein konnte. Die Mainzer Domherren, die schon in vorausgegangenen Jahren sich geweigert hatten, die vom Kaiser verordnete Türkenhilfe zu bezahlen, schnürten jetzt den Geldbeutel vollends zu und verweigerten dem todgeweihten Albrecht die Weiterzahlung seiner Apanage. Am 15. 7. 1545 mahnte der Kurfürst das Geld an, es handelte sich um 8000 Gulden, die zur Weiterführung seiner Hofhaltung dringend benötigt wurden. Die Mainzer lehnten ab. Albrecht verbrauchte die letzten Reserven – er verfügte ja kaum über persönliches Vermögen – und erniedrigte sich schließlich am 18. 9. 1545, sechs Tage vor seinem Ableben, dazu, den Bischof von Tettleben als Bittsteller zum Mainzer Domkapitel wegen des Geldes zu schicken. Tettleben trug vor, Kurfürstliche Gnaden „lägen in Todesnöten und hätten schier weder zu essen noch zu trinken". Albrecht könne die für die Beschickung des Reichstages zu Worms und des Konzils zu Trient entstandenen Schulden nicht bezahlen. Es sei nicht einmal soviel Futter vorhanden, um die reitenden Boten abzufertigen.

Die Mainzer wußten aus eigener Anschauung, daß die Schilderung des Hildesheimers nicht übertrieben war, denn Albrecht hatte im Sommer 1545 seine Residenz Aschaffenburg verlassen und wohnte seitdem wieder in der Martinsburg zu Mainz. So beschlossen die Domherren, Albrechts Notlage für eine kleine Erpressung zu nutzen. Ihre Antwort lautete, weitere Zahlungen könnten nur unter der Bedingung erfolgen, daß der Kurfürst sein Testament ändere. Darin hatte Albrecht zwar sämtliche „Kleinodien und Kirchenzierden" – es handelte sich um die Reste des „Halle'schen Heiltums" – bereits dem Mainzer Domkapitel vermacht, jedoch mit der Klausel „de non alienando". Danach durften die Schätze nur für den liturgischen Gebrauch verwendet, aber nicht zur Handelsware degradiert, also nicht verkauft oder verpfändet werden. Die Domherren verlangten nunmehr die Aufhebung dieser Beschränkung durch notarielle Urkunde in der offenbaren Absicht, die Kleinodien an den Meistbietenden zu verhökern. Albrecht, von äußerster Not gedrängt, willigte widerstrebend ein. Am 23. 9. 1545, buchstäblich auf dem Totenbett, unterzeichnete er die Testamentsänderung.

Tags darauf, am 24. 9. 1545, verstarb er, 55 Jahre alt, im 32. Jahre seiner Regierung, in der Martinsburg zu Mainz.

Sickingens Klage auf dem Totenbett hätte auch Albrechts letztes Wort sein können: ,,Wo sind nun meine Herren und Freunde, die mir viel zugesagt und wenig gehalten? Darum, Lieben, verlasse sich keiner auf groß Gut und der Menschen Vertröstung".

Albrecht hinterließ eine leere Kasse. Jedoch die Schulden von 23 000 Gulden waren reichlich gedeckt durch die Hinterlassenschaft von 31 000 Gulden in kirchlichen Kleinodien, Paramenten und Pretiosen.

Aus dem hinterlassenen Vermögensüberschuß konnten die Mainzer Domherren sogar noch das Grabmal Albrechts bezahlen, das von dem Bildhauer Dietrich Schro, einem Schüler Backoffens, gefertigt wurde, und das bis heute eine besondere Zierde des Mainzer Domes darstellt.

Bisweilen wird – auch in neueren Publikationen – berichtet, Albrecht sei in Aschaffenburg verstorben. Die Protokolle des Domkapitels widerlegen diese Behauptung. Unter dem 6. 8. 1545 ist vermerkt, daß Albrecht gestern die Prälaten habe ,,vorfordern" lassen wegen des Kredits von 8000 Gulden. Und wenn Valentin von Tettleben am 19. 9. 1545 vorbringt, der Erzbischof habe ihn zu sich ,,in's Schloß erfordert", so kann damit, aus dem Kontext verstanden, nur die Mainzer Martinsburg gemeint sein. Schon am 21. 9. 1545 berichtet der Domscholastiker, Tettleben habe den Beschluß des Domkapitels vom 19. 9. 1545 dem Erzbischof mitgeteilt; dieser habe den Passus ,,de non alienando" aus dem Testament gestrichen. Den sichersten Beweis indessen erbringt eben jener Zusatz zu Albrechts Testament, durch den die Klausel aufgehoben wurde. Dieses Ergänzungstestament datiert vom 23. 9. 1545, ist also zwei Tage vor Albrechts Tod beurkundet, und lautet am Ende wie folgt: ,,Gegeben und gescheen zu sanct Martinsburg in unser stat Meintz".

Das Protokoll des Domkapitels enthält unter dem 25. 9. 1545 die (einzige) Eintragung, der Dekan teile mit, daß gestern nachmittag zwischen drei und vier Uhr ,,der ewig got weiland den hochwirdigsten, durchleutigsten und hochgepornen Fursten und herren, herren Albrechten, cardinaln und erzbischofen zu mentz, churfursten etcetera aus diesem jamerthal zu seiner gotlichen gnaden erfordert" habe. Während sonst bei außerordentlichen Ereignissen der Kapitelsschreiber sich nicht enthalten konnte, die Stimmung der Domherren im Protokoll festzuhalten (so wird

Ein bitteres Ende

am 1. 7. 1528 vermerkt, Albrecht habe das Kapitel nach seiner Strafpredigt gegen Truchseß von Pommersfelden „mit erschrocklichem Gemüt" zurückgelassen), schweigt sich das Kapitelprotokoll vom 25. 9. 1545 über die Reaktion der Anwesenden aus. Doch wird man sich ohne viel Phantasie vorstellen können, mit welcher Gleichgültigkeit, ja Erleichterung die Domherren den Tod ihres ungeliebten Oberhirten nach so lang erduldeter Regierungszeit zur Kenntnis genommen haben.

Über Albrechts Todesursache wird – soweit ersichtlich – nichts überliefert. Dies erregt notwendigerweise die Verwunderung des Berichterstatters. Denn von anderen prominenten Zeitgenossen des Kurfürsten sind Krankengeschichte und Sterbestunde genauestens bekannt. Albrechts Vorgänger auf dem Mainzer Erzstuhl, Uriel von Gemmingen, verstarb am Schlagfluß, Hutten an der Syphilis, Erasmus an Herzschwäche. Von Luther wissen wir, daß er über Verstopfung, Hämorrhoiden und auch über Ohrensausen und Schwindel zu klagen hatte. Schlimmer noch plagten ihn seine Nierensteine – der „Teufel Calculus" kommt öfters bei ihm vor – und seine Anfälle von Herzangst, die auf Verkalkung der Herzarterien beruhten. An einem Herzversagen ist er schließlich auch am 18. 2. 1546 in seiner Geburtsstadt Eisleben gestorben.

Derart persönliche Informationen sind nicht verwunderlich für eine Zeit, in der man leidenschaftlich Anteil nahm, in der alles und jedes berichtet und gedruckt wurde, in einer Zeit auch, in der ein Schutz der sogenannten Intimsphäre gänzlich unbekannt war, in der – noch weit ungenierter als heute – die letzten Details zur Schau gestellt wurden.

Gerade diese allgemeine Respektlosigkeit vor dem Privatleben macht das Schweigen um den Tod Albrechts umso verdächtiger. Geht man von der Annahme aus, daß es sich wirklich um vorsätzliche Geheimniskrämerei handelt und nicht um den Verlust von Quellen oder um mangelhafte Recherchen, so stellt sich die Frage, was denn verborgen werden sollte. Und dies kann nur eine peinliche Todesursache sein. Da Selbsttötung trotz einem Hang Albrechts zur Schwermut auszuschließen ist, läßt sich an eine besonders schimpfliche Krankheit denken.

Wir wagen die Frage: sollte es die Franzosenkrankheit oder Lustseuche gewesen sein – wie man damals die Syphilis zu nennen pflegte? Zu Albrechts Zeiten ist diese Krankheit erstmals in Europa aufgetreten. Die Männer des Columbus hatten sie aus dem neuentdeckten Amerika mitgebracht. 1494 oder 1495 soll sie erstmals als verheerende Seuche unter den Franzosen und spanischen Söldnern aufgetreten sein, die Neapel belagerten.

Seither hatte sie sich in Europa mit Windeseile verbreitet. Die Pest und die Franzosenkrankheit – immer wieder tauchen sie in den Berichten der Zeitgenossen auf. Zwanzig Prozent aller Europäer sollen davon befallen gewesen sein. Heilmittel gab es nicht. Das Salvarsan wurde erst zu Ende des 19. Jahrhunderts, das

Penicillin erst im 20. Jahrhundert entdeckt. Die Syphilis machte auch vor den höchsten Herrschaften nicht halt. Papst Julius II., Cesare Borgia und Franz I. von Frankreich waren damit behaftet. Und – wie schon erwähnt – Ulrich von Hutten, der so viele Jahre am Hofe Albrechts lebte. Ausgerechnet Hutten hatte im Jahre 1519 seinem Kurfürsten in aller Öffentlichkeit eine Abhandlung gewidmet, die sich mit der Guayak-Wurzel, einem damals bekannten Pseudo-Heilmittel gegen die Syphilis befaßte. Hennes, ein gewiß wohlwollender Biograph Albrechts, wundert sich nicht wenig, ,,daß Hutten es wagte, diese Schrift dem Erzbischof zu widmen". In der Dedikation schreibt Hutten zwar: ,,Eurer Hoheit habe ich sie gewidmet, nicht als ob ich wünschte, daß sie Eurer Hoheit von Nutzen sein möchte (denn das wolle Gott verhüten, daß es je nötig sein sollte), sondern damit sie an Eurer Hoheit Hof bekannt sei und zu jedermanns Gebrauch dienen könne." Aber das könnte Tarnung oder Rückversicherung gewesen sein. Ein Zeitgenosse, der Kardinal Gasparo Contarini (1483–1542), Teilnehmer der Reichstage zu Worms 1521 und Regensburg 1541, berichtet in seinen ,,Regesten und Briefen" (veröffentlicht bei Dittrich), der Erzbischof von Mainz habe seit Ende der dreißiger Jahre an ,,einem offenen Geschwür" gelitten. Und offene Geschwüre zählen immerhin zu den typischen Symptomen einer fortgeschrittenen Syphilis. Sollte auch Albrecht an der Franzosenkrankheit gestorben sein? Wir wissen es nicht und wollen auch keine übertriebenen Vermutungen anstellen. Vielleicht bringen spätere Forschungen Klarheit.

Albrecht wurde nur mit den notwendigsten Zeremonien, in auffälliger Eile zu Grabe getragen und unter der Westkuppel des Mainzer Doms beigesetzt.

Acht Tage später richtete man im neuen Präsenzhause von St. Peter den Leichenschmaus für Hunderte von Personen; der Menuzettel ist uns bis heute erhalten geblieben. Es gab eine Fülle von Speisen, und alles – wie könnte es in Rheinhessen anders sein – ,,cum optimo vino".

Albrechts letzte Ruhestätte deckte ursprünglich eine Grabplatte aus rotem Marmor. Sie wurde im Jahre 1767, nach dem großen Dombrand, von ihrem Platz entfernt, an einem Pfeiler des Doms angebracht und mit einem barocken Rahmen aus Sandstein versehen. Dort ist sie noch heute. Sie trägt folgende Inschrift:

,,Albrecht v. Gottes Gnad. der heiligen römischen Kirchen des Titels Sancti Petri ad Vincula Priester Cardinal und geborener Legat des Heilig. Stuls zu Meintz und des Stifts Magdeburg Ertzbischof Churfürst des Heilig. Ro. Reichs durch Germanien Ertzcantzler und Primas Administrator zu Halberstat Marggraf zu Brandenburg zu Stettin Pommern der Cassub. und Wend. Hertzog Burggraf zu Nurnb. Furst zu Rug."

Außerdem ist dreimal der merkwürdige Spruch angebracht: ,,All hernach". Er will offenbar den Lebenden zu verstehen geben, daß sie eines Tages denselben Weg zu gehen haben, wie der Verstorbene. Ein Grabspruch übrigens, der im 16. Jahrhundert auch anderwärts benutzt worden ist.

Das prächtige Renaissance-Grabmal Albrechts befindet sich an demselben Pfeiler des Mainzer Doms. Es zeigt den stehenden Kardinal mit allen Insignien seiner geistlichen und weltlichen Macht. Auffallend ist das doppelte Pallium. Kopf und Statur sind porträthaft-realistisch. Das Grabmal wird von einer Christusfigur gekrönt. Der Kardinal steht auf einem Sockel, der einen gefesselten Pan zeigt – den gehörnten Hirtengott der Antike als Symbol des überwundenen Heidentums. An den Einfassungen rechts und links sind einige von Albrechts Familienwappen zu sehen. Über dem Kopf des Erzbischofs hängt ein hölzerner Lorbeerkranz, grün bemalt. Ihn hat Kaiser Wilhelm I. aus dem Hause Hohenzollern gestiftet, als er – noch als Preußenprinz – im 19. Jahrhundert Gouverneur der Bundesfestung Mainz war – ein Sinnbild preußischer Sparsamkeit im Vergleich zu der fülligen Pracht des Grabmals.

Die lateinische Inschrift lautet:

„Albertus, miseratione divina S. Rom. Eccles. tit. S. Petri ad Vincula Presb. Card. Legatus natus, S. Sedis Mogunt. et Magdeburgensis Archiepiscopus, S.R.J. per Germanium Archicancellarius, Princeps Elector, Administrator Halberstadensis, Marchio Brandeb., Stettin., Pommeran., Cassuborum Slavorumque Dux, Burggravius Nuerenburgensis, Rugiae Princeps, Vir omnium virtutum genere absolutiss. Dei Cultor, utriusque Imperii gubernacula conferens, humana in divina incredibili studio commutavit. Sedit annos XXXI mens. VI dies VIII, Obiit Anno Domini MDXLV die XXIV mens. Sept. suae vero Aetatis anno LV. R.J.P."

Als Kuriosum bleibe nicht unerwähnt, daß es zwei Grabmäler Albrechts gibt. Außer dem soeben beschriebenen existiert – wie schon früher erwähnt – noch ein weiteres in der Aschaffenburger Stiftskirche. Freilich wollte Albrecht dort niemals begraben sein. Sondern das Aschaffenburger Grabmal – eine vorzügliche Bronzearbeit aus der Werkstatt Peter Vischers in Nürnberg – stand ursprünglich in Halle, Albrechts Lieblingsresidenz. Albrecht ließ es schon zu seinen Lebzeiten anfertigen und aufstellen. Es kam dann später – unvollständig – als Fluchtgut nach Aschaffenburg, als die mitteldeutschen Territorien geräumt werden mußten. Leider ist die jetzige Aufstellung ungünstig, widerspricht wohl auch der ursprünglichen Komposition.

XV.
BILDTEIL UND MÄZENATISCHER NACHLASS

Jacopo de' Barbari: Albrecht von Brandenburg als 18jähriger Domherr. Kreuzlingen (Schweiz), Sammlung Heinz Kisters

Lukas Cranach d. Ä.: Kardinal Albrecht von Brandenburg als Hl. Hieronymus im Gehäuse. Hessisches Landesmuseum, Darmstadt

Lukas Cranach d. Ä.: Kardinal Albrecht von Brandenburg als Hieronymus in der Einöde. Berlin, Staatliche Gemäldegalerie

Lukas Cranach d. Ä.: Kardinal Albrecht von Brandenburg. Mittelrheinisches Landesmuseum, Mainz

Mathias Grünewald: Erasmus und Mauritius (Bildnis Albrechts). München, Alte Pinakothek.

Lukas Cranach d. Ä.: Kardinal Albrecht betend unter dem Kruzifix. München, Alte Pinakothek

Lukas Cranach d. Ä.:
Kardinal Albrecht von Brandenburg als Hl. Erasmus, Staatsgalerie Aschaffenburg

Lukas Cranach d. Ä.:
Ursula Redinger als Hl. Ursula, Staatsgalerie Aschaffenburg

Lukas Cranach (Werkstatt): Messe des Hl. Gregor mit Porträt Albrechts. Stiftskirche Aschaffenburg

Lukas Cranach (Werkstatt): Messe des Hl. Gregor mit Porträt Albrechts. Staatsgalerie Aschaffenburg

Lukas Cranach d. Ä.: Kurfürst Joachim I. Nestor von Brandenburg. Staatsgalerie Aschaffenburg

Hans Baldung Grien: Bildnis einer Dame (Ursula Redinger?). Sammlung Thyssen-Bornemisza, Lugano-Castagnola

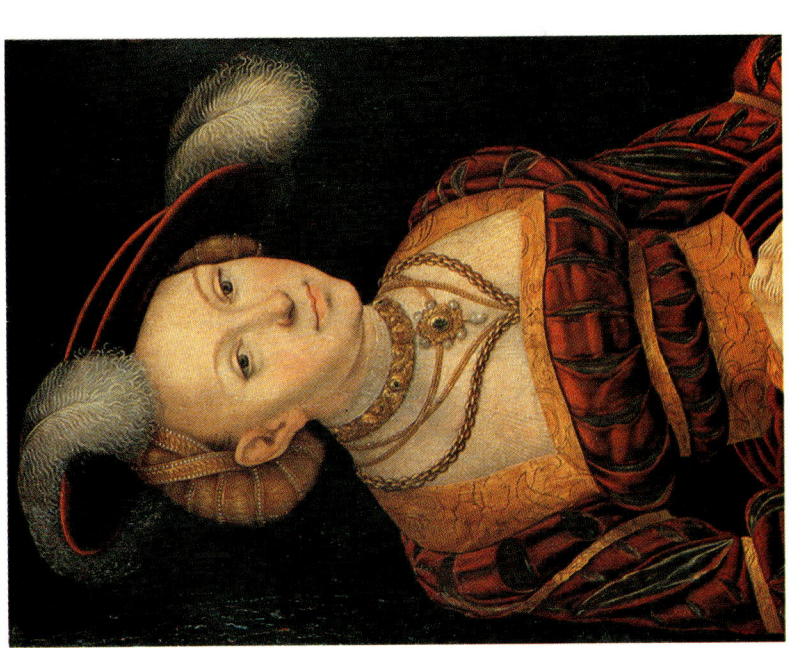

Lukas Cranach d. Ä.: Dame mit Federhut (Ursula Redinger?). Staatsgalerie Aschaffenburg

Wappen Albrechts in der Sakristei des Mainzer Doms

Lukas Cranach (Werkstatt): Christus und die Ehebrecherin (mit Porträt Albrechts und der Redinger). Staatsgalerie Aschaffenburg (Porträt Ursula Redinger?).

Lukas Cranach d. Ä.: Herkules unter den Dienerinnen der Omphale. Stiftsmuseum Aschaffenburg

Lukas Cranach d. J.: Christus und die Ehebrecherin. Staatsgalerie Aschaffenburg

Lukas Cranach d. Ä.: Marienleben. Staatsgalerie Aschaffenburg

Hans Baldung Grien: Kreuzigung Christi. Staatsgalerie Aschaffenburg

Lukas Cranach d. Ä.: Auferstehung. Stiftskirche Aschaffenburg

Lukas Cranach d. Ä.: Martyrium des Hl. Erasmus. Staatsgalerie Aschaffenburg

Lukas Cranach d. J.: Madonna auf der Mondsichel. Staatsgalerie Aschaffenburg

Grabmal Albrechts (links Grabplatte) im Mainzer Dom

Grabmal Albrechts in der Aschaffenburger Stiftskirche mit „Margarethen-Schrein"

Marktbrunnen in Mainz

Gobelin mit Wappen Albrechts. Mainz, Dommuseum

Gobelin mit Wappen Albrechts. Mainz, Dommuseum

Mathias Grünewald: Beweinung Christi. Stiftskirche Aschaffenburg

Simon Frank: Ursula Redinger als Hl. Ursula. Aschaffenburg, Stiftsmuseum

Simon Frank: Kardinal Albrecht von Brandenburg als Hl. Martin.
Aschaffenburg, Stiftsmuseum

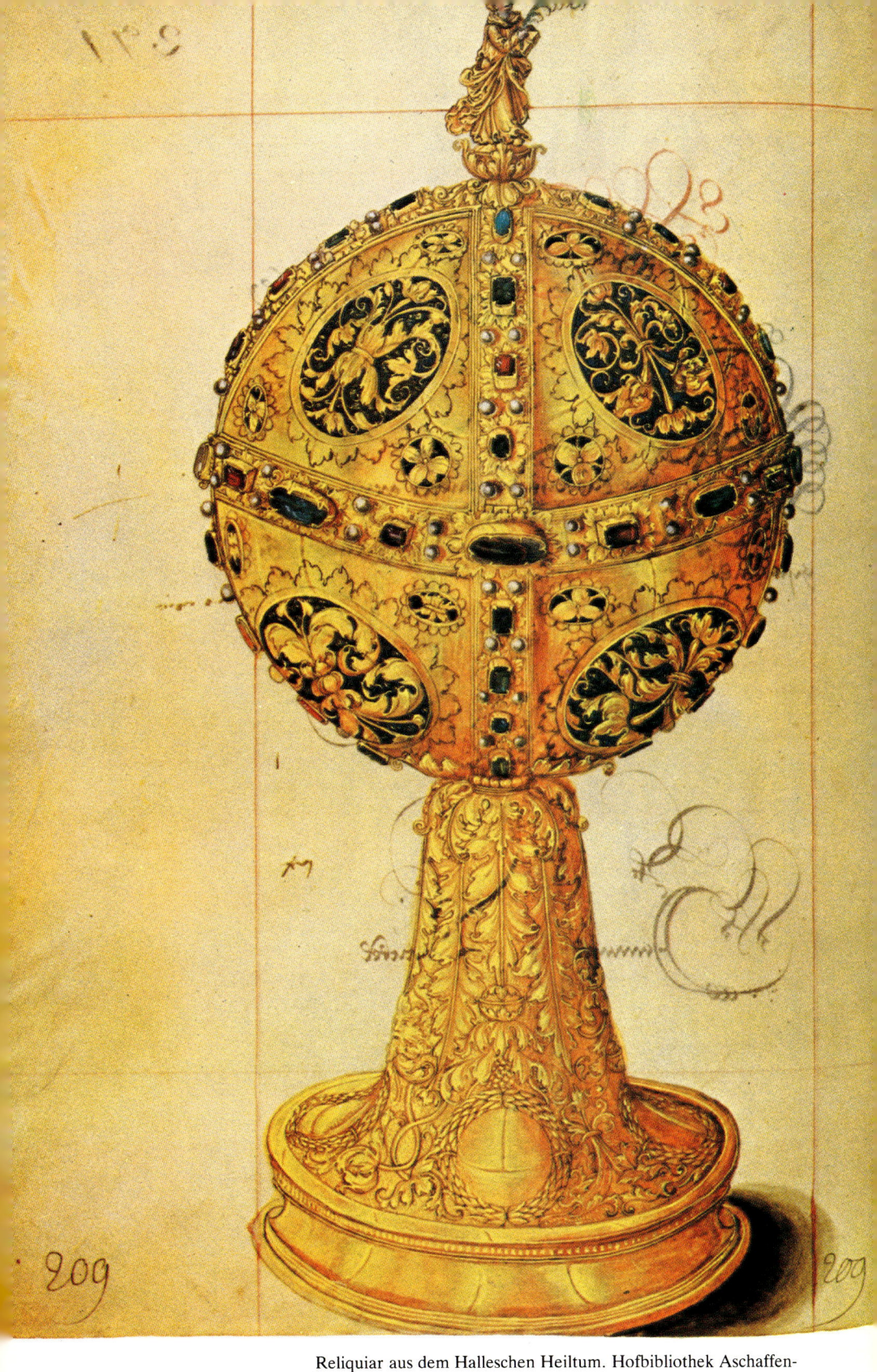

Reliquiar aus dem Halleschen Heiltum. Hofbibliothek Aschaffenburg

Reliquiar aus dem Halleschen Heiltum. Hofbibliothek Aschaffenburg

Porträt Albrechts aus dem Glockendon'schen Gebetbuch. Hofbibliothek Aschaffenburg

Goldene Kußtafel aus Halle, um 1530. Domschatz Köln

Albrecht Dürer: Vorzeichnung zum „Großen Kardinal". Louvre, Paris, Cabinet des Dessins

Albrecht Dürer: „Der Große Kardinal". Kunstmuseum Basel, Kupferstichkabinett

Lukas Cranach d. Ä.: Kardinal Albrecht von Brandenburg, 1520.
Herzog-Anton-Ulrich-Museum, Braunschweig

Joos van Cleve: Albrecht von Brandenburg. Galleria Barberini, Rom

Albrecht Dürer: „Der Kleine Kardinal". Berlin, Stiftung Preußischer Kulturbesitz, Staatl. Museen, Kupferstichkabinett

Albrecht Dürer: Zweitfassung des „Kleinen Kardinal". Kunsthalle Bremen

Nikolaus Glockendon: Albrecht bei der Fronleichnamsprozession, aus dem Missale Kardinal Albrechts. Aschaffenburg, Hofbibliothek

Hans Sebald Beham: Albrecht bei der Vorbereitung zur Messe, aus dem Beichtgebetbuch Kardinal Albrechts. Aschaffenburg, Hofbibliothek

Hans Holbein d. J.: Erasmus von Rotterdam. Kunstmuseum Basel

Tiziano Vecelli: Kaiser Karl V. Alte Pinakothek, München

Albrecht Dürer: Kaiser Maximilian I. Staatliches Kunstmuseum Wien

Hans Holbein d. J.: König Heinrich VIII. von England. Sammlung Thyssen-Bornemisza, Lugano-Castagnola

François Clouet: König Franz I. von Frankreich. Louvre, Paris

Albrecht Dürer: Jakob Fugger der Reiche. Staatsgalerie Augsburg

Lukas Cranach d. Ä.: Martin Luther. Germanisches Nationalmuseum, Nürnberg

Lukas Cranach d. Ä.: Medaillonbild der Katharina von Bora, Ehefrau Luthers, Kunstmuseum Basel

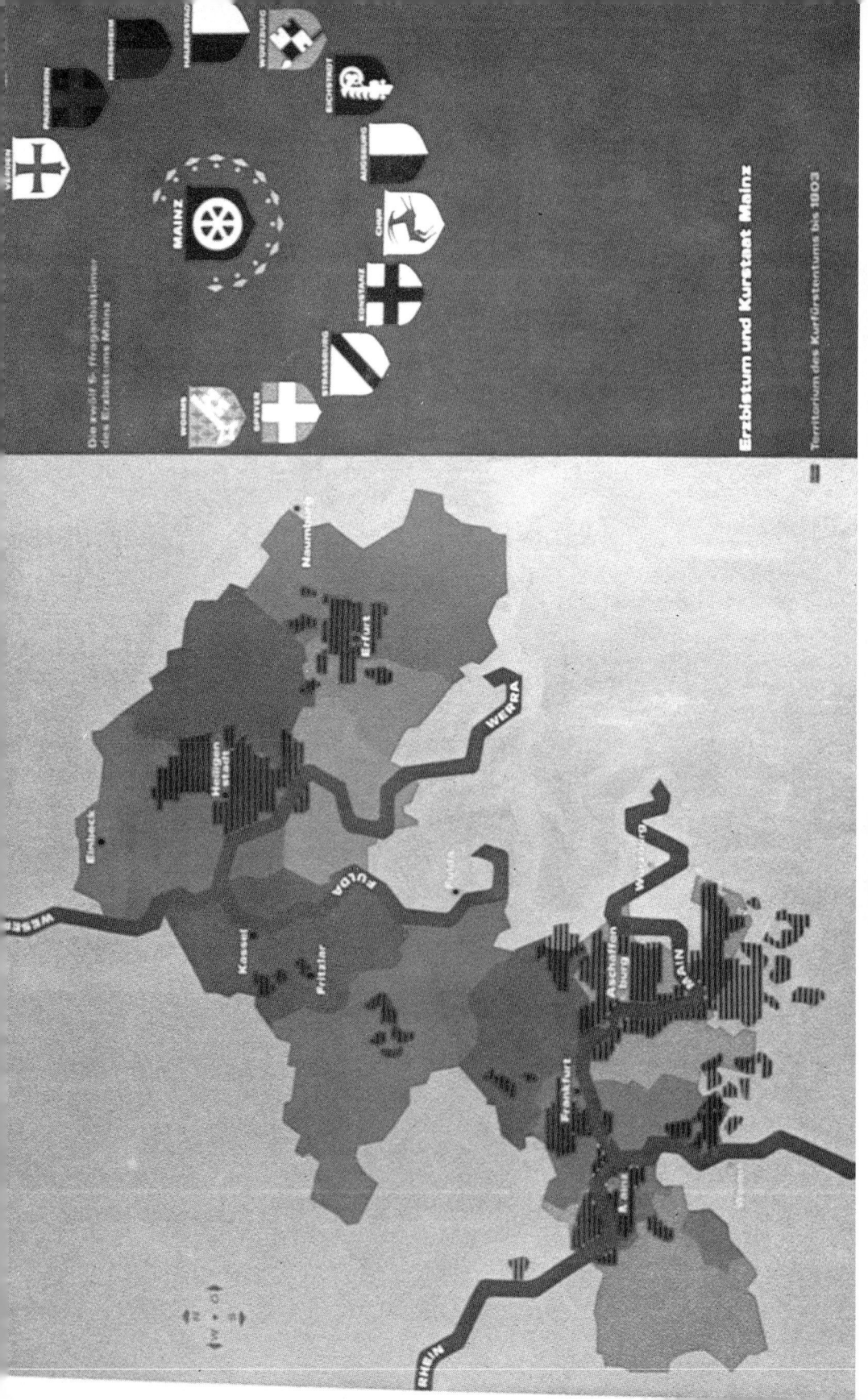

Aschaffenburger Schloß (heutiger Zustand)

Der neue Bau in Halle/Saale (Zustand um 1956)

Dom zu Magdeburg: Chor und Lettner

Halle/Saale: Stiftskirche St. Moritz

Hutten-Sickingen-Denkmal am Fuße der Ebernburg

Grabmal Albrechts in der Aschaffenburger Stiftskirche mit „Margarethen-Schrein"

Großer Kapitelsaal im Mainzer Dom

Eingangstüren zur Schatzkammer in der Sakristei des Mainzer Doms

ACCIPE POSTERITAS HÆC QVÆ MONVMETA PARAVIT
ALBERTVS PRINCEPS CIVIBVS IPSE SVIS
QVOS AMAT EX ANIMO CVSTOS AMBITOR HONESTI
VT QVÆ VICES REDDANT SEMPER AMORE CVPIT

Wappen und Inschrift Albrechts am Marktbrunnen in Mainz

ANNO M
DIVO KAROLO V CÆSARE SEMP AVGVS POST VICTORIA
GALLICAM REGE IPSO AD TICINV SVPERATO AC P IC
TRIVPHANTE FATALIQ RVSTICORV PER GERMNIA COSPI
RATIONE PROSTRATA ALBER CARD ET ARCHIEP MOG
FONTE HVNC VETVSTATE DILAPSV AD CIVIVS VORVM
POSTERITATISQVE VSVM RESTITVI CVRAVIT
DXXVI

Wappen und Inschrift Albrechts am Marktbrunnen in Mainz

Mainzer Dom, Kreuzgang

Mainzer Dom, Mittelschiff mit Westchor

Grabmal des Erzbischofs Siegfried von Eppstein im Mainzer Dom

Grabmal des Erzbischofs Peter von Aspelt im Mainzer Dom

Lukas Cranach (Werkstatt): Die heilige Sippe. Städelsches Kunstinstitut Frankfurt/M.

Lukas Cranach (Werkstatt): Hl. Barbara und Hl. Agnes. Stiftskirche Aschaffenburg

Lukas Cranach (Werkstatt): Hl. Margarethe und Hl. Katharina. Stiftskirche Aschaffenburg

Nikolaus Glockendon: Hl. Dreifaltigkeit, aus dem Meßbuch Kardinal Albrechts. Stiftsmuseum Aschaffenburg.

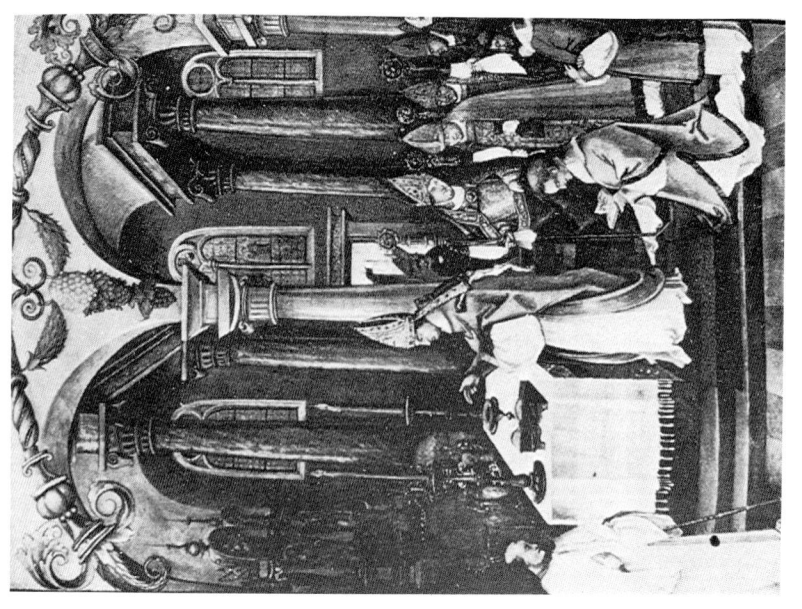

Nikolaus Glockendon: Reliquienmesse (mit Porträt Albrechts), aus dem Missale Kardinal Albrechts. Aschaffenburg, Hofbibliothek

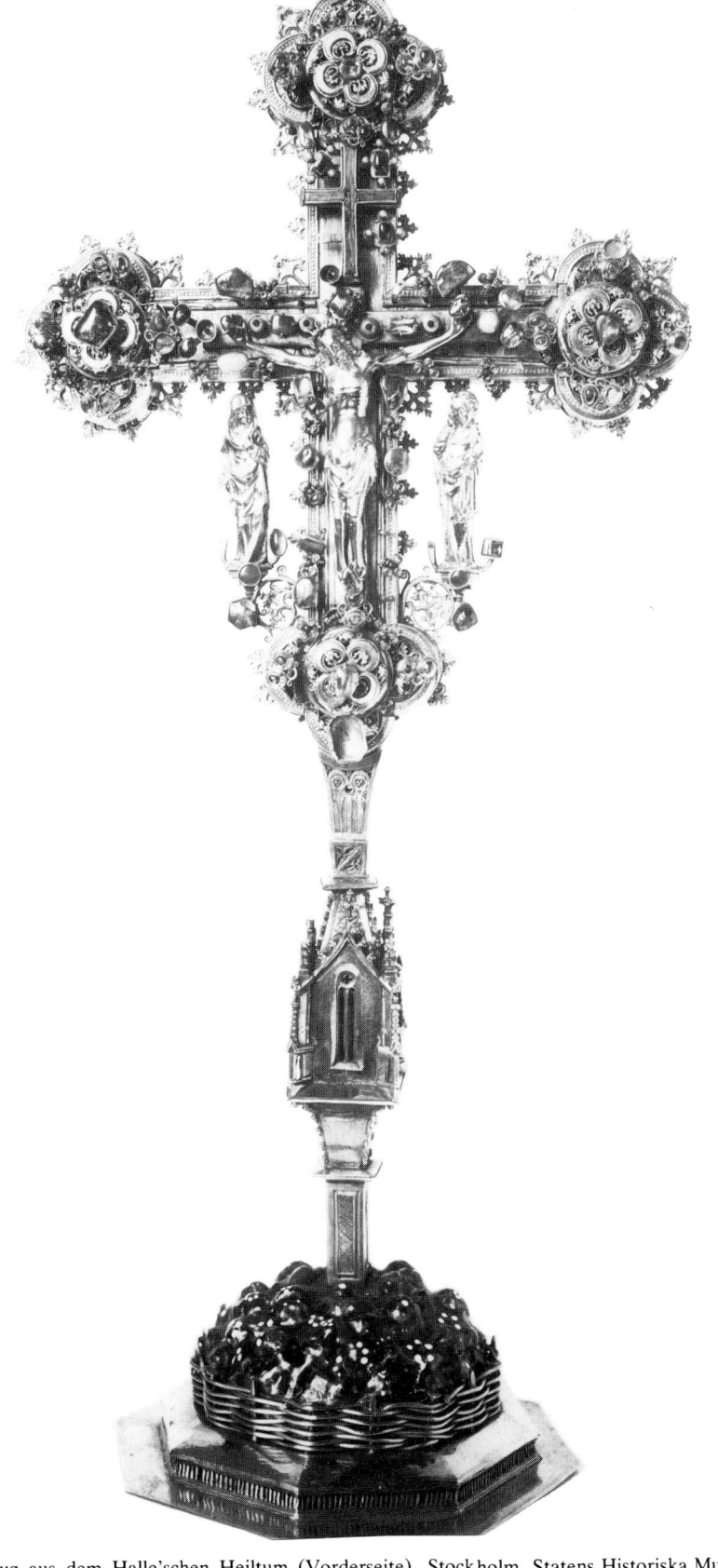

Altarkreuz aus dem Halle'schen Heiltum (Vorderseite). Stockholm, Statens Historiska Museum

Altarkreuz aus dem Halle'schen Heiltum (Rückseite). Stockholm, Statens Historiska Museum

Meßkännchen und Löffel mit Wappen Albrechts. München, Schatzkammer der Residenz

Hausaltärchen Albrechts. München, Nationalmuseum

Goldgulden Albrechts von Brandenburg

Meßkelch mit Wappen Albrechts. München, Schatzkammer der Residenz

Albrechts Bischofsstab. Statens Historiska Museum, Stockholm

Albrechts Wahlspruch lautete: „Herr, ich habe lieb die Zierde Deines Hauses" (Ps. 25,8 Vulg.)

Albrecht bekannte sich damit zu einer Leidenschaft, die ihm bei seinen Zeitgenossen viel Ruhm, aber auch viel Kritik eingetragen hat. Albrecht war einer der größten Mäzene – vielleicht sogar der größte – seines Jahrhunderts. Seine Prunkliebe, sein Schönheitssinn und sein Kunstverstand blieben nördlich der Alpen noch auf lange Zeit unerreicht. Dabei war Albrecht nicht frei von persönlicher Eitelkeit und – vor allem – er konnte nicht rechnen. Diese Schwäche hatte er übrigens mit Luther gemeinsam, der ebenfalls kein Verhältnis zu Zahlen besaß. Allerdings mit dem wesentlichen Unterschied, daß Luther kaum je die Möglichkeit erhielt, über größere Beträge zu verfügen, während Albrechts hohe Stellung es erlaubte, das Geld mit vollen Händen auszugeben. Der Nachwelt steht es nicht zu, darüber Kritik zu üben. Wir verdanken Albrecht eine Reihe von hochrangigen Kunstwerken und wertvollen Zeitdokumenten, die trotz aller Wirrnisse erhalten geblieben sind.

Es muß Albrecht auch zugute gehalten werden, daß er sich nicht persönlich bereicherte, keine prunkvolle Burgen und Schlösser für sich und seinen Hofstaat baute, sondern daß er den enormen finanziellen Aufwand fast ausschließlich trieb, um kirchliche Kleinodien, Altargeräte, religiöse Bilder oder Reliquien zu kaufen.

Nicht einmal in seiner Lieblingsresidenz Halle ließ sich Albrecht ein prächtiges Schloß errichten. Erst als die dortigen Universitätspläne gescheitert waren, befahl er, die begonnen Gebäude, den „Neuen Bau", als „des Erzbischofs Behausung" um- und weiterzubauen. Die Arbeiten wurden mit dem Ausbruch der Reformation eingestellt und auch später niemals vollendet.

Überdies brachte der Kardinal in dem vollendeten Teil des „Neuen Baues" seine Bibliothek unter, die von dem Zeitgenossen G. Witzel als „reich an aller Art lateinischer und griechischer Autoren, durch ihr Alter berühmt und durch ihre Größe staunenswert" gerühmt wird. Ein anderer Gelehrter, Nicolaus Rhodius, nennt Albrecht sogar einen zweiten Ptolemäus: denn wie dessen Bibliothek in ganz Ägypten berühmt war, so sei die Albrechts zu Halle von allen die vornehmste. Inwieweit wir es hier mit gutgemeinten Übertreibungen zu tun haben, bleibt dahingestellt; jedenfalls scheint Albrecht zu allem andern auch ein bedeutender Büchersammler gewesen zu sein.

Albrechts ganze Liebe gehörte aber der von ihm gegründeten Stiftskirche in Halle. Georg Sabinus, ein Zeitgenosse (1508–1560) und neulateinischer Dichter, rühmt das Bauwerk:

„Ragt aus mächtigen Steinen gefügt ein heiliger Tempel;
Albrecht, der edle Fürst, baute das herrliche Werk!

> Dir, Mauritius, ist es geweiht und jener Maria,
> die des erstandenen Herrn Züge vor anderen geschaut."

Dieses Gotteshaus ließ Albrecht ausstatten mit den schönsten Altären und Gemälden, mit erlesenen Goldschmiedearbeiten, Statuen und Tapisserien – und dies alles von einem Reichtum und einer Vielfalt, wie man sie nördlich der Alpen wohl schwerlich noch einmal antreffen konnte. Das Inventarverzeichnis der Kirche von 1525 spricht hiervon eine beredte Sprache. Die Zahl der vollständigen Ornate, die in dem Inventar aufgezählt werden, wie einzelner Teile der priesterlichen Kleidung, ist so erstaunlich, daß Sabinus kaum übertreibt, wenn er sagt, er habe ,,mehr Ornate gesehen, von Edelsteinen und Gold strotzend, als das Jahr Tage zähle." So waren allein 90 Kaseln (Meßgewänder) vorhanden, ferner 600 Meßgeräte und Reliquiare, 35 Wandteppiche, über 100 Antependien, 32 Fahnen aus Damast und Seide, zahlreiche Altarkissen, vergoldete Kronleuchter, kostbare Meßbücher und Traghimmel.

Nun kann man sich leicht den Kardinal vorstellen, wie er an hohen Feiertagen, am prunkvollsten von allen gekleidet, mit Mitra und Krummstab dem Pontifikalamt beiwohnte oder in feierlicher Prozession, umgeben von der Priesterschaft, bei Chorgesang und Weihrauchduft unter einem kostbaren Traghimmel zur Kirche schritt. Einen Begriff von der verschwenderischen Kostbarkeit seiner Meßgewänder vermittelt noch heute die Erasmus-Mauritius-Tafel in der Münchner Alten Pinakothek; Grünewald hat mit großer Wahrscheinlichkeit eines von Albrechts Meßgewändern in seinem Originalzustand dargestellt.

Lassen wir wieder Sabinus zu Wort kommen:

> ,,Sehet, der Fürst naht selber in festlichem Zug; es erklinget heller Trompete
> Getön, schallender Pauke vereint.
> Langsam ziehen die Reih'n andächtiger Priester zum Dome,
> und dichtstehendes Volk bildet die Straße dem Zug.
> Albrecht schreitet, bedeckt von dem kostbar strahlenden Himmel,
> hohes Geleit umgibt den fürstlichen Herrn.
> Wappen der Markgrafschaft, uralten Rittergeschlechts,
> sind in des Baldachins Rand künstlich mit Perlen gestickt:
> drohender Adler Gestalt und furchteinflößende Löwen,
> Greife, von Indien herkommendes Zwittergebild –
> Ritter in festlicher Tracht und des Hofstaats reiches Gefolge
> schließen in buntem Gewühl dem Zuge sich an."

Einen Prunkzug dieser Art hat uns Nikolaus Glockendon in Albrechts Missale abgebildet: der Kardinal bei der Fronleichnamsprozession, wie er unter einem Traghimmel das Allerheiligste durch die Straßen trägt.

Albrecht verschmähte auch nicht, sich in der Stiftskirche zu Halle mehrfach selbst darstellen zu lassen. Abgesehen von zahlreichen Steinplastiken ließ er für den Hochaltar zwei silberne, vergoldete Brustbilder, mit Perlen und Edelsteinen besetzt, anfertigen. Das eine zeigte Kaiser Karl V. mit Krone und Schwert, das andere den Kardinal, merkwürdigerweise ebenfalls mit einer (sogar doppelten) Krone aus Gold, mit wertvollen Kameen besetzt, in der Rechten den Bischofsstab. Dieses seltsame Bildwerk ist verlorengegangen.

Albrecht hatte sich zu seinen Lebzeiten bereits einen silbernen, vergoldeten Sarg anfertigen lassen, der nicht in die Erde versenkt werden, sondern auf der Tumba stehen sollte. Er befand sich ursprünglich auch in der Stiftskirche in Halle, findet sich dann in dem Verzeichnis der 1540 nach Mainz verbrachten Gegenstände und ist dann – vermutlich im Dreißigjährigen Krieg – aus dem Mainzer Dom gestohlen worden.

In seiner starken Hinneigung zur Reliquien-Verehrung war Albrecht ganz ein Kind seiner Zeit. Diese Vorliebe teilte er u. a. mit Kurfürst Friedrich dem Weisen von Sachsen, dessen große Sammlung im Allerheiligen-Stift zu Wittenberg ihm als Vorbild und Ansporn gedient haben mag. Den größten Teil seiner Schätze fügte Albrecht in jahrelanger Sammlertätigkeit zu dem sogenannten Halle'schen Heiltum zusammen. Dazu gehörten an Reliqueien 8833 Partikel und 42 ganze Heiligenkörper. Zu ihrer Aufbewahrung waren 353 kostbare, aus Silber getriebene, teils vergoldete und mit Edelsteinen besetzte Behältnisse vorhanden. Mit dem Besuch dieser Reliquien war – nach dem damaligen Brauch – ein Ablaß von insgesamt 39 245 120 Jahren und 220 Tagen verbunden.

Leider ist von den Goldschmiedearbeiten so gut wie nichts erhalten geblieben. Schon vor dem Ausbruch der Reformation verschwand ein Teil der Kleinodien aus Halle, und zwar dadurch, daß Albrecht sie versetzte oder verkaufte, um seine Schulden einzulösen. Um die Wende der dreißiger zu den vierziger Jahren hatte der Kardinal überall im Reich massenhafte Verbindlichkeiten. Ein zeitgenössisches Dokument beziffert sie auf über 100 000 Gulden. Zu seinen Gläubigern zählten natürlich die großen Bankhäuser, voran die Fugger und Welser, aber auch Reichsfürsten wie der Herzog von Bayern, der Herzog von Liegnitz, der Bischof von Merseburg, Städte wie Halle und Nürnberg, Grafen und Ritter, die Juden Saul aus Bingen, Beer und Salomon aus Frankfurt am Main. Nicht selten blieb Albrecht auch seinen Bediensteten den Lohn schuldig. Im Jahre 1529 mußte Albrecht schon ein Verzeichnis derjenigen Bestandteile des Halle'schen Heiltums anfertigen lassen, die verpfändet waren, um die Übersicht nicht zu verlieren. 1532 gab Albrecht einem Nürnberger Kaufmann ein besonders wertvolles goldenes Kreuz mit Edelsteinen für 32 000 Gulden zum Pfand. Dieses Schmuckstück machte eine wahre

Odyssee durch; es wird immer wieder verpfändet, eingelöst, verkauft, zurückgekauft, dem König von England zum Erwerb angeboten, bis es irgendwann von der Bildfläche verschwindet. Um 1540 steigerte sich schließlich das Verpfänden und Verhökern in einen regelrechten Ausverkauf. Unersetzliche Kunstwerke, die größtenteils auf Anweisung Albrechts überhaupt erst geschaffen worden waren, vor allem Goldschmiedearbeiten des Halle'schen Heiltums, kamen in den Handel. Die Pretiosen wurden leider nicht immer aufbewahrt, sondern großenteils eingeschmolzen und gingen damit für immer verloren.

Obgleich Albrecht seinem völligen finanziellen Ruin zusteuerte, wollte er von seinem gewohnten Lebensstil nicht lassen. Als zu Ostern 1536 der Kurfürst Joachim II. von Brandenburg mit seiner Gemahlin 14 Tage in Halle weilte, sollen Tausende von Gulden verpraßt worden sein. Albrecht habe überdies eine silberne und vergoldete Wiege für 10 000 Gulden zum Geschenk gemacht. Diese Zahlen sind gewiß übertrieben, aber sie kennzeichnen doch die Verhältnisse. Was von den unersetzlichen Reichtümern des Halle'schen Heiltums noch übriggeblieben war – und es war immerhin noch einiges – kam hauptsächlich nach Mainz. Schon einige Jahre früher hatte Albrecht vorsorglich in der Mainzer Domsakristei einen großen begehbaren Tresor mit zwei Türen zur Aufnahme des Halle'schen Fluchtgutes bauen lassen, der noch heute vorhanden ist und der Aufbewahrung von Wertgegenständen dient. Eine ,,Schätzung der Kleinodien und Edelsteine in der Sakristei im Domstift zu Mainz" vom April 1546 nennt Kunstwerke im Werte von 7836 Gulden, ist vermutlich aber unvollständig, wenn es zutrifft, daß, einem anderen zeitgenössischen Bericht zufolge, nach Aschaffenburg Kostbarkeiten im Wert von 18 000 Gulden gekommen sind. Luther war jedenfalls berichtet worden, der größte Teil der Reliquien befände sich nun in Mainz. In seiner ,,Neuen Zeitung vom Rhein" 1541 spottet er darüber, die ,,lieben Rheinländer" hätten nun Gelegenheit, den ,,armen entblößten Knochen" wieder zu neuen Kleidern zu verhelfen; wären sie noch länger, ihrer Röcke beraubt, in Halle geblieben, so hätten sie erfrieren müssen. Auch kämen wohl bald noch neue Reliquien dazu, nämlich nach Albrechts Tod ,,ein ganzes Quentlein von seinem treuen, frommen Herzen und ein ganzes Lot von seiner wahrhaftigen Zunge." Dafür werde der Papst dann wieder einen besonderen Ablaß ausschreiben.

Der Mainzer Reliquienschatz wurde durch Plünderungen mehrfach reduziert, schon bald im Schmalkaldischen Krieg 1552, und erneut im Dreißigjährigen Krieg 1631/32. Trotzdem muß etliches erhalten geblieben sein, denn Johann Peter von Ludewig sah noch im Jahre 1716 rund 300 Reliquien und Altargeräte im Mainzer Dom, die im Volksmund ,,Der Schatz Erzbischof Albrechts" genannt wurden. Ihr Wert habe mehrere Tonnen Goldes betragen. Dies alles ist in den folgenden

Jahrhunderten durch Plünderungen und Einschmelzung verlorengegangen. Nur vereinzelte Reste gelangten bei Auflösung des Erzbistums nach Aschaffenburg, von dort später nach München. So kommt es, daß heute im Mainzer Dom außer zwei Wandteppichen nichts mehr vorhanden ist, was nachweislich einst zu Albrechts reichem Kirchenschmuck gehört hat.

Um so glücklicher können wir uns schätzen, wenigstens noch das Halle'sche Heiltumsbuch zu besitzen. Es handelt sich hierbei um ein handschriftliches, mit zahlreichen kolorierten Federzeichnungen versehenes Inventarverzeichnis, das heute in der Hofbibliothek von Aschaffenburg aufbewahrt wird. Das Register enthält die Beschreibung und Abbildungen der meisten (wenn auch nicht aller) Reliquiare, die das Heiltum des 1520 von Albrecht gegründeten ,,Neuen Stifts" in Halle zu einem bestimmten Zeitpunkt (1526–27) bildeten. Der Kodex zeigt in seinem heutigen Umfang auf 348 Bildseiten die Abbildungen von 350 Reliquiaren, während im Text 353 Reliquiare behandelt sind. Ursprünglich umfaßte der Text noch einige weitere Seiten, die im Laufe der Jahrhunderte verlorengegangen sind. Albrecht hat nicht nur die Anfertigung dieses einzigartigen Registers in Auftrag gegeben, sondern auch aufmerksam darin gelesen und mit dem Buch als Handexemplar gearbeitet. So finden wir (bei VIII 19 – Silberstatuette der Heiligen Katharina) am Rande seinen handschriftlichen Vermerk: ,,In der einen handt ein cristallen kenlein in silber gefasst vnd vbergullt cum crinibus eius"). Ferner hat der Kardinal auf 14 Seiten noch weitere Reliquien handschriftlich verbucht, deren Erwerb in die Zeit nach der Herstellung des Heiltumsbuches fiel. Gelegentlich hat er auch die vorhandenen Beschreibungen ergänzt (zum Beispiel: ,,Cristallen Kopflein in silber gefasst"). Das Halle'sche Heiltumsbuch ist vermutlich mit Albrechts Bibliothek und zahlreichen Pretiosen infolge der Auflösung des Stifts nach Mainz gekommen und von dort 1792 mit der Kurfürstlichen Bibliothek vor den Franzosen nach Aschaffenburg gerettet worden. Das Register enthält nur ca. 30 Reliquiare, die vor 1500 entstanden sind; die Kunstgeschichte schätzt es daher als wichtigste Quelle für die Goldschmiedekunst der Spätgotik und Frührenaissance, dies um so mehr, als fast alle Objekte untergegangen sind. Wir konnten trotz jahrelanger Nachforschungen nur noch vier Gegenstände als frühere Bestandteile des Halle'schen Heiltums ausfindig machen: den Margaretensarg in der Aschaffenburger Stiftskirche, ein Hausaltärchen im Münchner Nationalmuseum, ein Reliquienkreuz im Statens Historika Museum in Stockholm und eine Kußtafel im Kölner Domschatz. Letztere, eine Nürnberger Goldschmiedearbeit um 1533, wurde 1975 bei dem Einbruch in die Schatzkammer des Kölner Doms gestohlen und zerstört. Später konnten jedoch einzelne Teile wiederbeschafft werden, so zehn Perlen und ein Saphir. Die Kußtafel wird jetzt nach alten

Abbildungen wiederhergestellt. Es handelte sich um ein liturgisches Gerät; damals war es üblich, zum Friedenskuß vor der Kommunion den Geistlichen ein Bildtäfelchen zum Kuß zu reichen. Auf der Rückseite befand sich das Wappen Kardinal Albrechts. Das Stockholmer Reliquienkreuz gehört zu den hervorragenden Stükken des Halle'schen Heiltums. Es ist aus vergoldetem Silber gearbeitet, mit Email, Perlen und Edelsteinen besetzt und mit Figuren geschmückt. Das Kreuz wurde von Halle nach Mainz gebracht und dort von den Schweden im Dreißigjährigen Krieg 1632 als Kriegsbeute mitgenommen. Eine Abbildung hiervon findet sich im Halle'schen Heiltumsbuch, so daß die Herkunft eindeutig feststeht. Ausweislich der im Museum vorhandenen Dokumente kam das Altarkreus 1631 oder 1632 als schwedische Kriegsbeute von Mainz nach Stockholm.

In der Schatzkammer der Münchner Residenz konnten wir einen Kelch und zwei Meßkännchen feststellen, die zwar nicht aus Halle zu stammen scheinen, jedoch durch Albrechts Wappen als Bestandteil seiner Hinterlassenschaft ausgewiesen sind.

Infolge des Verlustes so zahlreicher Goldschmiedearbeiten besteht Albrechts mäzenatischer Nachlaß – soweit er bis heute erhalten geblieben ist – hauptsächlich aus Bildern. Beginnen wir mit den Porträts des Kurfürsten.

Hier ist als frühestes Werk das erst vor einigen Jahren bekannt gewordene Gemälde von Jacopo de' Barbari zu nennen: Albrecht von Brandenburg als achtzehnjähriger Domherr, 1508 datiert. Das Bild gehört zur Sammlung Heinz Kisters in Kreuzlingen/Schweiz. Albrecht, im weißen Chorhemd, brokatenen Mantel und mit rotem Barett, trägt noch sehr jugendlich-frische Züge. Die strenge Frontalität der Darstellung ist ein Kennzeichen der italienischen Porträtmalerei jener Zeit. Offenbar ist das Werk in Frankfurt a. d. Oder entstanden, wo Jacopo de' Barbari im Jahre 1508 zusammen mit Albrechts Bruder, dem Kurfürsten von Brandenburg, weilte. Da Albrecht erst 1509 Domherr von Mainz wurde, muß er noch als Domherr eines anderen Bistums, vermutlich von Magdeburg oder Halberstadt dargestellt sein.

Der Venezianer Jacopo de' Barbari war als Lukas Cranachs Vorgänger Hofmaler des Kurfürsten Friedrich des Weisen von Sachsen und ein Freund Dürers. Er starb als Hofmaler der Margareta von Parma in den Niederlanden.

Lukas Cranach d. Ä. fertigte 1514 einen Holzschnitt: die Erzbischöfe Ernst und Albrecht von Magdeburg als Stifter der Magdalenen-Stiftskirche auf der Moritzburg zu Halle, heute in Berlin, Stiftung Preußischer Kulturbesitz. Die – im übrigen wenig porträthafte – Darstellung wurde später übernommen für das Titelblatt zum Halle'schen Heiltumsbuch. Die beiden Erzbischöfe halten ein Modell der Magdalenenkapelle, die Albrecht 1514 zur Stiftskirche erhöht hatte. Aus diesem Anlaß ist der Holzschnitt offenbar in Auftrag gegeben worden.

Allgemein bekannt ist Albrecht Dürers Kupferstich aus dem Jahre 1518, genannt ,,Der kleine Kardinal". Albrecht, in schlichter geistlicher Kleidung, das Biret auf dem Kopf, ist im Halbprofil dargestellt, von links nach rechts blickend. Die lateinische Inschrift gibt das Entstehungsjahr 1518 an und lautet wie folgt: ,,So waren seine Augen, seine Wangen und Lippen. In seinem 28. Lebensjahr." Offenbar hat Albrecht anläßlich des Augsburger Reichstages 1518, jenes Reichstages, auf dem er die Kardinalsinsignien empfing, Dürer Modell gesessen. Dürer schickte dem Kardinal 200 Abdrucke und erhielt hierfür ein fürstliches Honorar. Mehrere Exemplare des ,,Kleinen Kardinals" sind bis heute erhalten geblieben.

Eine Zweitfassung des ,,Kleinen Kardinals" aus dem Jahre 1518, ebenfalls mit Dürers Signatur, befindet sich in der Kunsthalle in Bremen. Es scheint sich um einen Fehldruck zu handeln, denn die lateinische Inschrift (mit demselben Text wie oben zitiert) ist spiegelbildlich, die Porträtbüste seitenverkehrt. Am oberen Bildrand findet sich ein handschriftlicher, nicht spiegelbildlicher Vermerk, möglicherweise von Dürer selbst stammend: ,,1518, Bischoff von Meinz".

Große Verbreitung fand eine weitere Fassung des ,,Kleinen Kardinals", die Dürer im Jahre 1519 anfertigte. Die Darstellung der Person entspricht genau dem Kupferstich von 1518. Zugefügt ist jedoch Albrechts Wappen, sowie eine Inschrift, die Albrechts wichtigste Titel aufführt. Als Entstehungsjahr ist 1519 angegeben. Die Behauptung, das Porträt zeige Albrecht in seinem 29. Lebensjahr, dürfte jedoch unkorrekt sein, denn es ist unwahrscheinlich, daß Albrecht erneut Modell gesessen habe; vielmehr wurde wohl die frühere Fassung als Vorlage verwendet.

Lukas Cranach d. Ä. hat im Jahre 1520 Dürers Kupferstich ,,Der kleine Kardinal" wiederholt (heute im Kupferstichkabinett des Herzog Anton Ulrich-Museums in Braunschweig). Auffällig ist, daß Cranach, selbst ein begnadeter Maler, (auf Wunsch des Auftraggebers?) die Bild-Komposition Dürers übernahm und damit fast eine Kopie anfertigte. Cranach hat seinen ,,Kleinen Kardinal" offensichtlich für weitere Bildnisse Albrechts als Vorlage benutzt.

Eine Reprise des ,,Kleinen Kardinals" finden wir schließlich in dem sog. Glockendonschen Gebetbuch des Albrecht von Brandenburg (Horae beatae Mariae virginis) von 1530/31, heute in der Hofbibliothek zu Aschaffenburg. Nikolaus Glockendon hat hier den Dürer'schen Kupferstich in eine auf Pergament aufgetragene Buchmalerei umgesetzt. Albrecht, in scharlachrotem Gewand und Biret, ist auf blauem Grund in goldstaffiertem Renaissancerahmen abgebildet. Darunter das 15-feldige Wappen Albrechts (im Herzstück Mainz voran), jedoch ohne Inschrift.

Dürer hat im Jahre 1523, anläßlich des Nürnberger Reichstages, ein zweites Porträt Albrechts hergestellt, den Kupferstich „Der große Kardinal". Darauf ist Albrecht im Vollprofil, nach rechts blickend, abgebildet. Die lateinische Überschrift lautet auf deutsch: „1523. Das sind seine Augen und Wangen und Lippen. In seinem 34. Lebensjahr". Das Wappen (ein siebenfeldiges) befindet sich rechts oben. In der Unterschrift wird Albrecht noch als Kardinal von San Chrysogono bezeichnet. Dürer soll Albrecht hiervon 500 Abdrucke geschickt haben. Jedoch sind vermutlich noch weitere Abdrucke hergestellt worden, von denen einige erhalten blieben, so das Exemplar im Kupferstichkabinett des Basler Kunstmuseums.

Eine Vorzeichnung zu diesem Kupferstich, ebenfalls mit Dürers Signet, wird im Louvre in Paris (Cabinet des Dessins) aufbewahrt. Albrecht, ohne Biret, im Vollprofil dargestellt, blickt von rechts nach links. Das Bild ist noch ohne Wappen oder Beschriftung. Albrechts Züge sind ohne Idealisierung, sehr eindringlich und lebensnah abgebildet. Dürers Meisterhand hat uns in dieser Zeichnung den Menschen Albrecht hervorragend bewahrt.

Dürers „Großer Kardinal" diente offenbar als Vorlage für einen Holzschnitt von Erhard Schön, der um 1535 entstanden ist, und der den Kardinal im Vollprofil nach links blickend und mit geänderter Staffage und Inschrift zeigt.

Ein bisher nahezu unbekanntes Porträt konnte in der Galleria Nazionale d'Arte Antica, Palazzo Barberini in Rom aufgefunden werden. Es wird dem Maler Joos van Cleve zugeschrieben und zeigt Albrecht, in einem schlichten Gewand an einem Tisch sitzend. Fast könnte man annehmen, daß hier ein niederländischer Kaufmann abgebildet ist. Auffällig ist auch die Energie und Härte in den Zügen Albrechts. Eine Replik des Gemäldes befindet sich im Kunsthistorischen Museum in Wien. Noch bis vor kurzem wurde angenommen, das Bild stelle Bernardo Clesio dar, Bischof von Trient, der übrigens vom Papst zum Vermittler in dem Streit Albrechts mit Truchseß von Pommersfelden ernannt worden war, diese Funktion aber nicht ausgeübt hat.

Die Behauptung, Albrecht sei die meistporträtierte Persönlichkeit des 16. Jahrhunderts, wird ferner bewiesen durch ein kleines Rundporträt in Medaillenform, das Lukas Cranach d. Ä. 1526 gemalt und datiert hat.

Von seinem Vorgänger Ulrich von Gemmingen übernahm Albrecht als seinen Hofmaler Mathias Grünewald (eigentlich Mathis Gothardt Neidhardt); er hat ihn jahrzehntelang gefördert und beschäftigt. Grünewald erhielt ein festes Gehalt – das ihm allerdings vom Mainzer Domkapitel häufig genug vorenthalten wurde – und diente Albrecht rund zehn Jahre hindurch auch als Berater bei der Anschaffung von Kunstwerken und als Verwalter des riesigen Kunstbesitzes.

Darüberhinaus erwies sich Grünewald – worauf in der Literatur bisher nur wenig hingewiesen wurde – als geschickter Brunnenbauer. So konstruierte er im Auftrag Albrechts einen großen Springbrunnen für das Aschaffenburger Schloß; Peter Vischer aus Nürnberg goß dazu aus Bronze eine Figur des Heiligen Martin mit Albrechts Wappen. Brunnen und Statue sind verlorengegangen.

Grünewald war ein Freund des langjährigen Mainzer Hof-Astrologen Johannes Indagine. In seiner Malweise noch ganz der Gotik verhaftet, paßte er sich dem antikisierenden Zeitgeschmack niemals an. 1525 beteiligte er sich – wie übrigens auch sein großer Künstler-Kollege Tillmann Riemenschneider in Würzburg – am Bauernaufstand, wurde deshalb gerichtlich belangt und verlor seine Stellung als Hofbeamter. Er flüchtete zunächst nach Frankfurt am Main. 1526 tritt er zur Reformation über. Doch der tolerante Albrecht scheint ihn bald wieder in Gnaden aufgenommen zu haben, denn schon 1527 führt er in Magdeburg bautechnische Aufträge aus, und 1528 finden wir ihn als Brunnenkonstrukteur in Halle. Dort ist er im gleichen Jahr gestorben.

Für den Mainzer Dom schuf Grünewald in Albrechts Auftrag drei monumentale Altäre, die insgesamt nicht weniger als 15 Gemälde aufwiesen. Alle drei Altäre wurden während des Dreißigjährigen Krieges (1631 oder 1632) mit zahlreichen anderen Kunstwerken des Mainzers Doms von den Schweden geraubt. Auf dem Weg nach Skandinavien geriet das Schiff in Seenot und versank mit allen Schätzen in der Ostsee.

Erhalten geblieben sind zwei Vorstudien zu diesen Altarbildern, Kohlezeichnungen aus der Hand Grünewalds, die im Berliner Kupferstichkabinett aufbewahrt werden.

Seinen Herrn und Auftraggeber hat Grünewald um 1520 porträtiert in dem Gemälde: „Begegnung der Heiligen Erasmus und Mauritius", das sich heute in der Alten Pinakothek in München befindet. Albrecht ist hier im Bischofsornat des Heiligen Erasmus dargestellt, wie er aufmerksam den Worten des Mohren zuhört. Das Gemälde gehörte zu einem Altar aus der Stiftskirche in Halle. Die beiden Heiligen waren die Patrone dieser Kirche. Links unten befindet sich Albrechts Wappen. Grünewald hat bei den Zügen Albrechts die überlange Nase und die vorgeschobene Unterlippe einer leichten Idealisierung unterzogen. Auch fehlt hier der auf anderen Bildnissen auffällige Zug von Melancholie.

Außer dem Erasmus-Mauritius-Gemälde sind in der Alten Pinakothek vier weitere Bildtafeln von demselben Altar vorhanden, darunter eine Hl. Magdalena in der damaligen Tracht eines Ritterfräuleins und eine Hl. Martha, als Bürgermädchen gekleidet. In beiden Köpfen findet sich unverkennbare Ähnlichkeit. May berichtet von einer Volkssage, wonach es sich um zwei Porträts der Ursula Redinger handeln soll.

Im Jahre 1525 schuf Grünewald – auf Veranlassung Albrechts – eines der schönsten und ergreifendsten Kunstwerke des 16. Jahrhunderts, die ,,Beweinung Christi". Das Gemälde ist erhalten geblieben und stellt das kostbarste Kleinod der Aschaffenburger Stiftskirche dar (da es in einem Wandschrank eingelassen ist, kann es nur mit Hilfe des Küsters besichtigt werden). Offenbar handelt es sich um ein Fragment, nämlich das Predella-Bild eines im übrigen verlorengegangenen Altars. Albrechts Stiftereigenschaft ist durch sein Wappen ausgewiesen, das der Maler am linken Bildende angebracht hat. Auf der rechten Seite ließ Albrecht in ritterlicher Geste das Wappen der damaligen Schenken (späteren Grafen) zu Erbach im Odenwald anbringen, deren Sproß Diether Schenk zu Erbach († 1459), Erzbischof von Mainz, in der Aschaffenburger Stiftskirche begraben liegt.

Die Anbringung des Erbach'schen Wappens deutet auch darauf hin, daß der Altar von Anfang an für die Aschaffenburger Stiftskirche bestimmt war, also nicht, wie vielfach angenommen wird, für die auf Veranlassung Albrechts erbaute Heilig-Grabkirche im heutigen Park Schönthal bei Aschaffenburg. Vermutlich sind die übrigen Teile des Altars in späterer Zeit ebenso verschleppt worden, wie Grünewalds Altarbilder aus dem Mainzer Dom oder das Marienbild, das später wiedergefunden wurde und heute als ,,Stuppacher Madonna" weltberühmt ist.

Die ,,Beweinung Christi" bezieht ihre erschütternde Eindringlichkeit ebenso aus dem begnadeten Talent des Malers, wie aus der fast dokumentarischen Realistik. Hier ist nicht ,,Christos Pantokrator" abgebildet oder ein süßlich-verklärter Schmerzensmann. Grünewald hat einen zerschundenen und verrenkten, am Boden liegenden Leichnam gemalt, bleich und blutig. Die verkrampfte Armhaltung zeugt noch von der Grausamkeit der Kreuzesfolter. Der Unterkiefer ist herabgesunken, die Dornenkrone hat sich beim Abnehmen des Körpers gelöst. Unendlicher Schmerz spiegelt sich in den Gesichtszügen, keine Spur von Triumph im Kreuzestod. Die verzweifelt gerungenen Hände Mariens am oberen Bildrand verstärken den Eindruck.

In der Stiftskirche zu Aschaffenburg befinden sich noch weitere Kunstwerke, die einen direkten Bezug zu Albrecht aufweisen, so ein Gemälde ,,Die Messe des Hl. Gregor" aus der Cranach-Schule. Während der Hl. Papst Gregor die Messe zelebriert, erscheint Jesus leibhaftig auf dem Altar. Albrecht, im roten Kardinalsgewand, auf dem Kopf das Biret, ist als Ministrant dargestellt, der für den Papst die Tiara bereithält. Die Malweise ist eindeutig porträthaft.

,,Die Messe des Hl. Gregor" scheint ein Thema zu sein, das den Kardinal besonders angerührt hat, denn es gibt noch ein zweites, sehr ähnliches Gemälde dieser Art, ebenfalls aus der Cranach-Schule, das heute in der Staatsgalerie in Aschaffenburg aufbewahrt wird. Albrecht ist wiederum als einer der Mitwirkenden porträtiert, trägt aber statt der Tiara ein Missale. Über dem Betstuhl ist Albrechts Wappen abgebildet.

In der Stiftskirche befand sich früher das Bildnis: ,,Kardinal Albrecht von Brandenburg betend unter dem Kruzifix", von Lukas Cranach d. Ä., heute in der Alten Pinakothek in München, entstanden um 1525. Albrecht ist in knieender Haltung porträthaft dargestellt; auch sein Stifterwappen ist angebracht.

Weitere Gemälde in der Aschaffenburger Stiftskirche tragen zwar kein Wappen, gelten aber der Überlieferung gemäß dennoch als frühere Ausstattungsstücke der Stiftskirche in Halle, und damit als Kunstwerke, die im Auftrage Albrechts geschaffen wurden. Dafür spricht in der Tat außer dem Aufbewahrungsort die Person des Malers Cranach und die Art der Darstellung. Es handelt sich um zwei Flügelaltarbilder mit Darstellung der Hll. Margaretha, Katharina, Barbara und Agnes, um ein Altarbild des Hl. Valentin und um die prachtvolle ,,Auferstehung Christi". Letztere scheint aus der Hand Lucas Cranachs selbst zu stammen, während die anderen Bilder vermutlich Werkstattarbeiten sind.

In dem (gleich neben der Stiftskirche gelegenen) Stiftsmuseum in Aschaffenburg finden wir zwei gleichformatige, offenbar zusammengehörende Gemälde von Simon Frank (auch Franck): ,,Kardinal Albrecht als Hl. Martin" und ,,Ursula Redinger als Hl. Ursula". Malstil und Komposition deuten darauf hin, daß Frank aus der Cranach-Schule hervorgegangen sein könnte. Möglicherweise ist Frank identisch mit dem ,,Meister der Gregormessen", einem Cranach-Schüler, der bevorzugt für Albrecht arbeitete. Die Ursula ist der Cranach'schen Darstellung (in der Aschaffenburger Staatsgalerie) nachempfunden. Gleichwohl handelt es sich um hochrangige Kunstwerke. Albrecht wird durch die Wappen seiner Bistümer (am unteren Saum des Untergewandes) identifiziert, die Datierung (1542) auf der Ursulatafel gibt das Entstehungsjahr an. Albrecht, im prachtvollen Bischofsornat, reicht dem Bettler nicht nur eine milde Gabe, sondern sechs Goldstücke, vielleicht ein Hinweis auf Albrechts Großzügigkeit in finanziellen Dingen. Nach Wothe gehörten die beiden Gemälde ursprünglich zum Bestand des Mainzer Doms. Diese Vermutung wird einmal durch die Tatsache gestützt, daß der Mainzer Dom dem Hl. Martin geweiht ist, zum anderen dadurch, daß sich, wie Wothe angibt, die Bilder in den zwanziger Jahren noch in rheinhessischem Privatbesitz befanden. Wir hätten demnach zwei der sehr seltenen, noch aus Albrechts Zeit erhalten gebliebenen Ausstattungsstücke der Mainzer Metropolitankirche vor uns. Nicht ohne Reiz bleibt ferner die Überlegung, daß die ,,Schöne Redingerin" offenbar auch Wert darauf legte, in ihrer Vaterstadt geziemend abgebildet zu sein.

Mäzenatischer Nachlaß

Im Aschaffenburger Stiftsmuseum hängt ferner das Gemälde von Lukas Cranach d. Ä. ,,Herkules unter den Dienerinnen der Omphale". Eine in Kopenhagen aufbewahrte, nicht beschnittene Zweitfassung trägt Albrechts Stifterwappen, sowie die Jahreszahl 1535 und beweist damit die Herkunft auch des Aschaffenburger Gemäldes aus dem Umkreis Albrechts. Eine Reprise des Bildnisses aus dem Jahre 1537 gehört zu der Sammlung Thyssen-Bornemisza in Lugano-Castagnola. Es gilt als ein Werk des Sohnes Hans Cranach, dem vielfach auch die Kopenhagener Fassung zugeschrieben wird.

Gehen wir weiter zur Aschaffenburger Staatsgalerie, einer ganz zu Unrecht wenig bekannten, aber hervorragenden Gemäldesammlung.

Sie enthält eine Reihe weiterer Kunstwerke, die in direktem Bezug zu Albrecht stehen.

Beginnen wir mit dem Porträt von Albrechts Bruder, dem Kurfürsten Joachim I. Nestor von Brandenburg, von Lukas Cranach d. Ä. 1529 gemalt und signiert. Die Inschrift trägt oben Namen und Alter des Dargestellten. Der Kurfürst ist in der ganzen weltlichen Pracht eines Fürsten der Renaissancezeit abgebildet. Die Familienähnlichkeit, besonders in der Nasen- und Mundpartie, ist unverkennbar.

Die nachstehend aufgeführten Aschaffenburger Gemälde stammen, wie die bereits erwähnte ,,Messe des Hl. Gregor", sämtlich aus der Stiftskirche in Halle, die bekanntlich als Lieblingskirche Albrechts Gegenstand eines großzügigen Ausstattungsprogramms gewesen ist. Fast alle Bildtafeln sind in der Zeit zwischen 1520 und 1526 entstanden. Sie blieben nur 15 bis 20 Jahre am Ort ihrer einstigen Bestimmung.

Hier ist zunächst zu nennen die Kreuzigung Christi von Hans Baldung, genannt Grien. Das Gemälde trägt links unten das Stifterwappen Albrechts. Es folgt eine Reihe von weiteren Altargemälen aus der Cranach-Werkstatt: ,,Die Hl. Sippe" (in der Mitte des oberen Bildrandes das Wappen des Stifters), ,,Die Mutter Gottes auf der Mondsichel" (Wappen links unten; der Kopf in der Mondsichel ist vermutlich ein Profilbildnis Albrechts), ,,Das Martyrium des Hl. Erasmus" (Wappen am oberen Bildrand), dem – der Legende nach – bei lebendigem Leibe mit einer Haspel die Gedärme herausgerissen wurden. Ferner die vier Flügel des ,,Pfirt-'schen Altars", darstellend die Heiligen Erasmus, Mauritius, Magdalena und Ursula (Wappen Albrechts auf der Rückseite). Die Darstellung des Hl. Erasmus ist der Erasmus-Mauritius-Tafel von Grünewald verwandt und ebenso wie diese ein Porträt Albrechts.

Immer wieder muß es überraschen, daß Albrecht es wagte, nicht nur sich selbst, sondern auch seine Geliebte, Ursula Redinger, im Heiligengewand malen zu lassen – dazu noch auf Altarbildern. Ebenso erstaunlich ist der Umstand, daß die

Zeitgenossen darin keine Blasphemie erblickten – obgleich doch wohl jedermann nicht nur den Kurfürsten auf dem Bild erkannte, sondern auch die offenbar keineswegs verborgen gehaltene Ursula.

Als sicher gilt, daß Albrechts Gefährtin auf einer der vier Bildtafeln des „Pfirt'schen Altars" dargestellt ist, streitig ist nur, auf welcher. Frühere Autoren haben die Hl. Magdalena für die Redinger gehalten. Dem setzen wir jedoch entgegen, daß des Mädchens Vorname mit Ursula überliefert ist, und daß Albrecht seine Gefährtin auf den zahlreichen anderen Abbildungen stets und ungeniert als Hl. Ursula darstellen ließ. Es ist kein Grund ersichtlich, warum in diesem Falle davon abgewichen worden sein sollte. Wir gehen daher sicher nicht fehl in der Annahme, daß nicht die Hl. Magdalena, sondern die Hl. Ursula des „Pfirt'schen Altars" in Wirklichkeit als die „Schöne Redingerin" anzusprechen ist.

In der Aschaffenburger Staatsgalerie befindet sich übrigens noch eine weitere Abbildung des Paares, und hierauf ist – soweit ersichtlich – bisher noch von niemandem hingewiesen worden. Es handelt sich um die Altartafel „Christus und die Ehebrecherin", ebenfalls aus der Cranach-Werkstatt. Das Gemälde soll ursprünglich in der Stiftskirche zu Halle rechts vom Kreuzaltar seinen Platz gehabt haben. Der Ehemann in seinem pelzverbrämten Gewand trägt eindeutig die Züge Albrechts. Nase, Unterlippe, Augenschnitt, Gesichtsausdruck, ja selbst der leichte „Silberblick" sind unverkennbar. Und vergleicht man die ungetreue Ehefrau mit der Hl. Ursula, so erweist sie sich sogleich als die Ursula Redinger. Wiederum blickt übrigens Albrecht, wie üblich, nach rechts, Ursula nach links. Was mag nun den Erzbischof bewogen haben, sich in dieser Pose mit seiner Gefährtin porträtieren zu lassen? Sollte etwa seine Verbindung dadurch, daß Christus selbst ihm die Freundin zuführt, geheiligt werden? Auf die Erde ist eine kurze hebräische Inschrift gemalt, die in sinngemäßer Übersetzung lautet: „Gott ist mit den Betrübten". Trost für den melancholischen Albrecht? Verzeihung für eine Sünderin? Eindeutiger wäre vielleicht ein Bibelwort, das wir fragmentarisch auf einem zweiten Gemälde: „Christus und die Ehebrecherin", ebenfalls in der Aschaffenburger Staatsgalerie, aus der Hand Lukas Cranachs d. J. (1545), und ohne Porträtierung, finden:

„WER UNTER ... ÜNDE ... '
(„Wer unter Euch ohne Sünde ist, der werfe den ersten Stein").

Wir halten dafür, daß des Erzbischofs Freundin noch auf einem weiteren, in der Aschaffenburger Staatsgalerie aufbewahrten Gemälde dargestellt ist, und zwar auf dem (vielleicht absichtlich) anonym gebliebenen Porträt von Lukas Cranach d. Ä.: „Weibliche Halbfigur mit Federhut". Auch dieses Bild stammt aus Halle. Sieht man von der vagen Möglichkeit ab, daß Cranach d. Ä. und seine sämtlichen Schüler stets einen idealisierten weiblichen Standardtyp, sozusagen ein ,,Gesicht aus der Retorte" ohne realen Bezug gemalt haben, so sind die Ähnlichkeiten, ja Übereinstimmungen zwischen der ,,Dame mit Federhut", der ,,Ehebrecherin" und der ,,Hl. Ursula" so groß, daß allen Bildern nur eine und dieselbe Person Modell gesessen haben kann, nämlich die ,,Schöne Redingerin". Immerhin läßt sich leicht vorstellen, daß Albrecht neben den Kirchentafeln noch weitere Abbildungen, sozusagen zum privaten Gebrauch anfertigen ließ.

In der Sammlung Thyssen-Bornemisza in Lugano-Castagnola fanden wir ein (anonymes) Damenbildnis von Hans Baldung Grien, das eine auffallende Ähnlichkeit mit der Cranach'schen ,,Dame mit Federhut" aufweist. Dies legt die Vermutung nahe, daß wir hier ein weiteres Porträt der Favoritin vor uns haben, zumal andere, nachgewiesene Auftragsarbeiten des Künstlers für Albrecht bekannt sind.

Dagegen wollen wir nicht so weit gehen, auch Cranachs ,,Venus in der Landschaft" (Louvre, Paris) als eine Darstellung der ,,Schönen Redingerin" zu bezeichnen. Jedoch ist dieser Ganzakt ein Beweis für den Umbruch der Zeit: ein solches Gemälde wäre im Mittelalter völlig undenkbar gewesen. Die Renaissance, auch in Deutschland, machte es möglich; Dürer hatte als einer der ersten in Deutschland damit begonnen, den unbekleideten menschlichen Körper naturalistisch abzubilden.

Aus dem unruhigen Jahr 1525 stammt ein weiteres Gemälde von Lukas Cranach d. Ä.: ,,Kardinal Albrecht von Brandenburg als Hl. Hieronymus", das eines der Hauptstücke des Hessischen Landesmuseums in Darmstadt darstellt. Daß sich Albrecht in der Rolle des Hl. Hieronymus abbilden ließ, ist kein Zufall. Denn Albrecht war ja dem Humanismus zugeneigt, und die Humanisten erkannten in dem umfassend gebildeten Kirchenlehrer und Bibelübersetzer eine ihrer Idealgestalten und einen Vorkämpfer für ihr eigenes wissenschaftliches Weltbild. Die Bemühungen des Heiligen um die reine Überlieferung der christlichen Lehre müssen zur Zeit der Reformation von besonderer Aktualität gewesen sein. Auch von Luther gibt es ein Bildnis in der Rolle des Hl. Hieronymus.

Cranach hat bei seiner Darstellung ganz offensichtlich Albrecht Dürers Kupferstich ,,Hieronymus im Gehäus" von 1514 als Vorlage verwandt. Sein Gemälde mutet fast an wie eine leicht abgewandelte Kopie. Jedoch läßt die Qualität deutlich zu wünschen übrig. Es hat den Anschein, daß Cranach die neue Form der zentralperspektivischen Darstellung noch nicht vollkommen beherrschte. Das Bild stellt vermutlich ganz oder teilweise eine Werkstattarbeit dar. Im Gegensatz zu Dürers schlichtem Interieur trug Cranach dem Repräsentationsbedürfnis des Kardinals Rechnung. Er stattete den Raum mit kostbarem Gerät, mit Zinngeschirr und einem kupfernen Wasserbecken, mit Leuchtern, Schalen und goldenen Pokalen aus. Der rote Kardinalshut hat den schlichten Pilgerhut ersetzt. Wertvolle Folianten liegen auf dem Tisch und bekunden des Kardinals Reichtum und Gelehrsamkeit. Die Vergänglichkeitssymbole, wie die Sanduhr an der Wand, treten dagegen zurück. Die Tiere sind keineswegs bloße Staffage, sondern besitzen ihren eigenen Aussagewert im Rahmen der Gesamtkonzeption. Der Löwe gilt als das Attribut des Hl. Hieronymus und zugleich als Sinnbild der Tapferkeit, der Hund steht für Demut und Gehorsam, die Rebhühner für Mäßigung und die Fasanen für Stärke. Allerdings hat Cranach den Löwen nicht, wie Dürer, schlafend dargestellt, sondern er läßt ihn wachsam das Geflügel umschleichen. Die Signatur und die Datierung ,,1525" befinden sich auf der Truhe links unten.

Von ähnlicher Anlage, im Detail etwas weniger ausgeglichen, gibt es eine 1526 datierte, gleich große Variante, die sich heute im Ringling-Museum of Art in Sarasota/Florida, USA, befindet.

Es kann davon ausgegangen werden, daß Cranach die beiden Bilder gemalt hat, während sich Albrecht in seiner damaligen Lieblingsresidenz Halle aufhielt. Denn Cranach lebte und wirkte damals nicht weit von Halle entfernt, nämlich – schon seit 1505 – in Wittenberg als Hofmaler der sächsischen Kurfürsten. Er war ein enger Freund Luthers und hatte als Illustrator lutherischer Schriften wesentlichen Anteil an der Ausbreitung der Reformation. Daß er sich dadurch nicht gehindert sah, Luthers prominenten Widersacher zu verherrlichen, wie auch umgekehrt Albrecht keinen Anstoß an der Person Cranachs gefunden zu haben scheint, ist ein immerhin erstaunliches Faktum, auch ein weiterer Beweis für Toleranz auf beiden Seiten.

Cranach d. Ä. hat im Jahre 1527 Albrecht noch einmal als Hl. Hieronymus gemalt, doch diesmal nicht ,,im Gehäuse", sondern ,,in der Einöde". Das Bild befindet sich heute in der Gemäldegalerie der Staatlichen Museen der Stiftung preußischer Kulturbesitz in Berlin. Albrecht, in der Tracht eines Kardinals, sitzt an einem rohgezimmerten Tisch mitten in der Landschaft und schreibt ein Buch. Um ihn herum sind wieder allerlei Tiere versammelt, darunter der Hase als Sinnbild der Wertlosigkeit und der Biber als Sinnbild der Beharrlichkeit. Im Hintergrund ist ein Kloster abgebildet, eine Kolonne mit schwerbepackten Lasttieren zieht durch die Klosterpforte ein, gefolgt von einem zweiten Löwen.

Eine Variante dieses Bildes – ebenfalls aus dem Jahre 1527, jedoch ohne Kloster, dafür mit Burg und Stadt im Hintergrund – befindet sich im Privatbesitz in Zollikon bei Zürich.

Ein weiteres Porträt aus der Cranach-Werkstatt gehört zum Bestand des Mittelrheinischen Landesmuseums in Mainz. Albrecht ist darauf mit dem roten Kardinalsbiret, aber sonst „in Zivil" dargestellt. In auffälligem Gegensatz zu der schlichten, bürgerlichen Kleidung steht allerdings der reiche Schmuck an Albrechts Händen. Albrecht trägt nicht weniger als 21 goldene, edelsteinbesetzte Ringe. Die grüne Draperie scheint später hinzugefügt worden zu sein; für Cranach typisch ist sonst der blaue Hintergrund.

Im Augustinermuseum zu Freiburg i. Br. wird ein Altarbild von Lukas Cranach d. Ä. aufbewahrt: „Schmerzensmann auf dem geöffneten Grab zwischen Maria und Johannes". Auf der Rückseite befindet sich Albrechts Stifterwappen. Das Bild stammt vom Engel-Altar links vor dem Lettner in der Stiftskirche zu Halle. Es wurde teilweise von Cranach-Schülern gefertigt, worauf Koepplin-Falk sehr anschaulich hingewiesen haben.

Wenig bekannt ist das Gemälde „Geschichte Davids" aus der Hand des Nürnberger Malers und Dürer-Schülers Hans Sebald Beham (1500–1550), heute im Louvre in Paris. Es handelt sich um die Darstellung mehrerer Szenen aus dem Leben des biblischen Königs David. Das Bild ist miniaturartig auf eine Tischplatte

Sebald Beham: Geschichte Davids (bemalte Tischplatte) mit Porträt Albrechts. Louvre, Paris

aufgetragen und höchst originell in vier Dreiecke aufgeteilt, die durch goldene, lanzen-ähnliche Dekorationen abgeteilt werden. Diese Dekorationen sind mit neun Einzelwappen Albrechts geschmückt, 16 weltliche und geistliche Herrschaften Albrechts sind auf kleinen Banderolen genannt. In der Mitte ist das vollständige Wappen abgebildet. Eine der dargestellten Szenen zeigt Bethseba im Bade. David schaut ihr aus einem Fenster seines Palastes zu. Rechts unten lehnt Albrecht an einer Balustrade, umgeben von einem kleinen Gefolge. Um jeden Zweifel über die Person des Stifters auszuschließen, hat Beham unterhalb Albrechts noch eine Inschrift gemalt, die den Kurfürsten mit seinen wichtigsten Titeln nennt. Außer der Stifterinschrift hat auch der Maler selbst sich in einer weiteren Inschrift verewigt, die wie folgt lautet:

    SEBALDUS BEHAM NORIBERGENSIS
    PICTURAM HANC ILLUSTRISSIMO
    PRINCIPI ALBERTO CARD. ARCHIEP.
    MOG. HUIUS ARTIS ALLIARUMQUE
    OMNIUM AMATORI, SUMMA CURA
    PINGENS ABSOLVEBAT ANNO 1534

Sebald Beham: Geschichte Davids (bemalte Tischplatte)
mit Porträt Albrechts (Detail hieraus)

Das Werk soll ursprünglich zur Ausstattung der Mainzer Martinsburg gehört haben und von französischen Truppen geraubt worden sein. Es war später im Besitz des Kardinals Mazarin (1602–1661) und ist in seiner Inventarliste mit 2000 livres Wert aufgeführt.

Entwürfe Behams zu den Darstellungen Albrechts in dessen Pontifikal-Antiphonar (Hofbibliothek Aschaffenburg) befinden sich in Berlin, Stiftung Preußischer Kulturbesitz, Kupferstichkabinett.

Auch Hans Sebald Beham war übrigens ein Parteigänger Luthers. Von ihm stammt ein Holzschnitt: ,,Satire auf das üppige Leben der Mönche", der große Verbreitung fand. 1525 hatte Beham ,,wegen atheistischer und anarchistischer Äußerungen" seine Heimatstadt Nürnberg verlassen müssen, Albrecht hat hieran offensichtlich ebensowenig Anstoß genommen, wie an der lutherischen Parteinahme seiner bevorzugten Maler Cranach und Grünewald.

Für seine Kardinalskirche San Pietro in Vincula stiftete Albrecht eine Pietà von Dürer. Das Gemälde war, einer Stadtbeschreibung Roms von 1703 zufolge, damals noch vorhanden, ist aber inzwischen verlorengegangen.

Als der Mainzer Johannes Gutenberg um 1450 den Buchdruck erfand, – genauer gesagt: die Kunst des Druckens mit beweglichen Lettern – da bedeutete dies den Beginn der modernen Kommunikationstechnik. Denn nun wurde es erstmals möglich, das Wort nicht nur aufs Papier zu bannen, sondern es vor allem in kürzester Frist tausendfach zu vervielfältigen und zu verbreiten. Die Humanisten, Luther und dessen Widersacher, sie alle machten von Gutenbergs Erfindung eifrigsten Gebrauch; ohne sie wäre die Reformation schwerlich zustandegekommen.

Darüberhinaus ruinierte Gutenberg einen ganzen Berufszweig, nämlich die Zunft der mittelalterlichen Buchschreiber und Miniaturenmaler. Auf dem großen Markt der Gebrauchsbücher hatten sie keine Chance mehr. Nur einige wenige unter den Buchmalern – es waren die Besten – konnten sich noch lange Zeit hindurch halten, denn es verblieb eine kleine Zahl von Handschriftenliebhabern – hochgestellte Persönlichkeiten aus Adel und Bürgertum – die besonderen Wert auf handgemalte Bücher legten und auch bereit waren, dafür zu zahlen. Sie gaben zumeist solche Werke in Auftrag, die es wegen der minimalen Auflage ohnehin nicht zu drucken lohnte, zum Beispiel besondere Andachts- und Gebetsbücher, Meßbücher und Ritualien.

Albrecht muß zu den bedeutendsten Handschriftensammlern seiner Zeit gerechnet werden. Diese Tatsache war lange Zeit unbekannt; erstmals Biermanns gründliche Bearbeitung aus dem Jahre 1975 hat darauf hingewiesen. Albrecht gab nicht nur neue Miniaturenhandschriften in Auftrag, sondern er kaufte auch ältere

Werke auf. Seine Sammlung war Bestandteil der Stiftsbibliothek in Halle, die als Grundstock einer Universitätsbibliothek gedacht und eine der größten Deutschlands war. Ein Teil gehörte auch zu einer zweiten Bibliothek, die Albrecht in Halle zu seinem persönlichen Gebrauch eingerichtet hatte.

Insgesamt 16 wertvollste Miniaturenhandschriften aus Albrechts Besitz sind bis heute – vollständig oder fragmentarisch – erhalten, davon der größte Teil in der Hofbibliothek zu Aschaffenburg. Weitere Stücke befinden sich in Mainz, Aachen, München, Bamberg, Kassel, Wien, Modena und Oxford. Sie enthalten hunderte von Vollbildern, Initialbildern und Randminiaturen. Darunter befinden sich mehrere Porträts Albrechts, auch Szenen aus seinem geistlichen Alltag, zum Beispiel: ,,Der Kardinal bei der Fronleichnamsprozession", ,,Der Kardinal bei der Vorbereitung zur Messe", ,,Der Kardinal im Gebet". Albrechts Wappen als Besitzzeichen ist – meist im Vorsatz – regelmäßig abgebildet. Die beiden, in Aschaffenbrug aufbewahrten Gebetbücher tragen jeweils auf der ersten Seite ein Exlibris von Albrechts eigener Hand.

Albrecht erteilte seine Miniaturenaufträge hauptsächlich an zwei der bekanntesten und leistungsfähigsten Buchmaler-Ateliers nördlich der Alpen: die Brügger Bening-Werkstatt und die Nürnberger Familie Glockendon. Einzelne Aufträge gingen auch an Hans Sebald Beham, der uns bereits als Maler begegnet ist, an die Cranach-Schule in Wittenberg, sowie an den Rankenmaler Georg Stierlein. Darüberhinaus hat Albrecht vermutlich in Halle ein eigenes Skriptorium unterhalten, das mit der handwerklichen Anfertigung von Texten beschäftigt wurde.

Im Zusammenhang mit Albrechts jahrelangen Beziehungen zu Simon Bening in Brügge steht seine bedeutende Sammlung von Teppichen und Gobelins, die überwiegend aus niederländischen Stücken bestand. Einer von Albrechts Abgesandten, die zwischen 1520 und 1528 mehrfach in den Niederlanden Teppiche aufkauften, war übrigens jener Magdeburger Hans von Schönitz, den Albrecht später wegen Unterschlagung öffentlicher Gelder hinrichten ließ. Leider ist – soweit ersichtlich – bisher keine Arbeit erschienen, die sich mit dieser Sammlung und den verbliebenen Stücken befaßt. Wir konnten lediglich die beiden Wandteppiche lokalisieren, die sich heute im Mainzer Dom- und Diözesanmuseum befinden. Sie tragen beide Albrechts Wappen und gelten als ehemalige Bestandteile der Halle'schen Sammlungen.

Hans von Schönitz ist viele Jahre hindurch als Einkäufer und Finanzexperte des Kardinals tätig gewesen, 1523–32 baute er sich in Halle ein prunkvolles Stadtpalais, das ,,Haus zum Kühlen Brunnen", das bis heute großenteils erhalben blieb. Neben ihm gehörte der Maler Simon von Aschaffenburg zu Albrechts engsten Mitarbeitern. Er scheint als eine Art künstlerischer Betreuer und Bauleiter tätig gewesen zu sein.

Ein Kunstwerk eigener Art stellt die aufwendige Gedächtnisanlage für Albrecht dar, die sich heute in der Aschaffenburger Stiftskirche befindet. Es ist eines der ganz wenigen Bronze-Grabmäler, die aus früheren Jahrhunderten erhalten geblieben sind und stammt aus der berühmten Nürnberger Werkstätte der Hans und Peter Vischer. Die Anlage besteht aus drei Teilen: einem prunkvollen, reichverzierten Bronze-Baldachin, rechts davon, jetzt in die Wand eingelassen, der Epitaph Albrechts von Peter Vischer dem Jüngeren und links davon als Gegenstück eine ,,Mutter Gottes im Strahlenkranz" von Hans Vischer. Beide Reliefplatten sind ebenfalls aus Bronze. Der Baldachin trägt einen vergoldeten Reliquien-Schrein, den bereits früher erwähnten ,,Margareten-Sarg". Das Grabmal, von Albrecht schon zu seinen Lebzeiten in Auftrag gegeben, stand ursprünglich in der Stiftskirche zu Halle.

Es wird angenommen, daß Albrecht während des Nürnberger Reichstages 1523 mit den Vischers in Berührung kam und bei dieser Gelegenheit den Entschluß faßte, sich dort ein Grabmal zu bestellen. Er berief einen der Söhne Vischer nach Halle, um die Einzelheiten festzulegen. Die Bronzeplatte mit dem Bildnis des Kardinals wurde bereits in dem Schicksalsjahr 1525 vollendet, die zweite Reliefplatte trägt die Jahreszahl 1530, der Baldachin die Jahreszahl 1536. Ob die Vischers hierfür eigene Porträtstudien angestellt haben, ist nicht sicher. Möglicherweise haben sie Dürers Porträt ,,Der große Kardinal" als Vorlage benutzt. Auf der Inschrifttafel gibt Albrecht sein Todesjahr und Todesalter an. Diese Daten sind später eingemeißelt worden. Weitere Teile der Inschrift wurden später geändert durch Entfernen vorhandener und Aufnieten neuer Buchstaben so z. B. ,,fundator" (Gründer) in ,,amator" (Verehrer). Diese Änderungen wurden erforderlich durch die Verbringung des Grabmals von Halle nach Aschaffenburg. So war Albrecht ja der Gründer der Stiftskirche in Halle, aber nicht der in Aschaffenburg. Das Grabmal konnte noch rechtzeitig vor dem großen Ausverkauf im Zuge der Reformation aus Halle fortgeschaft werden. Seine ihm zugedachte Funktion hat es nie erfüllt. Bekanntlich wurde Albrecht weder in Halle, noch in Aschaffenburg bestattet, sondern in Mainz.

Ein ähnliches Monument, ebenfalls aus der Vischer-Werkstatt, jedoch für die Reliquien der unschuldigen Kinder bestimmt, soll Albrecht für den Mainzer Dom haben anfertigen lassen. Es habe seinen Standort hinter dem Hochaltar gehabt und sei in der französichen Revolutionszeit zugrunde gegangen.

Auch als Bauherr betätigte sich Albrecht, jedoch nur in vergleichsweise geringem Umfang. Bemerkenswert ist, daß er – im Gegensatz zu anderen Fürsten seiner

Zeit – keine prunkvollen Schlösser errichten ließ. Seine Bauten hatten entweder sakralen Charakter oder waren reine Zweckbauten. Der Schwerpunkt seiner Bautätigkeit lag in Halle. Hier ließ er die ehemalige Dominikanerkirche zur Stiftskirche umbauen und ausschmücken, den Marktplatz neu anlegen, die Universitätsgebäude (den „Neuen Bau") und ein Rathaus errichten, die Moritzburg ausbauen und ihre Befestigungen verstärken. Albrechts Wappen findet sich in Halle zum Beispiel noch eingemauert über dem kleinen Portal des Osttorturms der Moritzburg, im sogenannten Kardinalszimmer des Dompredigerhauses und über dem Fußgängereingang der Residenz.

In Schönthal bei Aschaffenburg wurde 1543/44 die Heilig-Grabkirche als Bestandteil eines Beginenklosters auf Albrechts Anweisung gebaut; die Kirche ist heute nur noch als Ruine erhalten.

In Mainz ließ Albrecht die Domsakristei vergrößern – wovon sein Wappen zeugt – und eine große Schatzkammer mit zwei Eingängen zur Aufnahme der Halle'schen Heiltümer einbauen.

Zum Schutz der Stadt Mainz wurde auf Albrechts Befehl im Jahre 1527 am Rhein eine zusätzliche Festungsbatterie angelegt, die noch im 19. Jahrhundert vorhanden war.

Von besonderem Wert ist der Mainzer Marktbrunnen, den Albrecht im Jahre 1526 zum Gedenken an die Schlacht bei Pavia und die Niederschlagung des Bauernaufstandes errichten ließ. Seit der Neugestaltung der Domplätze (1975/76) ist der Brunnen wieder an seinem alten Standort. Gleichzeitig wurden die Steinmetzarbeiten vorzüglich restauriert und die Bemalung erneuert. Es handelt sich – nach der 1510–1517 erbauten Fugger-Kapelle in Augsburg – um das früheste Baudenkmal Deutschlands im Renaissance-Stil und zugleich um einen der ganz wenigen, noch erhaltenen Brunnen dieser Epoche. „Mit seinen höchstmodernen oberitalienischen Architekturmotiven (Pilastern auf Postamenten und Architraven), seiner arabesken und grotesken Dekoration an Pilastern und baldachinartiger Bedachung, mit seinem ganzen sinnbildhaften Schmuckgewand kann der Mainzer Marktbrunnen mit den ersten deutschen Renaissance-Denkmälern konkurrieren." Diese Charakterisierung stammt von Irnfriede Lührmann-Schmid, der wir einen besonders gründlichen Kommentar zu dem symbolischen Gehalt und dem ikonographischen Programm des Brunnens aus neuerer Zeit verdanken.

Lührmann-Schmid hat auch glaubhaft gemacht, daß der Brunnen nicht von dem Nürnberger Bildhauer Peter Flötner stammt, sondern von dem Mainzer Backoffen-Schüler Peter Schro. Dessen Sohn Dieter Schro ist der Schöpfer des Albrecht-Grabmals im Mainzer Dom. Während die späteren Mainzer Brunnen (Neubrunnen und Tierbrunnen) Laufbrunnen mit eigens dazu angelegter Wasserleitung sind, ist der Marktbrunnen ein Grundwasser-Ziehbrunnen.

Der Brunnen zeigt zwei lateinische Inschriften. Sie lauten:

„DIVO KAROLO V CAESARE SEMP. AUGUS. POST VICTORIA GALLICAM REGES IPSO AD TICINUM SUPERATO AC CAPTO TRIUMPHANTE FATALIQ RUSTICORUM PER GERMANICUM CONSPIRATIONEM PROSTRATA. ALBER. CARD. ET ARCHIEP. MOG. FONTEM HUNC VETUSTATE DILAPSUM AD CIVIUS SUORUM."

„ACCIPE POSTERITAS HAEC QUAE MONUMENTA PARAVIT ALBERTUS PRINCEPS CIVITUS IPSE SUIS QUOSAMAT EX ANIMO CUSTOS AMBITOR HONESTI UTO VAE VICES REDDANT SEMPER AMORE CUPIT."

Der Text lautet zu deutsch:

„Dem erlauchten Kaiser Karl V., allzeit Mehrer des Reichs, zu Ehren, der nach dem Sieg über die Franzosen deren König am Tessin überwunden und gefangen hat, und nachdem die unselige Bauernverschwörung in Deutschland vernichtet war, hat Albrecht, Kardinal und Erzbischof von Mainz, diesen durch Alter verfallenen Brunnen zum Gebrauche seiner Bürger und deren Nachkommenschaft wiederherstellen lassen."

„Empfange, Nachwelt, was Albrecht, der Fürst, seinen Bürgern schenkte, die er als eifriger Beschützer des Ehrwürdigen liebt und immer lieben wird, damit sie Liebe mit Liebe vergelten mögen."

Der Brunnen trägt zweimal das Wappen Albrechts, ferner die Wappen des Domkapitels und des Erzbistums, sowie auf seiner Spitze eine Madonna, die vermutlich eine spätere Zutat darstellt. Ursprünglich war die Brunnenspitze wohl mit einer Fahne geziert, wie wir das von anderen Brunnen aus der Zeit der Gotik und der Renaissance kennen. Auf dem Baldachin des Brunnens sind ferner drei Bischofsfiguren aus der Entstehungszeit angebracht: St. Bonifazius, St. Martin und St. Ulrich. Bonifazius ist der Patron des Mainzer Erzbistums gewesen, der Hl. Martin ist noch heute der Patron der Mainzer Domkirche. St. Ulrich hat zu Mainz keinen Bezug, fungiert aber als Augsburger Kirchenpatron; möglicherweise ein Hinweis auf Albrechts Beziehungen zu den Fugger in Augsburg. Auf das ikonographische Programm des Brunnens wurde bereits in einem früheren Kapitel eingegangen.

In der Stiftskirche zu Halle befinden sich weitere, sehr bedeutende Werke der Bildhauerkunst, die auf Albrecht zurückgehen. Hier ist in erster Linie zu nennen der Pfeilerfiguren-Zyklus, ebenfalls von Peter Schro; ein plastisches Programm von hervorragender Qualität. Es handelt sich um (ursprünglich) 18 Figuren, angefangen vom Salvator Mundi über die Apostel bis zu den Patronen der Kirche. Eingestellt sind kleinere Figuren der 14 Nothelfer. Dem Hl. Erasmus hat der Bildhauer die Züge Albrechts gegeben, und es ist sicherlich kein Zufall, daß diese Figur ausgerechnet gegenüber der Hl. Ursula aufgestellt wurde.

Albrechts Bildnis, ausnahmsweise in der Rolle des Hl. Ambrosius, sieht ferner von der Kanzel der Stiftskirche herab.

Auch das Chorgestühl in der Stiftskirche, im Auftrag Albrechts hergestellt, ist noch erhalten geblieben. Dort befindet sich ferner eine künstlerisch hochwertige, steinerne Weihetafel. Diese, wiederum von der Hand des Mainzer Hofbildhauers Peter Schro, enthält eine konfrontierende Darstellung der Hl. Ursula und des Hl. Erasmus. Im „Halle'schen Heiltumsbuch" ist ein weiteres Beispiel für die Beziehungen des Erzbischofs zu der „Schönen Redingerin" aufgeführt: ein inzwischen untergegangener 14-Nothelfer-Altar, auf dem ebenfalls der Hl. Erasmus mit der Hl. Ursula und ihnen gegenüber der Hl. Mauritius und die Hl. Magdalena abgebildet waren. Hierzu muß man wissen, daß Albrecht sich mit dem Hl. Erasmus nicht nur aus Verehrung für den Humanismus und ihren vornehmsten Vertreter, Erasmus von Rotterdam, mit Vorliebe identifizierte, sondern daß der Hl. Erasmus auch als Schutzpatron der brandenburgischen Hohenzollern, also als eine Art Familienheiliger fungierte. Daher war auch die Kapelle in dem Berliner Schloß dem Hl. Erasmus geweiht.

In einem anderen Halle'schen Gotteshaus, in der Marktkirche, befindet sich noch heute der 1529 von Albrecht gestiftete Flügelaltar aus der Cranach-Werkstatt. Er zeigt in geöffnetem Zustand auf der Mitteltafel ein Bild Albrechts, die Mondschein-Madonna verehrend, auf den feststehenden Flügelseiten ist wiederum der Hl. Erasmus mit der Hl. Ursula dargestellt. Es handelt sich um einen der ganz wenigen, kompletten und am ursprünglichen Aufstellungsort erhalten gebliebenen Altäre des 16. Jahrhunderts.

In der Magdalenen-Kapelle der Moritzburg zu Halle finden wir noch eine zweite Weihetafel. Auch hier ist Albrecht durch sein Wappen als Stifter ausgewiesen. Die Patrone der beiden Erzstifte Mainz und Magdeburg, die Heiligen Martinus und Mauritius, sind als Wappenhalter dargestellt. Diese Weihetafel ist ebenfalls ein Werk von Peter Schro. Sie muß noch vor 1518 entstanden sein, denn es fehlt der Kardinalshut unter den Insignien Albrechts.

Über dem Hauptportal der Moritzburg hat sich eine Statue der Hl. Katharina erhalten, die der Mainzer Backoffen-Schule – nach neueren Forschungen sogar Hans Backoffen selbst – zugeschrieben wird und sich dadurch ebenfalls als eine Stiftung Albrechts ausweist.

Darüber hinaus ist von den Kunstschätzen, mit denen Albrecht seine Lieblingsresidenz Halle so verschwenderisch ausstatten ließ, nichts mehr am Ort verblieben.

In Mainz hat Albrecht an plastischen Kunstwerken außer dem Marktbrunnen nur ein einziges sakrales Bildwerk hinterlassen, das Grabmal für seinen Vorgänger, den Erzbischof Uriel von Gemmingen (†1514) im Mainzer Dom von Hans Backoffen. Albrecht folgte damit einem Jahrhunderte hindurch in Mainz geübten Brauch, wonach der jeweilige Erzbischof seinem Vorgänger ein prunkvolles Grabmal stiftete. Unter der Fußplatte ließ Albrecht als Widmungsschrift einmeißeln:
„Dem Verstorbenen hat sein Nachfolger, Albrecht, Markgraf von Brandenburg, Erzbischof von Mainz (dies Denkmal) gesetzt".

Es handelt sich um einen damals neuen Typus der Mainzer Grabplastik, ein Werk des Übergangsstils: spätgotische und Renaissanceformen sind gemischt.

Den reinsten Renaissance-Stil verkörpert dagegen Albrechts eigenes Grabmal, von seinem Nachfolger Sebastian von Heusenstamm aus Mitteln von Albrechts Nachlaß gestiftet und von Dietrich Schro geschaffen. Nicht mehr Christus am Kreuz ist hier – wie noch beim Gemmingen-Epitaph – die beherrschende Gestalt, sondern der Verstorbene selbst. Im Glanz seiner Insignien, um die Schultern das doppelte Pallium, steht hier der Erzbischof mit beiden Beinen fest auf der Erde. Demut wurde hier durch Repräsentation, Anbetung durch Selbstgefühl ersetzt.

Es muß davon ausgegangen werden, daß Albrecht auch Münzen in großer Zahl schlagen ließ, einmal als Zahlungsmittel, zum andern sicherlich auch zu Schmuck- und Gedenkzwecken. Jedoch hat sich hiervon nur wenig erhalten. Über einen relativ großen Bestand verfügt das Stadtarchiv (Städtisches Münzkabinett) in Mainz. Dort sind vierzehn Dicktaler aus den Jahren 1524–1542 vorhanden, ferner eine kleine Silbermünze von 1525. Sofern diese Münzen für das Erzbistum Magdeburg geprägt wurden, zeigen sie Albrechts Bildnis. Das Stadtarchiv Mainz besitzt ferner vierzehn Medaillen des Kardinals, die sämtlich sein Porträt zeigen. Es sind meist zeitgenössische Stücke, einige können auch spätere Nachgüsse oder Nachprägungen sein. Das Porträt erscheint teils wie auf den Magdeburger Talern, teils auch in abgewandelter Form. Das Material ist Silber, Bronze, auch mit Vergoldung, die Qualität sehr gut. Außer den Originalmedaillen besitzt das Kabinett noch eine große Anzahl von Gipsabgüssen, zum Teil mit wieder anderen Porträtformen.

Einen Doppeltaler von 1524 mit Albrechts Bildnis konnten wir im Besitze der American Numismatic Society, New York, feststellen.

Im Münzkabinett des Hess. Landesmuseums in Darmstadt befindet sich ein silberner Reichstaler mit der Bildnisbüste Albrechts, seinem Wappen und Kardinalshut. Die Umschrift auf der Vorderseite des Talers lautet: DOMINUS MIHI

ADIUTOR QUEM TIMEB, auf der Rückseite: ALBERT. CARD. ARCHIE. MAGD.

Dortselbst wird ferner ein Goldgulden aufbewahrt, der auf der einen Seite den segnenden Heiland auf dem Thron und auf der anderen Seite in doppeltem Dreipaß das Wappenschild von Mainz, Magdeburg, Halberstadt und Brandenburg zeigt, sowie an den Ecken die Wappen von Köln, Trier und Pfalz-Bayern.

Die im Auftrag Albrechts geprägten Münzen bewahren unverkennbar den Ausdruck einer damals in der Stempelschneidekunst schon weit vorgeschrittenen Technik, die wesentlich durch die Werkstatt Vischer in Nürnberg beeinflußt wurde.

Doppeltaler mit Albrechts Porträt

Eine Mitra aus Albrechts Besitz, deren Vorhandensein noch May um die Mitte des vorigen Jahrhunderts in der Hofkapelle der Münchner Residenz bestätigt, ist inzwischen verschwunden.

Dafür konnte aber Albrechts Mainzer Bischofsstab wiedergefunden werden. Er ist heute im Statens Historiska Museum in Stockholm (früher im National-Museum Stockholm) und gilt als früherer Bestandteil des Mainzer Domschatzes. Der Überlieferung nach wurde er von den Schweden während des Dreißigjährigen Krieges (1631) geraubt. Die Wappen der Bistümer Mainz, Magdeburg und Halberstadt, das Familienwappen und die Jahreszahl 1539 weisen den Bischofsstab eindeutig als einen Gebrauchs- und Prunkgegenstand Albrechts aus.

Das Bayerische Nationalmuseum in München bewahrt ein Hausaltärchen aus Albrechts Besitz, das als Bestandteil des Halle'schen Heiltums registriert und gesichert ist. Es handelt sich um eine italienische Arbeit aus der Zeit um 1500. Das Mittelteil aus Holz, mit aus Muscheln geschnittenen Ornamenten und Figuren überkleidet, von Perlen und Granaten umrahmt, zeigt Darstellungen aus dem Leben Christi und der Apostel. Die Seitenflügel mit perlenbestickter Verkündigung befinden sich im Museum Schloß Raudnitz (CSSR).

Albrechts Reliquienverehrung dokumentiert sich unter anderem durch einen Reliquienkalender, heute zu sehen im Stiftsmuseum in Aschaffenburg. Es handelt sich um ein Reliquiar in Buchform. Im Innern ist anstelle der Blätter eine Holzkonstruktion ausgeführt, die in zahlreichen Einzelfeldern kleine Säckchen mit Knochenpartikeln der Märtyrer enthielt. Die Einzelfelder sind nach den Monaten und Tagen des Jahres aufgeteilt.

Schließlich gehört zum Bestand des Aschaffenburger Stiftsmuseums das berühmte Schachbrett, eine italienische Arbeit, vermutlich aus dem 13. Jahrhundert, das von Albrecht erworben und dem Stift St. Peter und Alexander in Aschaffenburg geschenkt wurde. Es ist eines der ältesten erhaltenen Schachbretter überhaupt, kunstvoll ausgeführt in Emaille- und Goldschmiedearbeit.

Von Albrechts drei Residenzen hat nur noch die Moritzburg in Halle die Jahrhunderte überdauert. Während des Dreißigjährigen Krieges, 1637, brannte sie allerdings vollständig aus. Der letzte Administrator des Bistums Halberstadt, Herzog August von Sachsen, ließ 1648 die Schloßkapelle wieder herstellen. Im 19. Jahrhundert diente die Anlage zeitweise als Kaserne, 1902 wurde die Moritzburg teilweise zum Museum, als staatliche Galerie Moritzburg auf- und ausgebaut.

Albrechts Residenz in Mainz, die Martinsburg, war eine gotische Wasserburg, 1478–81, also vor Albrechts Regierungszeit, am Rheinufer errichtet und zwar unmittelbar vor dem (äußerlich erhalten gebliebenen, erst 1627 begonnenen) Renaissance-Schloß. Die Martinsburg wurde 1807 nach dem Ende des Kurstaates abgebrochen. Das Material hat man anderweitig verbaut, u. a. für die Kaimauern. Lediglich Fundamentreste sind heute noch zu sehen.

Albrechts Residenz in Aschaffenburg war nicht der heutige, nach schwersten Kriegsschäden wieder erstandene fünftürmige Renaissancebau – dieser entstand erst unter einem späteren Nachfolger Albrechts, dem Kurfürsten Johann Schweikhard von Kronberg (1604–1626) – sondern stellte einen uneinheitlichen, im Laufe der Jahrhunderte gewachsenen Baukomplex von unregelmäßigem Grundriß dar. Die Ansicht von der Mainseite ist durch eine Zeichnung Hirschvogels (1485–1553) überliefert. Die alte Anlage wurde im Schmalkaldischen Krieg 1552, also sieben Jahre nach Albrechts Tod, niedergebrannt, und zwar durch einen seiner entfernten Verwandten, den Markgrafen Albrecht Alcibiades von Brandenburg-Kulmbach. Nur der mächtige Bergfried blieb als einziges Relikt der mittelalterlichen Burg bis heute erhalten.

Zum besseren Verständnis sei noch eine Erläuterung der immer wiederkehrenden Albrecht'schen Wappen angefügt. Albrecht legte, dem Brauch seiner Zeit entsprechend, offenbar großen Wert darauf, daß sein Wappen nicht vergessen wurde. Das Wappen diente als Hinweis auf Albrechts edle Abkunft. Es hatte aber auch die Funktion, Albrechts Eigentumsrechte oder zumindesten seine Stiftereigenschaft zu dokumentieren. Bezeichnenderweise wurde gelegentlich Albrechts Wappen entfernt und durch das Wappen des neuen Eigentümers ersetzt, wenn ein Kunstwerk in andere Hände überging.

Die vollständigste Sammlung von Albrechts Wappen stammt von der Hand Nikolaus Glockendons in dem Missale Kardinal Albrechts, das sich heute im Stiftsmuseum zu Aschaffenburg befindet.

Die durch die Wappenschilde angezeigten Titel wurden nach Albrechts Tod durch seinen Neffen, den Kurfürsten von Brandenburg, allein weitergeführt und vererbt, da Albrecht bis zuletzt dem geistlichen Stande treu blieb und ohne legitime Nachfolge starb. Auch von illegitimen Kindern ist nichts bekanntgeworden.

Aus der Reihenfolge, in der die drei Bistumswappen dargestellt sind, kann man im allgemeinen schließen, für welche Diözese das betreffende Werk bestimmt war. Normalerweise wird wegen der herausragenden Bedeutung des Mainzer Erzbistums das Mainzer Rad zuerst abgebildet. Ist aber das Magdeburger Wappen an die erste Stelle gerückt, so läßt sich mit einiger Sicherheit annehmen, daß Halle oder Magdeburg als Aufbewahrungs- oder Verwendungsort vorgesehen war.

Albrecht verwendete mehrere Wappen, zum Beispiel solche mit zehn, zwölf, sechzehn und schließlich das größte Wappen mit rund dreißig Feldern. Ob Albrecht zur Führung aller Einzelwappen tatsächlich berechtigt war, ist zweifelhaft.

Möglicherweise wurden auch einige Wappen hinzugenommen, die noch keinen Besitzstand, sondern erst einen Besitzanspruch dokumentieren sollten.

Die Wappen lassen sich in drei Gruppen einteilen:
1) Die Wappen der geistlichen Fürstentümer Albrechts,
2) Die Wappen der mittel- und norddeutschen Besitztümer der Brandenburger,
3) Die Wappen der süddeutschen Besitzungen aus der Zeit, als die Hohenzollern noch ausschließlich in ihrer Heimat Franken saßen.

Dem Wappen unterlegt sind für gewöhnlich das Bischofskreuz und der Krummstab als Zeichen der kirchlichen, das Schwert als Zeichen der weltlichen Macht, darüber (ab 1518) der Kardinalshut.

Im einzelnen handelt es sich – soweit definierbar – um folgende Wappenzeichen, wobei alle Tiere nach links gewendet sind, und Gelb die Bedeutung von Gold, und Weiß die Bedeutung von Silber hat:

1) weißes, sechsspeichiges Rad auf rotem Grund: Erzbistum Mainz
2) Rot und Weiß quergestellt: Erzbistum Magdeburg
3) Weiß und Rot längsgespalten: Bistum Halberstadt
4) schwarzer Löwe mit roter Krone und doppeltem Schweif auf gelbem Grund, innerhalb eines von Weiß und Rot sechzehnfach gestückten Randes: Burggrafschaft Nürnberg
5) roter Adler mit gelben Kleestengeln, Schnabel und Fängen auf weißem Grund: Markgrafschaft Brandenburg
6) je ein roter Greif mit gelbem Schnabel und Fängen auf weißem Grund: Herzogtum Stettin und Herzogtum Pommern
7) ein von Rot und Grün dreimal (vier Plätze) quergestellter Greif auf weißem Grund: Herzogtum der Kassuben
8) ein von Grün und Rot dreimal quergeteilter Greif auf weißem Grund: Herzogtum der Wenden
9) Schwarzer Löwe mit roter Krone auf gelbem Grund, wachsend aus einer schwarzen Mauer mit rotem Stufengiebel: Fürstentum Rügen
10) Schild von Weiß auf Schwarz geviert: Grafschaft Zollern (später das Wappen Preußens und, zusammen mit dem Weiß-Rot der Hansestädte die schwarz-weiß-rote Flagge des Zweiten Deutschen Kaiserreichs).
11) wachsender silberner Greif in Rot über blausilbernem Schach: Herzogtum Wolgast
12) roter Greif mit grünen Flügeln nach links auf Silber: Herzogtum Crossve
13) schwarzer Adler auf goldenem Feld: Herzogtum Crossen
14) silberner Löwe und Adler übereinander nach links auf Blau: Herzogtum Meranien

15) silberner Fischgreif in Rot: Herzogtum Usedom
16) grünsilbern, sechsfeldig geschachter Schild: Grafschaft von der Osterburg
17) goldenes, zinnenbewehrtes Tor mit zwei Türmen und rotem Adlerwappen auf Gold: Grafschaft Arneburg
18) Schild gespalten, rechts: roter Krebs auf Silber, links: gespalten, rechts: rote Sparren auf Silber, links: schwarzer Halbadler auf Gold: Grafschaft Rowitz
19) rotes, zinnenbewehrtes Tor mit zwei Türmen und silbernem Wappen mit drei roten Punkten aus Silber: Grafschaft Karlsburg
20) rot-silbern quartierter Schild: Grafschaft Castell
21) senkrechtstehender silberner Schlüssel über goldenem Dreiberg vor rotem Grund: Grafschaft Schlüsselburg
22) gold-rot, zweifach quergeteilter Schild: Grafschaft Hohentruhendingen (Wassertrühdingen)
23) senkrecht geteilter Schild, rechts: schwarzer Halbadler auf Silber, links: zwei Reihen silberner Mauerzinnen übereinander auf Rot: Grafschaft Kahlerstein
24) goldener Greif in Blau: Herrschaft Rostock
25) rotes Schrägkreuz mit je einer roten Rose in den Winkeln in goldenem Feld: Herrschaft Gutzkow
26) goldbewehrter silberner Adler in Rot: Herrschaft Ruppin
27) in drei Reihen silbern-rot geschachter Schrägbalken auf Gold: Herrschaft Fus
28) dreifach schräggeteilter Schild von oben: Blau, Silber und Rot: Herrschaft Dornberg
29) steigender schwarzer Löwe auf Gold über roter Mauer mit drei Zinnen: Herrschaft Feuchtwangen
30) zwei schwarze Löwen nach links übereinander auf Silber: Herrschaft Braunecken
31) silberner Flügel auf Blau: Herrschaft Fliegling (Flügling)
32) senkrecht geteilter Schild, rechts: Silber, links: goldener Sparren auf Schwarz: Herrschaft Grunlach (Gründlach)
33) rotes Feld (später damasziert): Hoheits- oder Blutbannschild als Zeichen der hohen Gerichtsbarkeit über Leben und Tod.

XVI.
SCHLUSSBETRACHTUNG

Schlußbetrachtung

Als Luther am 31. Oktober 1517 seine 95 Thesen wider den Ablaß an die Tür der Schloßkirche zu Wittenberg anschlug, geriet die Welt in Bewegung. Der zornige Mönch rüttelte an den Fundamenten, und niemand anderes hatte ihn dazu herausgefordert, als der Kardinal Albrecht von Brandenburg mit seiner Ablaßkampagne. In dieser weltgeschichtlichen Stunde standen sich die beiden Männer erstmals gegenüber, der Bergmannssohn aus Eisleben und der Fürstensohn aus Berlin. Größere Widersprüche in Herkunft, Charakter, Bildung und Aussehen lassen sich kaum denken. Doch so oft die beiden Männer noch im Laufe der folgenden Jahrzehnte aufeinandergeprallt sind – sie wurden niemals unversöhnliche Feinde. Beide verwendeten Jahrzehnte, ja ihr ganzes Leben darauf, den Geist der neuen Zeit in den Griff zu bekommen, Luther als der lauthals polternde Revolutionär, Albrecht als der klug taktierende Diplomat. Am Ende sind beide gescheitert: Luthers Dreinschlagen bewirkte nicht die von ihm eigentlich gewollte reformatio capitis et membrorum, also die Neuordnung der katholischen Kirche, sondern eine Glaubensspaltung, die Entstehung von zwei abendländischen christlichen Kirchen, die sich bis aufs Messer bekämpften. Die Rivalität im Glauben spaltete darüberhinaus die deutsche Nation in zwei erbittert verfeindete Lager – der Kirchenspaltung folgte die nationale Zerrissenheit. Luthers mißglückte Reformation ist eine der Hauptursachen dafür, daß die Einigung der Deutschen erst mit einer Verspätung von drei Jahrhunderten zustande kam. Erst Bismarck gelang im Jahre 1871 das schier Unmögliche: ein Deutsches Reich mit Katholiken und Protestanten. Doch wäre ihm dies ohne den Laizismus, ja die verbreitete Areligiosität des späten 19. Jahrhunderts niemals gelungen. Für die Deutschen war das richtige Gebetbuch nun nicht mehr so ausschlaggebend, daher konnten sie endlich geeinigt werden.

Luther hat, wie Stefan Zweig es zutreffend ausdrückt, ,,aus seinen Werken mehr Weltgeschehen geschaffen, als er selber gewollt". Die Bauern, die Schwarmgeister, die Wiedertäufer, sie alle sammelten sich im Namen des Evangeliums zum Aufruhr gegen Kaiser und Reich. Noch ein Jahrhundert später zerfleischt sich die Nation im Glaubensstreit, kämpfen im Dreißigjährigen Krieg Katholiken gegen Protestanten, werden ganze Landstriche Europas nachhaltig verwüstet.

Das alles hat Luther nicht gewollt. Luthers Ziel war nicht das Chaos, die Unordnung. ,,Er wollte Ordnung, ja noch mehr Ordnung als zuvor" (Stefan Zweig) – und mußte doch mit fortschreitendem Alter einsehen, daß er gerade dies nicht erreicht hatte. So flüchtete sich Luther in die Resignation, zog sich zurück auf die private Idylle des evangelischen Pfarrhauses, Frau Käthe, die Kinder, auf das Dichten von Gebeten und Kirchenliedern, auf die Seelsorge, auf deftige Geselligkeit. Auch seine Sprache wird gemäßigter. Die Ausfälle und Schmähungen – so grob sie auch bleiben mögen – werden seltener. Am Ende des Schicksalsjahres 1525 erscheint Luthers letzte bedeutende Abhandlung, das Buch: ,,De servo arbitrio", ,,Vom unfreien Willen", eine Schrift gegen Erasmus von Rotterdam übrigens. Ein Werk der Reife, aber auch ein Werk der Selbstaufgabe. Der ,,freie Wille des Menschen" sei eine Illusion; und so sehe die Wirklichkeit aus: Gott und Teufel streiten sich um die Seele des Menschen; bleibt Gott Sieger, so erwartet den Menschen ewiger Friede, siegt der Teufel, so bleibt das Opfer der Sünde und dem Verderben überlassen. Vom Haß ist die Rede, sogar vom Haß Gottes gegen den Menschen. Der menschliche Wille stehe hilflos wie ein Lasttier zwischen Gott und Teufel; von jedem der beiden könne er bestiegen oder ,,besessen" werden. Das klingt nicht wie die Fanfare des Triumphators, sondern eher wie die herbe Schalmei des Enttäuschten.

Aber auch Albrecht war am Ende seines Lebens ein Gescheiterter. Ihm, dem einst mächtigsten Kirchenfürsten nördlich der Alpen, dem Primas der katholischen Kirche Deutschlands, war es nicht gelungen, die Einheit des Glaubens und der Kirche zu erhalten. Nahezu ohnmächtig hatte er mit ansehen müssen, wie fast die Hälfte Germaniens protestantisch wurde. Die Kirchenprovinz Magdeburg und das Bistum Halberstadt mußte er den Lutheranern überlassen und damit auch eine schmerzliche Verringerung seiner weltlichen Macht hinnehmen. Er hatte, wie Luther, nichts weniger gewollt, als ein Glaubensschisma. Auch sein Ziel war die Erneuerung der Una Sancta Ecclesia gewesen, doch nicht im evangelischen, sondern im humanistischen Geist. Auch daraus war nichts geworden. Die führenden Humanisten, allen voran Erasmus und Reuchlin, konnten sich gegen die Scholastik und die Verweltlichung der katholischen Kirche nicht durchsetzen. Am Ende resignierten sie und mußten noch froh sein, nicht als Ketzer auf dem Scheiterhaufen zu landen. Und das geistige Klima des Katholizismus wurde, als Albrecht arm und verbittert die Augen schloß, nicht beherrscht von klassischer Freiheit, und schon gar nicht von christlicher Humanität, sondern von der Gegenreformation: die grausame Inquisition hatte ihr Haupt erhoben, die Scheiterhaufen begannen zu rauchen.

Albrecht, den Hutten in seinem Brief an Conrad Peutinger vom Juni 1518 in so warmen Worten als einen ,,humanen, gütigen und liberalen Fürsten" charakterisiert hat, muß diese Entwicklung als Katastrophe, als die Vernichtung seines ganzen Lebensprogrammes empfunden haben. So sehen wir ihn schließlich nach langen Jahren der Gärung als einen Kirchenfürsten, der seine hohen Ziele begräbt, sich auf die offizielle Linie der katholischen Kirche und zugleich auf seine routinemäßigen Amtsgeschäfte als Landesherr und Reichskanzler zurückzieht. Vorbei sind die Tage des Wormser Reichstages von 1521, als Albrecht dem Kaiser die

Stirn bot, um Luther zu schützen, vorbei sind die Träume vom Reich der Musen und der Künste, versunken die ehrgeizigen Universitäts-Projekte in Mainz und Halle, zerstreut die kostbaren Sammlungen, ja zum Teil schon verhökert. Auch Albrecht resigniert schließlich, und da er nicht, wie Luther, ein Mann des Wortes und der Idylle ist, zieht er sich auf seine äußeren Funktionen, auf das Verwalten und Regieren zurück. Er, dem man in seiner Jugend „herkulische Leibeskräfte" nachrühmte, altert schnell, stirbt früh, von langjähriger Krankheit geplagt.

Die großen Gestalten der Reformationszeit – Luther, Erasmus, Albrecht, Hutten, Zwingli, die Condottieri, Kaiser, Könige und Päpste – sie sind in ihrer Widersprüchlichkeit nur erklärbar aus der Zeit, in der sie lebten. Selten gab es soviel Wandel, soviel Übergang, aber auch soviel Halbheiten, sovielge spaltene Charaktere. Nehmen wir nur Erasmus von Rotterdam, die höchste geistige Kapazität dieser Epoche. Er war es, der – wie es der päpstliche Legat Aleander so treffend formulierte – „die Eier legte, die Luther dann ausbrütete". Er galt als die anerkannte Autorität aller europäischen Humanisten. Und dennoch hat er die katholische Kirche und seinen geistlichen Stand niemals verlassen, später wurde er sogar Luthers großer Gegner. Albrecht, der Geburtsaristokrat, war Erasmus, dem Kulturaristokraten, sicherlich mehr verwandt als dem plebejisch-fanatischen Tatmenschen Luther. Und wenn Erasmus schreibt: „Obwohl ich einsehe, daß manches in der Kirche zum Vorteil der Religion verändert werden sollte, so wenig gefällt mir alles, was zu einem Aufruhr dieser Art führt", so könnten diese Worte auch von Albrecht stammen. Gewalt, „tumultus", Blutvergießen – das waren nicht die Waffen der Humanisten. Und auch die Zersplitterung der ecclesia universalis aus einer Weltkirche in Landeskirchen und die Loslösung Deutschlands aus der Einheit des Abendlandes – das wollte Albrecht ebenso wenig wie Erasmus.

Albrecht war nicht einer jener streitbaren Kirchenfürsten, deren es so viele in seinem Jahrhundert gab. Etwa wie Papst Julius II. oder wie Albrechts Amtsbruder Richard v. Greiffenclau-Vollrads, Kurfürst und Erzbischof von Trier, der als der tüchtigste Artillerist seiner Zeit galt und der während der Sicking'schen Fehde 1523, in Koller und Harnisch gekleidet, bei der Belagerung der Feste Landstuhl die Geschütze persönlich befehligt hatte.

Albrechts Stärke war nicht das Kriegführen, sondern die Diplomatie. Als begeisterten Humanisten haben wir ihn kennengelernt, als behutsamen Reformer und als einen überaus tüchtigen Landesvater.

Wer wird ihm heute noch verdenken, daß er daneben auch ein Kunstnarr, ein Verschwender, ein Epikuräer gewesen ist?

XVII.
ANHANG

REDE ALBRECHTS ANLÄSSLICH DER WAHL KARLS V. AM 28. 6. 1519

Durchlauchtigste Fürsten, ehrwürdige Brüder und Freunde!
Zur Wahl eines neuen Reichsoberhauptes haben wir uns, wie das Reichsgesetz, die Goldene Bulle, es vorschreibt, in gesetzlicher Form hier versammelt: ob zu einem römischen König ein Franzose, Franz I., König von Frankreich, oder Karl, König von Spanien, oder ein deutscher Fürst zu wählen sei, das steht, was ich vor allem berühren will, heute in Frage.

Was die Bewerbung des französischen Königs anlangt, so glaube ich, zuerst auf unsere Reichsgesetze aufmerksam machen zu müssen, welche verbieten, daß die deutsche Krone, jene höchste Zierde und Würde des Reiches, an einen Ausländer gelange, wie auch auf den von uns hierauf geleisteten Eid. Aber auch abgesehen hiervon, und wenn nicht eigene Gesetze diesem entgegenstünden, so ist soviel offenbar, daß König Franz seine Grenzen und seine Herrschaft erweitern will, daher Karl von Spanien, den er ohnedies haßt, bald mit Krieg überziehen wird, ja diesen Krieg ihm schon erklärt hat. In diese kriegerische Bewegung wird Deutschland dann unaufhaltsam verwickelt und mit hineingezogen werden. Daß dies aber nicht geschehe und Deutschland vor innerem wie äußerem Krieg geschützt bleibe, dafür zu sorgen und ihm vorzubeugen, ist unsere schwere und heilige Pflicht.

So liegt ferner ganz außer Zweifel, daß dann Franz I. Karls Besitzung Österreich, des unvergeßlichen Kaisers Maximilians Erbe, der sich um uns und das Deutsche Reich wahrlich verdient gemacht hat, angreifen würde. Und das sollten und müßten wir ruhig hinnehmen? Und wenn dies alles erobert sein wird, dürften wir da noch, ehrwürdige Brüder und Freunde, glauben, daß unsere Freiheit noch lange unangetastet bliebe?

Hat dieser Herrscher von Frankreich nicht erst vor kurzem das Mailändische Gebiet seinen Staaten hinzugefügt, und hätte nicht wohl Germanien ein gleiches zu befürchten? Nicht im geringsten werden wir uns durch dessen glänzende Versprechungen täuschen und bewegen lassen. Denn die Habsucht und der Ehrgeiz verblenden die Menschen und lassen sie nur zu leicht das, was sie schuldig sind, vergessen.

Sonst zählte Frankreich auch viele angesehene Fürsten. Jetzt sind deren nur wenige, denn der König hält alles allein in seiner Hand und, was man auch von seiner Geistesstärke sagen mag, so ist dieselbe immer der absoluten Monarchie zugewendet, während unsere Verfassung eine mehr aristokratische ist, welche wir festhalten und bewahren müssen.

Von einer Bekämpfung der Türken ist uns allerdings Großes versprochen worden. Darin liegt wohl etwas sehr Wünschenswertes und Ersprießliches. Nicht minder kann ich verbergen, von welcher Wichtigkeit eine Vereinigung Deutschlands mit Frankreich und Italien wäre. Allein, es würde dieser französische Herrscher alle erlangte Macht und alle Kräfte vorwiegend gegen die dem König Karl gehörigen Provinzen wenden.

Auf Belgien wird er zuerst sein Augenmerk richten, dann Neapel angreifen und dasselbe, als wenn es ihm von Rechts wegen gehöre, betrachten und wieder zu erhalten suchen. Und damit er dies alles ausführen könnte, müßten wir Deutsche ihm die Waffen hierzu liefern. Wahrlich, bei den Rüstungen, welcher dieser König jetzt schon vornimmt, gehört das, was ich eben befürchtend erörterte, gewiß nicht in das Reich der Fabel oder leerer prophetischer Träume.

Dieses alles überschauend und meines Eides, sowie der Gesetze des Reiches eingedenk, muß ich daher meine innigste Überzeugung darin aussprechen und unumwunden bekennen, daß dieser fremde Fürst mitnichten und auf keinen Fall zu wählen sei.

Ich komme jetzt zu der anderen Frage, ob König Karl zu wählen sei? Darüber, glaube ich, möchten einige von Ihnen auch in Unruhe geraten, und zwar in der Betrachtung, daß Spanien eben von unseren Grenzen so weit entfernt ist, und daß eine Regierung Deutschlands aus so großer Ferne und bei Abwesenheit seines Oberhauptes, sowohl in Rücksicht eines türkischen Krieges als auch der inneren Differenzen und Mißhelligkeiten wegen nicht weniger als ersprießlich sein könne. Ich muß in der Tat gestehen, daß ich gleiche Ansicht teile; ja, wenn ich etwas mehr darüber nachdenke, so beunruhigt mich diese Betrachtung so sehr, daß ich fast vor derselben zurückschrecke. Denn dazu kommt mir noch folgendes in den Sinn: setzen wir einmal den Fall, der Kaiser fühlte sich durch irgendetwas in Deutschland beleidigt und gereizt, er käme in solcher Stimmung nach Deutschland und führte seine Spanier mit sich, wie gefährlich könnte das unserer Freiheit werden?

Kaum, denke ich, möchte dann zu erwarten sein, daß die Spanier uns so bald die Würde und Integrität des Reiches zurückgeben würden. Gelänge es ihnen, Mailand mit unseren Kräften wieder zu erobern, so würden sie es auch für sich behalten.

Dennoch erscheint es zweifellos ratsamer, nach dem Beispiele unserer Vorfahren, die auch, über auswärtige, mächtige Bewerber hinweggehend, sich auf die Wahl einheimischer Fürsten beschränkten, einen geeigneten Fürsten unserer Nation selbst zu wählen.

Freilich waren damals, was wir nicht übersehen dürfen, andere Zeiten, und die Zustände der inneren und äußeren Politik waren viel besser.

Welche Hilfe wird ein schwacher König Österreich und Belgien, wenn sie mit Krieg überzogen würden, leisten können? Fassen wir einmal Frankreich ins Auge und setzen den Fall, dasselbe werde Karl angreifen, was wohl jedenfalls geschehen wird, sei es in Belgien oder Italien. Soll dann ein deutscher Kaiser ruhiger Zuschauer bleiben, und soll er dulden, daß auswärtige Nationen einen guten Teil dessen, was zum Reiche gehört, hinwegnehmen? Wahrlich, wie die Zeitverhältnisse jetzt stehen, wäre es nichts Unglaubliches, wenn ein Teil der deutschen Fürsten, den Kaiser hintansetzend, sich den Franzosen anschließen würde. So geschah es in ähnlicher Weise, doch nicht zum rühmlichen Angedenken Deutschlands, zur Zeit Kaiser Friedrichs III., als der Herzog Karl von Burgund den Krieg durch Deutschland, und Herzog Philipp von Mailand denselben durch Italien trug, was umso schmählicher sich erwies, als der Kaiser in seinem eigenen Stammlande belagert und von den Ungarn zurückgedrängt worden war.

Und doch waren damals mit dem Kaiser die Böhmen, dann mein Großvater Albrecht von Brandenburg und der Herzog Albert von Sachsen vereinigt. Wenn ähnliche Umstände heutzutage einträten, dann würden wir wieder sehen, wie deutsche Fürsten in fremdem Solde stünden.

Wieviele Ursachen und Verhältnisse können sich ergeben, wegen deren Fürsten und Städte sich weigern, den schuldigen Gehorsam zu leisten.

Blicken wir nun auf das Gebiet der Kirche, wo die ernstesten, bedenklichsten Bewegungen drohen. Man streitet in diesem Augenblick über Ablässe, über die Gewalt des Papstes und über Kirchengesetze, Streitigkeiten, welche zur Zeit noch heilbar erscheinen, aber auch bald eine Erschütterung und Veränderung der Kirche nach sich ziehen können. Die Teilnahme hierfür hat schon sehr zugenommen. Insbesondere haben schon zwei Völkerschaften, die Helvetier und die Sachsen, große Sympathien hierfür gezeigt. Das Übel wird nur durch ein allgemeines Konzil behoben werden können. Wenn aber ein schwacher Kaiser vorhanden ist, wie sollte da ein Konzil berufen oder auch erforderlichenfalls verteidigt werden können, erst recht wenn die anderen Fürsten dagegen sind?

Überdies haben wir noch den Türkenkrieg. Dort stehen wir nicht in der Verteidigung, sondern im Angriff, um das Verlorene wieder zu erobern, vor allem Griechenland wieder zu befreien.

Dazu bedürfen wir großer Heere. Wie sollen diese aber, wenn der Kaiser wenig Macht und Autorität besitzt, ausgerüstet werden?

Aus all diesen Ursachen halte ich dafür, daß ein mächtiger Fürst gewählt werden muß, und daß Karl, der österreichische Prinz, allen übrigen Fürsten Deutschlands vorzuziehen ist. Denn, wenn auch Nachteile bestehen, die davon abhalten könnten, so glaube ich doch, daß diese geringer sein möchten als jene, die kommen dürften, wenn jetzt das wichtigste Amt einem anderen übertragen würde. Karl ist seines Stammes nach ein Deutscher, er besitzt schon viele zu Deutschland gehörige Provinzen. Durch keine Dienstbarkeit wird er je das gemeinsame Vaterland bedrücken wollen. Und darüber, daß er des Reiches Regiment nicht übertrage oder irgend ein Recht oder eine Freiheit uns schmälere, wird er uns durch Eidesleistung sicher stellen.

Gewiß sprechen diese Gründe, als sehr wichtig, für sich selbst. Aber sie würden mich doch noch nicht bestimmen, wenn über die Trefflichkeiten der geistigen und moralischen Eigenschaften Karls ein Zweifel bestünde. Wie bekannt, ist er der Religion ergeben und liebt Gerechtigkeit und gute Sitten, haßt alle Grausamkeit und besitzt Talente. Diese Tugenden werden ihn aber immer erinnern, für das allgemeine Beste gehörige Sorge zu tragen. Alle, die ihn näher kennengelernt, versichern dieses, und wenn wir auf seinen Vater Philipp und seinen Großvater Maximilian blicken, so können wir auch hieran nicht zweifeln. Noch ist er zwar sehr jung, aber doch von einem Alter, welches Fähigkeit und Reife zur Geschäftsführung verleiht. Auch wird er sich gewiß der Räte seines Großvaters und einiger auserwählter deutscher Fürsten bedienen.

Ich habe zwar bereits bemerkt, daß daraus wohl ein Nachteil erwachsen würde, wenn Karl allenfalls zu lange aus Deutschland abwesend sein sollte. Aber dafür kann durch bestimmte Vorschriften mit ihm traktiert werden. Karl besitzt in Deutschland große Ländereien, welche er doch gewiß von Zeit zu Zeit besuchen wird.

Aus Pannonien sind die Türken, und aus Italien die Franzosen zu vertreiben. Die Kirche muß wieder aufgerichtet und verbessert, und noch vielen anderen muß Hilfe geleistet werden. Daher denke ich, daß wegen zu langer Abwesenheit Karls aus dem deutschen Reiche umsoweniger zu fürchten sein wird, als die ihm innewohnende Tatkraft, seine Vaterlandsliebe und der Drang der Umstände ihn nötigen werden, alsbald zu uns zurückzukehren.
(Zitat nach May, Bd II).

BRIEFE LUTHERS AN ALBRECHT

Die Briefe sind nach de Wette: ,,Dr. Martin Luthers Briefe, Sendschreiben und Bedenken" zitiert und, der besseren Verständlichkeit wegen, der modernen Schreibweise angeglichen worden. Kürzungen wurden kenntlich gemacht.

Brief vom 1. Dezember 1521

Luther hat sich zunächst durch den kursächsischen Hof davon zurückhalten lassen, seine Streitschrift gegen den Ablaß unter dem Titel ,,Wider den Abgott von Halle" zu veröffentlichen. Durch diesen Brief versucht er nun, Albrecht zum Einlenken zu bestimmen. Zugleich beschwert er sich wegen eines Verfahrens gegen verheiratete Priester. Er greift die Bischöfe an wegen ihrer Konkubinate. Möglicherweise ist dies eine Anspielung auf Albrechts Beziehungen zu der Ursula Redinger.

,,Meine willigsten Dienste E. K. F. G., hochwürdigster, gnädigster Herr, zuvor.
Es hat ohne Zweifel E. K. F. G. in frischem gutem Gedächtnis, wie ich an E. K. F. G. zweimal lateinisch geschrieben, das erste Mal im Anfang des lügenhaften Ablasses, der unter E. K. F. G. Namen ausgeschrieben wurde und worin ich E. K. F. G. treulich gewarnt und mich aus christlicher Liebe den wüsten, verführerischen, geldsüchtigen Predigern und den ketzerischen, ungläubigen Wucherern entgegengestellt habe. Und wiewohl ich – wäre ich unbescheiden – den ganzen Sturm auf E. K. F. G. hätte treiben können, als auf den, der solches unter seinem Namen und Wissen handhabte . . . , habe ich doch E. K. F. G. und das Haus Brandenburg geschont, auch gedacht, E. K. F. G. täten solches aus Unverstand und Unerfahrung, durch andere falsche Ohrenbläser verführt . . . Es hat aber solche meine treue Vermahnung Spott, und bei E. K. F. G. Undank für Dank erlangt.
Zum andern Male habe ich aufs untertänigste geschrieben, mich erboten, Unterricht von E. K. F. G. zu nehmen. Ist mir eine harte, unartige, unbischöfliche und unchristliche Antwort zuteil geworden . . .
So denn nun die zwei Schriften nichts geholfen, lasse ich dennoch nicht ab, will – dem Evangelium entsprechend – auch die dritte Warnung an E. K. F. G. auf deutsch tun . . .

Es hat jetzt E. K. F. G. zu Halle wieder aufgerichtet den Abgott, der die armen, einfältigen Christen um Geld und Seele bringt. Damit wurde frei und öffentlich bekannt, daß Tetzels unrechtes Handeln nicht seines allein, sondern des Bischofs von Mainz Mutwillen gewesen ist . . .

Es denkt vielleicht E. K. F. G., ich sei nun von dem Kampfplatz abgetreten, nur auf meine eigene Sicherheit bedacht, der Mönch sei durch die Kaiserliche Majestät genug gedämpft. Aber E. K. F. G. soll wissen, daß ich will tun, was christliche Liebe fordert, nicht fürchtend die Pforten der Hölle, geschweige denn Ungelehrte, Päpste, Kardinäle und Bischöfe . . .

Es ist deshalb an E. K. F. G. meine untertänigste Bitte, E. K. F. G. wolle das arme Volk unverführt und unberaubt lassen, sich als einen Bischof, nicht als einen Wolf erweisen. Es ist laut genug gesagt worden, daß Ablaß nur lauter Buberei und Betrug sei . . .

E. K. F. G. mögen nur nicht denken, daß Luther tot sei; er wird auf den Gott, der den Papst gedemütigt hat, so frei und fröhlich pochen und ein Spiel mit dem Kardinal von Mainz anfangen, dessen sich nicht viele versehen . . .

Zum anderen bitte ich, E. K. F. G. wollten sich enthalten und die Priester in Frieden lassen, die sich, um Unkeuschheit zu meiden, in den ehelichen Stand begeben haben oder wollen . . . Sintemal E. K. F. G. dafür kein Fug, Grund, noch Recht haben, und mutwilliger Frevel einem Bischof nicht geziemt . . .

E. K. F. G. sehen darauf: wird solches nicht abgestellt, wird ein Geschrei aus dem Evangelium sich erheben und sagen, wie fein es den Bischöfen anstünde, daß sie ihre Balken zuvor aus ihren Augen rissen, und daß es billig wäre, daß die Bischöfe zuvor ihre Huren von sich trieben, ehe sie fromme Eheweiber von ihren Ehemännern scheiden . . .

Hierauf erbitte und erwarte ich E. K. F. G. richtige und schleunige Antwort innerhalb 14 Tagen, denn nach 14 Tagen wird mein Büchlein wider den Abgott von Halle herausgehen, falls keine genehme Antwort kommt.

Gott gebe E. K. F. G. seine Gnade zu rechtem Sinn und Willen.

Gegeben in meiner Wüstenei, Sonntag nach dem Tag Catharinae 1521

E. K. F. G. williger und untertäniger

Mart. Luther"

Brief vom 14. Februar 1524

Luther führt Beschwerde wegen der Verfolgung der Einwohner von Miltenberg a. M. (einer kurmainzischen Stadt), die sich der neuen Lehre zugewandt hatten.

„An Herren Albrechten, Tit. St. Chrysogoni Cardinal, Erzbischofen zu Mainz und Magdeburg, Primaten, Markgrafen zu Brandenburg.
Gnade und Friede in Christo, unserem Herren. Amen. Hochwürdigster in Gott, durchlauchtigster, hochgeborener Fürst, gnädigster Herr.
Ich höre, es sei verboten von E. K. F. G. Gewaltigem, an ihn oder die Miltenberger zu schreiben wegen der Händel, die sich dort zugetragen haben. Ich ließe es auch von Herzen gerne, wenn ich's mit gutem Gewissen lassen könnte ...
Das weiß man doch wohl, und gibt das Land und Leute Zeugnis, daß die zu Miltenberg nicht verfolgt werden eines Aufruhrs wegen, sondern allein wegen des Evangeliums oder des Predigens ...
Ich möchte E. K. F. G. nicht zur Last fallen, aber doch gerne für die armen, unschuldigen Leute bitten ...
Zumal ich noch immer eine gute Zuversicht habe, E. K. F. G. sei nicht derselben Meinung, wie etliche Wölfe und Löwen an E. K. F. G. Hofe ...
Ich befehle hiermit E. K. F. G. in Gottes Gnaden und bitte, mir mein notwendiges Schreiben gnädiglich zu verstehen.
Zu Wittenberg, am 14. Februar 1524
                                                                    Mart. Luther".

Brief vom 2. Juni 1525

Es handelt sich hierbei um den denkwürdigen Brief, in dem Luther Albrecht auffordert, sich zu verheiraten und das Erzbistum Mainz in ein weltliches Fürstentum umzuwandeln.

„Dem durchlauchtesten, hochgeborenen Fürsten und Herrn, Herrn Albrecht, Erzbischof zu Mainz und Magdeburg usw., Kurfürst etc., Markgrafen zu Brandenburg etc., meinem gnädigen Herrn.

Gnade und Friede von Gott dem Vater und unserem Herrn Jesu Christo. Hochgeborener Fürst, gnädigster Herr!

Ich habe etlichemal Ew. Kurfl. Gn. bisher mit Schriften bemüht anderer Leute halber; jetzt werde ich gezwungen, Ew. Kurfl. Gn. halben zu schreiben; und bitte gar untertänig, Ew. Kurfl. Gn. wollten es also annehmen im Guten, so treulich, als ich's meine.

Unter anderen Sorgen und Fürnehmen, so mich bekümmern, um diese leidige und greuliche Empörung zu stillen, welche durch den Satan als eine Strafe Gottes erregt wird, ist mir eingefallen, Ew. Kurfl. Gn. zu ermahnen und anzurufen in großer Hoffnung und Zuversicht, Ew. Kurfl. Gn. möge und könne, wo sie nur wolle, gar merklich dazu helfen, neben andächtigem Gebet zu Gott, daß es besser werde. Und ist in Kürze dies die Meinung, daß sich Ew. Kurfl. Gn. in den ehelichen Stand begeben und das Bistum zu weltlichem Fürstentum machten, und so den falschen Namen und Schein geistlichen Standes fallen und fahren lassen sollten. Und dies sind meine Gründe:

Erstlich: ... es ist nun einmal zutage getreten, daß der geistliche Stand wider Gott und seine Ehre ist ...

Zum anderen: auch der gemeine Mann ist nun soweit unterrichtet und zu Verstand gekommen, daß der geistliche Stand nichts sei. Was ist dann, wenn man wider den Strom fechten will und halten, was nicht will und kann gehalten sein? ...

Würde sich Ew. Kurfl. Gn. noch sperren oder aufschieben, ist doch zu besorgen, es möge nicht lang gewähren. Hier hat Ew. Kurfl. Gn. ein schön Exempel, den Hochmeister in Preußen. Wie gar fein und gnädig hat Gott solch Änderung geschickt, die vor zehn Jahren weder zu hoffen, noch zu glauben gewesen wäre ...

Aber ein viel größer Exempel wäre Ew. Kurfl. Gn., als dieses gleichsam mitten in deutschen Landen der größten Häupter eines ist: das würde viele Leute befriedigen und gewinnen, auch andere Bischöfe nachziehen ... Wag es Ew.

Kurfl. Gn. frisch, und heraus aus dem lästerlichen und unchristlichen Stande in den seligen und göttlichen Stand der Ehe: da wird sich Gott gnädig finden lassen . . .

Es ist Gottes Werk und Wille, daß ein Mann soll ein Weib haben . . . Wo Gott nicht ein Wunder tut und aus einem Mann einen Engel macht, kann ich nicht sehen, wie er ohne Gottes Zorn allein und ohne Weib bleiben sollte . . . Was will er antworten, wenn Gott fragen wird: Ich habe dich zum Mann gemacht, der nicht allein sein soll . . . : Wo ist dein Weib? . . .

Solche meine treu untertänige Vermahnung, bitt ich, wolle Ew. Kurfl. Gn. gnädiglich annehmen und über die Sache weiter und besser, als ich schreiben kann, nachdenken . . .

Zu Wittenberg, Freytag nach Exaudi, Anno 1525

Ew. Kurfürstl. Gnaden
untertäniger
Martinus Luther"

Brief vom 6. Juli 1530

Luther bittet Albrecht, sich dafür einsetzen, daß der katholische Teil Deutschlands Frieden und Ausgleich suchen möge. Das evangelische Bekenntnis überwinden, könne er ohnehin nicht.

„. . . Denn dieweil E. K. F. G. der vornehmste und höchste Prälat in deutschen Landen sind und daher in diesen Sachen mehr zu tun vermögen, als sonst jemand . . . bitte ich nun aufs untertänigste, weil keine Hoffnung da ist, daß wir der Lehre eins werden, E. K. F. G. wollten mit anderen dahin arbeiten, daß jedes Teil Friede halte und glaube, was es wolle . . .

E. K. F. G.
untertänigster
Mart. Luther"

Anhang 254

Brief vom 31. Juli 1535

Albrecht hatte seinen Beamten Hans von Schönitz (von Luther Hans Schanz genannt) wegen Unterschlagungen hinrichten lassen, nach Meinung Luthers und vieler Protestanten zu Unrecht, nämlich in Wirklichkeit wegen seines evangelischen Glaubens. An Luthers Tischrunde in Wittenberg hatte ein Untertan Albrechts namens Ludwig Rabe auch diese Ansicht geäußert. Albrecht war dies zu Ohren gekommen, und er hatte dem Rabe drohen lassen. Luther verwahrt sich dagegen in heftigen Worten und verdächtigt Albrecht des Justizmordes. Der Stil dieses Briefes, in dem Albrecht wiederholt als „höllischer Kardinal" beschimpft wird, steht im Gegensatz zu der bisherigen Korrespondenz, ist allerdings auch ein Beweis dafür, daß Luther seine lange gehegte Hoffnung, Albrecht auf die evangelische Seite ziehen zu können, nun endgültig aufgegeben hatte. Luther schrieb in dieser Angelegenheit nochmals einen ähnlichen Brief an Albrecht im März 1536 und gab zum gleichen Thema 1539 noch eine Schrift wider ihn heraus.

„Buße und Vergebung der Sünden zuvor, hochgeborener Fürst, gnädigster Herr! ...

Es hat mich Ludwig Rabe lassen lesen ein Brieflein, darinnen E. C. H. ihm drohen wegen seiner Reden über den gerechten Hans Schanz. Weil er aber mein Tischgenoß und Hausgast ist, und E. C. H. ohne Zweifel wohl wissen, ... daß ihm Unrecht geschieht: kann ich nicht anders denken, als daß E. C. H. mich damit durch einen Zaun stechen und stochern, als habe sie Verdruß daran, was ich und gute Leute davon hören und reden. Denn das kann ich mit gutem Gewissen bezeugen, daß Ludwig Rabe bei Tische sitzt wie eine Jungfrau und oft mehr Gutes von seinem höllischen Kardinal redet, als ich glauben kann ...

Ich will hören und glauben, was ehrliche Leute (denen ich mehr glaube als allen Päpsten und Kardinälen) von Schanz reden ... Ich sitze hier nicht, um alle auf's Maul zu schlagen und Lügen zu strafen, die von Schanzen Gutes, und von seinem Kardinal Böses reden. Hoffe auch, E. C. H. werden nicht mit mir so schnell, wie mit Hans Schanz, zum Galgen reiten.

... Werdet noch etliche leben lassen, bis der rechte Henker auch einst über euch komme, Amen.

Zu Wittenberg, ultimo Julii, 1535
D. Martinus Luther
Prediger zu Wittenberg".

ALBRECHTS TESTAMENT

In dem namen der heiligen drifeltigkeit. Amen. Wir Albrecht vonn gottes genaden, der heiligen Romischen kirchen titels sancti Petri ad vincula priester cardinal und geborner legatt, des heiligenn stuls zu Meintz und des stieffts zu Magdenburg ertzbischoff, churfurst, des heiligen Romischen reichs durch Germanienn ertzcantzler unnd primas, administrator zu Halberstad, Marggrave zu Brandenburg, zu Stettin, Pommern, der Cassuben unnd Wenden hertzog, Burggrave zu Nuremberg und furst zu Rugen, bekennen und thun khundt offenbar inn crafft diess brieffs, das wir embsiglichen betrachtet und zu hertzen genomen die wort des heyligen Jhobs, das der mentsch, durch weybsbilde uff diess etrich gebornn, lebt in kurtze zeit unnd wirdet erfullet mit vielen betrubnussenn, geet uff wie ein blumen, feldt abe und fleucht dahin wie ein schatten und pleibt nit in einem standt, das auch nichts gewissers dann der todt und nichts ungewissers dan die stunde des todts. Demnach haben wir, gesundt unsers leibs, auss wolbedechtlichem gemut, eygener bewegnus, freyem und guttem willen, zu lob und ehre dem almechtigen gott, zu mherung seines diensts und wolfhardt unsere nehsten, trost unnd heyle unser selen, aller unserer vorfharn, nachkomenn, eltern und voreltern, auch freuntschafft, unnser testament oder letzsten willen zu machen und uffzurichten furgenommenn, setzenn machen und ordnen denselbigen in der allerbesten form, mass unnd gestaldt, so vermoge der recht zu dem bestendigsten bescheen kann oder mage, vor euch offenen notarien und zeugen sonderlich darzu erfordert, wie hernachvolgt. Und erstlich bezeugen wir uns hiemit offentlich, so der almechtig gott nach seinem gottlichen willen uns auss dieser zeit erfordern wurde, das wir in dem einigen rechten wharenn christlichen glauben, auch gehorsam unnd eynigkhit der christlichenn gemeynen apostolischen kirchen von dieser weldt abe scheiden wollen: bevelhen daruff unsere sele ytzo und zu allenn zeitten und besonder in der stundt unsers todtlichen abgangs inn die hendt des almechtigen gottes, demitiglich bittendt, mit derselbenn nit nach unserm, sonder seinem verdienst, genade und barmhertzigkheit zu schaffen und der ewigen ruhe, frewden und seligkheit, des wir uns zu seiner barmhertzigkheit zusagung gentzlich vertrosten, theilhaftig zu machen. Wir bitten auch hieruff alle mentschen, gemeinlich und sonderlich, so wir mit worten oder wercken ye erzurnet oder beschwerdt hetten, umb gottes willen uns nachzulassenn, zu verzeihen unnd zu vergeben. Herwiderumb wollen wir nach gebot unnd geheis unsers hern Christi auch thun, und begernn, das solichs nach unserm todt uff den cantzeln unserer ertzstieft und stieften, so das volck die gotlichenn ampt zu horen versamlet ist, verkhundet und got den almechtigen vor unsere sele zu bitten gebetten werde. Ferners erwelen wir unser sepulturenn und begrebnus im hohen chore und hinther dem hohen altar unsers dhumstieffts zu Meintz, wollen und ordnen, das dieselbig mit einem ebenen steyn uff dem grabe und einem andern vor dem chore an denn pfeyler sampt geburlichen epitaphien uffgericht, und wir nach unserm standt in den ornatenn darzu von uns verordnet becleidett, auch ein bleyen tafeln dieses inhaldts: ALBERTVS Miseratione Divina Sacrosanctae Romanae Ecclesiae Tituli Divj Petri ad vincula Presbiter Cardinalis Legatus natus, Sanctarum Sedium Moguntinensis et Magdenburgensis Archiepiscopus, Primas Germaniae, Sacri Romani Imperij per Germaniam Archicancellarius, Princeps Elector, Administrator Ecclesiae Halberstatensis, Marchio Brandenburgensis, Stetinensis, Pommeraniae, Cassuborum Sclavorumque Dux, Burggravius Nurembergensis ac Rugiae Princeps, Sedit Annos n. tot Menses et Dies, obijt Anno Domini Millesimo Quingentesimo etc. n., aetatis vero suae Anno etc. n., Cuius anima cum Caeteris Christi fidelibus requiescat in Sancta Pace. AMEN. in den sarck eingelegt werden sollen. Wir ordnen und wollen auch, das gedachte unser begrebnus, sepultur und begengnus mit dem ersten, siebenden unnd dreissigsten nach gebrauch und herkomen unserer ertzbischofflichen kirchen zu Meintz unnd in allermassen, wie das mit unsern vorfharn hochloblicher unnd seliger gedechtnusen ertzbischoffen gehalten worden, bescheenn sol, doch uff die bare keyn seydens, sonder ein schwartz schlecht duch zu legenn. Und sollenn unsere hernachbestimbte executores unnd testamentarien der zeit unserer begrebnus unnd begegnussen unther die armen reichlich almusssen, sonderlich an brodt, von unsern nachverlassenn gutternn geben und aussth eilen, welichs wir inen hiemit in sonderheidt bevelhen und itzgemelter gestaldt mit vleis aussz urichten begern.

Und nachdem wir von unsern nachverlassen guttern den dienst gottes zu mheren, auch unser ertzbischofflichen dhumkirchen zu Meintz zu zieren allezeit begirig gewesen unnd noch: bitten und begeren wir anfenglich, das die wirdigen und ersamen unsere lieben andechtigen dechan unnd capitell unsers dhumstieffts und ihre nachkomen zu Meintz, auch unsere hernachbenente executores und testamentarienn uber unsern fundacionen unnd stifftungen, so allgereidt durch uns bescheen und verordent und itzunter von newem gescheenn und verordent, als nemlich der procession uff den Tag des heiligen Martini, dem fest sancti Mauricij und dem leuthen in der vastenn, vor und in der charwochen nach laut unser fundacion zu gedechtnus des bittern leyden Christi, vleissig halten und uffsehens thun wollenn, damit dieselbigen jerlichs volnzogen und one eynich verhindernus volnbracht werden ...

Zu dem drittenn setzen, legiren und ubergeben wir zu zierung des hohenn altars unnd chors unsers dhumstieffts zu Meintz nachvolgende gulden unnd silbern cleynottenn, ornat und reliquien, auch tapezereyen und anderst, als hernach vermeldet wirdet.

Erstlich setzenn unnd geben wir dem hohen altar des gedachten unsers dhumstieffts ein ganz braun gulden gezogenn ornat, als chorcappen, levitenrock unnd casell mit perlen leysten, schieldten und creutzen mit zweyen antependienn, ante et retro, mit sampt zweyen knabenn-geredt, als chorkappelnn und leviten rocken von braunem samet, auch atlas, solichs sol man gebrauchenn uff den tag trinitatis unnd summo festo sancti Mauricij, mit sampt einem schonen grossen runden schieldt mit edel gesteynen und berlyn.

Zu dem andern legiren, setzen und ubergeben wir abermals ein gantz guldenn gezogenn ornat, als chorcappen, zween leviten rock und casell mit gestickten leystenn von erhaben bildern, mit perlen, das sol mann gebrauchenn zu den grossenn festen ostern, corporis Christi, dedicacionis templi unnd nativitatis Christi, mit den gantzenn gulden gezogen antipendijs. Item ein gantz gulden fhanen, darinnen vexillum santi Mauricij enthalten, mit sampt einem gantzen silberen durchbrochenn stabe, oben ein silbernn verguldt creutz und sunst noch vier fhanen, zwo von schwartzem unnd zwo von rottem sammet, mit vier silbernn fhanenn creutzen, in die Udalrici zu gebrauchenn, ad summum altare.

Zu dem dritten setzenn unnd geben wir gedachter unser dhumkirchen ein gantz gezogenn vast kostlich ornat, genant variorum colorum, mit furtrefflichem gestick von perlenn unnd edlen gesteynen, unnd waas vor cappenn vor den cantorn, zweyen imponenten, zweyen regenten, turibulario und zweyen knaben darzu gehorig, auch zwo antependienn ante et retro und zwey gantz ornat, als ein bundt damascken mit gulden blumen und ein bundt sammet; und sollen obgenannt ornat allein zu den festenn reliquiarum und omnium sanctorum unnd per octavas gebraucht werdenn. Dergleichen zwo chorcappen, ein rot sammat uff sammat, goldt uff goldt, mit guten perlenn leystenn, und ein braun gulden gezogen schillert, vor ein ydenn ertzbischoff und nymandts anderst, wen festum capparum ist, zu gebrauchen, mit sampt einem grossen runden silbern vergulten schieldt mit sanct Martins bieldt unnd unsern wappen.

Zum viertenn setzenn und legiren wir gedachter unser dhumkirchenn ein gantz schwartz gulden sammet ornat, zu gebrauchen in die deposicionis archiepiscopi Moguntinensis.

Zu dem funfftenn setzenn unnd legiren wir zwey fast schone gestickte altar pallenn zu den hohen festen zu dem hohen altar gedachter unser dhumkirchenn zu Meintz zu gebrauchen; dessgleichen acht schoner silbern leuchter, ye zween und zween gleicher hohe; darzu ein gross silbern rundt rauchfass, einen vast schonen grossenn silbern weichkessel und sprengel, auch ein gross silbern lampen, weliche uber unser begrebnus vor den grossen silbern sarck gehengt werden soll, mit sampt dreyen wechssen lichten.

Wir ordnen, setzen und geben auch obgemelter unser dhumkirchenn zu Meintz an gulden und silbern cleinotern, reliquien und heyligthumb, wie hiebey mit A bezeichnet und alle bletter mit unnser handt untherschrieben, uff etlich und vieltausendt gulden werdt geschetzt; und van das ander der kirchen heiligthumb heraus gesetzt und umbgetragen, sol dasselbig dergleichen herausgesetzt und umbgetragen werdenn.

Item ordnen und wollen wir, das der gross silbern vergult sark hinder unser begrebnus uffgestelt werden soll mit zweyen andern grossen vergulten sergen an der wandt im sanctuario.

Item geben wir gedachter unser dumkirchen zu Mentz sanct Mauricien kinbacken, welicher uff den tag des heiligen Mauricij und seiner gesellschaft im hohen chore den personen zu kussen umbgetragen werden soll, darzu wir verorden 40 gulden, alles inhalt unser fundacion und stiefftung, derwegen in einem besondern briff uffgericht.

Item wir setzen und geben zu dem fest Corporis Christi ein gantz silbern geheuss, welichs uff den hohen altar gesetzt und darin die monstrantzen mit dem allerheiligsten sacrament durch die gantz octaven sten soll; darzu einen schonen bundten gulden sameten hymel mit unsern gestickten wappen vom perlen und edel gesteynen, uber den hohen altar durch obgemelte octaven dem hochwirdigen sacrament zu ehren haben zu gebrauchenn.

Item noch ein hymmel von gulden bundten samet, in der mitten gedachter dhumkirchen uber den tisch, do das heilig sacrament nach gehaltener procession hingesatzt, werden sol, zu gebrauchen.

Item noch einen vast schonen grossen hymel von gantz gezogenem golt mit perlen und edel gesteynen gezieret, den sol man jerlichs uber das sacrament an sechs stangen in der procession tragen.

Item legiren und setzen wir obgemelter unser dhumkirchen auch drey pellican von gezogenem erhabenem goldt und silber zu den festen, wan die debich hangen, vor das sacrament-haus im hohen chor haben zu gebrauchen.

Item ein silbern Jesus biltlin, an stat der holtzern, zu dem fest Nativitatis Christi haben zu gebrauchen.

Item setzen und geben wir zu dem geschmuck des gantzen sanctuarij acht schoner stuck gewirckter guldener ducher von dem leiden et vita Christi und darzu noch neun andere stuck von gulden und sammet, auch gezogenem gulden duch gemacht, ye eins umb das ander mit costlichen perlen gestickt und edlen steynen, an stat der alten, so vor zu hohen festen da gehangen haben, zu gebrauchen, mit sampt denn zweyen, so wir algereidt an den letner in den hohen chor geben.

Item verordnen und geben wir auch ein stulegezirt von gezogenem goldt mit seinem kussen, den ertzbischofflichen stul und stant damit zu orniren.

Item setzen und legiren wir vier todtenducher, so man uber ein viereckigen lenglichen tisch zu den memorien der todten, als vigilien und selmessen, zu gebrauchen, und erstlich ein gladt gulden gezogen duch, das sol gebraucht werden in die et octava animarum und wen romische keiser oder kunig gegangen werden.

Item ein gladt schwartz gulden tuch, mit einem gestickten perlen creutz, und unther herumb mit unsern gestickten erpwappen, sol zu den memorien der ertzbischoff zu Mentz gebraucht werden.

Item ein gulden schwartz samet duch, mit einem gestickten creutz von untzen goldt und silber, das sol man brauchen zu den memorien der prelaten und canonicken unsers ertzstieffts Meintz.

Item noch ein schwartz samet duch, mit einem gulden creutz, sol zu den memorien der vicarien gedachter unser dumkirchen gebraucht werden.

Item eynen gantzen gulden kelich mit der dreier stifft und vir unserer angeborner wappen, mit einem gesticktem berlenn corporal-kestlin und zweyen vergulten gros altar-kendtlin, zu den festen, so wir gestift, auch ornat darzu geben, zu gebrauchen, als weyhenachten, ostertag, Corporis Christi, dedicacionis, reliquiarum, omnium sanctorum und Martini.

Ferners legiren, setzen und geben wir einen schonen hohen und weiten silbern vergulten kilich, an stat des naps zu den exequien zu gebrauchen und die hostien darin zu versameln.

Item einen silbern vergulten apffel, in winther zeit in festo dominorum am hohen altar zu gebrauchen.

Item drey silbern kanthen, am grunen donerstag zu consecracion der drey olen zu gebrauchen.

Item ein silbern gefess mit dem balsam.

Item wir ordnen und geben post mortem unser best pontificalien in die sacristen, inhalts einer verzeichnus mit B signirt, und wollen, das solichs in dem sacrario oder sentner unserer dhumkirchen zu gebrauch eins ertzbischoffs zu den grossen festen und andern solemniteten, als zu cronung eins Romischen konigs, zu consecracion der ertzbischoff und bischoff und dergleichen sachen, custodirt und verwart werden sollenn. So auch dasselbig zu erzelten dingen gebraucht werden soll, alsdann sollen zween capitular canonicken unsers dhumstieffts darbey sein und damit geschickt werden, das in verwharung und custodien zu halten; und nachdem es gebraucht, sol es durch gemelte zween canonicken widerumb in den sendtner gethan werden. Item wir behalten uns unsere vorige infel, so wir in thumb gegeben, hiemit vor.

Wir wollen auch, das obgemelte stuck weder durch die zukhunfftig ertzbischoff noch dechan und capitel unsers dhumstiffts zu Meintz alienirt oder vereussert werden, sonder in der besten form, so dasselbig im rechten bescheen kan oder mag, verpflichten sollen, solichs alles, wie oberzelt, zu ewigen zeiten bey unser dumkirchen zu Mentz zu behalten.

Item legiren und ordnen wir auch in unserm dumstifft zu zu Mentz vier tafeln: die ersten mit unserm conterfact, so lang wir sein, sol man hencken ins hohe chore neben dem hohen altar uber der richter stule; die zweiten mit dem gestick Ecce homo in unser frawen new capellen uff den altar; die dritten mit der barmhertzigkheit, so etwan der Albrecht Dhurer gemhalet, in sanct Michels capellen oder wo es platz unnd am besten licht hat; item die vierdten das jungst gericht mit vielen seltzamen peynen, ann einen pfeyler in unserm dhumstiefft, do es am bequembsten ist und auch am besten licht hat . . .

Ferners setzen und legiren wir 2000 gulden zu 26 albos, die sollen an gewisse ort und zyns von stundt angelegt, nemlich von dem hundert funff jerlichs zu werden. Darvon sollen unsere testamentarienn und ire nachkomen, als ein iglich dhumprobst, dhumdechan, dhumsenger neben und mit einem vizethumb und zweien vom rathses zu Meintz, hundert guldenn gleicher wherung entpfangenn und wieder wie hernachvolgt ausgeben, auch des genungsam rechnung den nachkomenden ertzbischoffen und dhumcapitel thun, uff das dem also nachgangen und voln streckung geschee.

Unnd erstlich 25 gulden zu 26 albos, damit sol jerlichs ein erbare ehetochter eines armen burgers zu Mentz zu dem sacrament der heiligen ehe verheyradt und alle jare zu der ehe ausgestewert werden uff das fest reliquiarum.

Item 25 gulden zu 26 albos, damit sol jerlichs ein erbar geselle, der ehelich geborn unnd eins amen burgers sone zu Meintz, geschickt unnd lusst zum studiren hat und sich wole anlest, zwey oder drey are und darnach er sich heldt im studio, wohin er lust hat, underhalten werdenn; unnd wan die zeit und jare umb sein, einen andern, und also furt und furt; auch uff das fest reliquiarum.

Item 50 gulden zu 26 albos sollen jerlichs einem baumeinster zu Meintz zugestelt werden, der sol damit plaster, mauren, thore unnd pfortenn inn baw behaltenn und bessern, wo es nodt ist, und derwegen uns unnd unsern nachkomen jerlich, so er one das zu rechnen pflegt, von seinem aussgeben rechnung thun. Unnd sollen soliche zynss uff nebst Reminiscere uber ein jare angeen und itzunter gleich angelegt werdenn.

Item hundert gulden montz setzen und legiren wir der stiefft-kirchen zu Aschaffenburg, darfur sollen sie thun gleich wie die zu sanct Jacob und andere stiefft kirchen zu Meintz. Wolten sie aber solichs nit annemen, alsdan sollen diese hundert guldenn durch unsere nachbenente testamentarienn den armen alhie zu Aschaffenburgk zu bestem und guttem angelegt werden.

Item legiren und setzen wir der capellen zu Aschaffenburg in unnserm schlos die tafelnn, cleinot, reliquien, auch ornaten und tapezereyenn, wie in eynem buch mit D bezeichnet und alle bletter mit unser hand untherschrieben befunden.

Item legiren unnd setzen wir der pfar zu Steinheim ein gantz grun samet ornat.

Item legiren unnd ordnen wir sanct Anthonien kirchen unnd haws zu Hoest ein gantz gladt guldenn schwartz ornat.

Zu dem funfften verordnen, setzen unnd legiren wir unsern nachkomen ertzbischovem und dhumcapitel zu Meintz und andern als hernachvolgt.

Und anfenglich, quo ad spiritualia, legiren wir unsern nachkomenn im ertzstiefft Meintz post mortem die schwartze pontifical laden und was dorin befinden inhalt einer verzeichnus mit E.

Item die laden mit unserm gantzen ornat, rot damascken mit guldenn blumen und was darzu gehort; dergleichen ein eintzel caseln, so wir fur unser personn, wen wir sine pontificalibus celebrirt haben, gebraucht, mit sampt dem costlichen messbuch, allen andern pontificaln buchern, gulden kilich, gulden ostien buchssen, zwey gulden altar kendtlin, das pacem unnd unnser guldenn reydt creutz und unsern gantzen altar unnd was darzu gehort inhalt dess inventarienn daruber uffgericht mit dem buchstaben F.

Item das new silbern creutz, so wir habenn machenn lassenn, einem ertzbischof furzutragenn.

Ferners, quo ad temporalia, legiren und setzenn wir nach unserm todtlichen abgang gedachten unsern nachkomen zu werden uber das Mentzisch silber, so uns in angehung unser regirung uberantwort, ausgenomen das jhenig, so mit unsers vorfharn ertzbischoffs Ernsten seligen wappen gezeichent und denn beyden stiefften Magdenburg und Halberstad zugehort, all unser silber, es sey an kantenn, fleschen, handbecken, silbern und vergulten kopffenn, schewern, bechern, esssilber, commentenn, leuchternn, leffeln, tellern, silbernn barbierbecken und kandten, silbern seger und schreibzeug, schellenn und anderst, wes des alles nach unserm todt befundenn, uns geschenckt worden oder wir selbst erzeucht habenn, nach laut eins inventariums mit unser handt untherschrieben, mit dem buchstaben G.

Darnach legiren und setzen wir inen alle unsere gulden ketten und ringe, so nach unserm todt befunden, alle guldene und gewirckte ducher, auch gewirckte, vonn seyden unnd garnen, mit sampt den guldenen, sammaten unnd damscken hymeln uber die tisch, dergleichen die darzugehorige tischteppich, pulster und kussenn, sie seyen vonn goldt oder sammet, wie man dieselbig nach unserm todt finden wirdet, auch nach laut eins inventarienn mit unser handt underschrieben, unnd dem buchstaben H.

Item alle hymell mit den umbhengen zu den bethstettnn, sie seyenn gulden, seyden oder von leynwadt, mit sampt iren decken, nach laut eins inventariumbs mit dem buchstaben I, mit unnser handt unnderschriebenn. Aber das feder gewandt und leynen geredt und wes wir sunst uber das alles erzeugt, wollenn wir unns hiemitt vorbehaltenn, damit unsers gefallenns zu schaffen, zu thun unnd zu lassen.

Item alle gulden, sammet, atlas unnd damascke vorleg unnd uffschlegenn, so man in den kirchen gebraucht, mit sampt iren kussen, nach laut eins inventariumbs mit dem buchstaben K unnd unser handt underschriebenn.

Wir ordnen und wollen auch, das obgemelte stuck und legata unnsere nachkomen nit alienirenn oder vereussern, sonder sollen zu oberzeltem gebrauch bey unserm ertzstiefft behalten werden . . .

Weithers legirenn, setzen unnd geben wir unserm nachkomenn ertzbischoff zu Meintz nachvolgende cleyder:

Item zween rodt carmesin sammet pfaffenrock, einem gefuttert unnd einen einfechtigenn.

Item zwen braunen carmesin sammet pfaffen rock, eynen gefutert und eynen einfechtigen.

Item zween schwartz sammet pfaffen rock, eynen gefutert und einen einfechtigen.

Item, was der gefuttert sein, als gut zobeln futter.

Item zween damascken rock schwartz, einer gefuttert, der annder einfechtig.

Item eyn newer schwartzer atlas pfaffenrock mit einem costlichen schonen hermeln futter.

Item eyn newer rodt atlas carmesin pfaffenrock mit einem costlichen zobelnfutter.

Item ein rotten carmesin einfechtigen atlas rockets rock unnd ein einfechtige tobinkeppel darzu.

Item einen rotten damascken carmesin gefuetert rocketsrock, mit einem tobinen gefuttert von hermeln koppeln.

Item ein scharlach einfechtig rockets rock, darzu ein scharlach einfechtig kepel.

Item ein rot schamlot mantel und darzu gehorendt keppel und alle rocket.

Item zween schwartzer sammeten reidtrock und die wheren und harnisch, so wir gebraucht, und nach uns befunden.

Item das newe scharlach chorcleidt, so wir haben machen lassenn.

Demnach ordnen, setzen unnd wollen wir, was nach unserem absterben von schamlotten und duchern cleidern befunden, sie seyen gemacht oder nit, anngeschnitten oder nit, die sollen durch unsere testamentarien unther der cantzley secretarienn, schreybern, capellanen, barbirer; nach eins iglichen standt und stadt aussgetheilt werdenn.

Was aber daruber noch von kleidern und futtern vorhanden, sie seyen gulden, sammet, damascken, atlas, tobin, seyden, arres oder daffut, es seyen zobeln, martern, hermelin, grauwerk, bundt oder moschen futter, die sollen durch unsere testamentarien zum treulichsten und hochsten verkaufft, und solich geld daraus gelost zu underhaltung haussarmer leuth angelegt werden, jerlichs sie damit zu speysen, zu cleiden und ein anzale holtz zu geben, so weidt sichs erstreckt.

Item setzen unnd legiren wir post mortem unserm dhumcapittell zu Meintz unsere montzbucher, gulden unnd silber, alle gemhalet contrafact und indianisch federgewandt, auch sylbere ertzstupffen.

Item unsere liberaria secundum inventarium cum littera L.

Wes wir auch unserm freuntlichen lieben sone und vetter, dem coadiutorj unserer beider stiefft Magdenburg und Halberstat und denselben itzgenanten dhumkirchen legirn, wirdet hiebeneben in einem sondern verzeichnus, mit unnserer handt geschrieben, befunden . . .

Wir bitten auch zu dem allergnedigsten und hochsten, das mann nach unserm totlichen abgang alle unsere rethe unnd diener, artzt unnd barbirer und alle andere personen, so uff uns gewartett und uns treulich gedienet, genediglich zu halten und mit gut zu abfertigen und was man einem yden schuldig, bezalen wolle.

Dessgleichen begeren wir unsere knaben und camer-jungen auch ehrlich abzufertigenn.

Und umb das alle vorgeschrieben stuck unsers letzsten willens zu seinen zeitten gehalten und also dester furderlicher volnzogen werden mugen, setzen, ordnen und machen wir zu unsern rechten testamentarienn, executorn und selwartern die wirdigenn ersame und hochgelerten und vheste unsere liebe andechtige und getrewenn Marquarten vom Steyn dhumprobst und Johansen von Ernberg dumdechan, Philipssen von Stockhem dhumsengern unnsers dhumstieffts zu Meintz, Caspar Lerschen unsern amptman zu Frawenstein, und geben inen in crafft diss briffs vollenn gewalt und gantze macht, also das sie nach unserm wolevertrawenn alle und iglíche obgeschriebene puncten und artickel nach irem besten vermogenn aussrichten, volnziehen und disen unsern letzsten willen in crafft bringen, als sie solichs gegen dem almechtigen gott, dem wir furnemlich diesen letzsten willenn zu ehren uffgericht unnd in seinen armen zu erben gemacht haben, an dem jungsten gericht als dem rechten richter, so nichts verborgen, rede und antwort geben wollen. Wir behalten uns auch hiermit vor, ob einer oder mehr vonn gedachten unsern testamentarien, ehr und zuvor wir, mit todt abghen wurde, alsdan an derselbigen abgangen stadt zu setzen und zu verordnen.

Item wir setzen unnd legiren einem yden testamentarien zu ergotzlicheidt seiner muhe und arbeit ein vergulte schewer, hundert gulden wole wirdig, und darinnen funffzig goldt-gulden, acht und zwentzig elen schwartz sammet und einem iglichen darzu einenn hengst, als gut wir denen hinther uns verlassen.

Item setzen und verordnen wir dem, so diess unser testament oder letzsten willen begriffen, funffzig guldenn, einen schwartzen damascken zu einem ehrcleidt.

Item setzen unnd legiren wir diess unsers testaments notarien funff unnd zwentzig gulden unnd einen schamlott.

Wir revocirenn unnd widerruffenn auch in der allerbesten form, mass und gestaldt, so in dem rechten oder nach gewonheidt zu dem bestendigsten bescheen kan oder mage, alle unnd yde testament und letzsten willen, darzu testamentarien oder executores, die wir hiervor uffgericht, gesatzt oder gemacht haben. Unnd ob diess unser letzster willen als ein zirlich testament nit stat haben mocht, so sol es doch crafft und bestant habenn nach meynungen unnd ordenungen der rechten und gesatz, codicillorum oder sunst eins schlechten lesten willens, und also unverhindert meniglichs verhalten und volnzogen werden. Und ob diess unser testament und letzster willen wolt durch ymants angefochtenn oder nicht gehalten werden, alsdan sollen obgenant unsere testamentarien samptlich oder sonderlich die Romisch keiserlich und konigliche majestat, unsere allergnedigsten hern, umb handhabung nach laut irer verschreibungen anruffen und nichts underlassen, so derwegen die notturfft erfordert.

Actum Aschaffenburg dinstags nach conversionis Pauli [27. Jan.] anno domini millesimo quingentesimo quadragesimo.

Albertus card. Mogun. etc. manu propria subscripsit.

Diesem Testament ist eine Pergament-Urkunde mit einem kleineren Siegel Albrechts angehängt, datiert vom 23. September 1545, also vom Tage vor Albrechts Tode, worin Bezug genommen wird auf einen Artikel des Testamentes, der jede Veräußerung der Kleinodien dem Mainzer Domkapitel verbietet. Nach wörtlicher Anführung dieses Artikels heißt es:

Das wir demnach mit gutter vorbedrachtung, auss eigner bewegnus und freiem gutten willen ytzgemelten articul de non alienando gentzlich und entlich fallen lassen, denselben cassirt, ufgehaben, vernichtigt unnd unser dhumcapittel derwegen frej gestelt haben . . . Unnd soll hiemit unnser dhumcapitel Fug unnd macht haben . . ., solche clinodia unnd kirchengezierd jederzeit anzugreiffen, zu alienieren, zu verpfenden oder zu verkauffen nach irem willen und wolgefallen. Des zu urkhundt haben wir diesen brieff und offen instrument durch unsern hieunden beschriebenen notarien daruber fertigen und mit unserm anhangenden insiegel versiegeln und dasselbe diesem unserm testament oder letzsten willen transfigiren und anhefften lassen. Geben und gescheen zu sanct Martinsburg in unser stat Meintz 1545 in der dritten indiction babsthumbs des heiligsten in gott vatters und herrn, herrn Paulj babsts des dritten im eilfften jhar, mitwochs den 23. tag des monats septembris, in beisein der hochgelerten herrn Philips Buchamers, Wilhelm Osterrode, beide der artzenej doctorn, unnd Hansen Spett unsers cammerirs als zeugen darzu sonderlich erfordert und gepetten.

DIE MAINZER BISCHÖFE UND ERZBISCHÖFE BIS ZUM ENDE DES KURSTAATES

Als erster Erzbischof gilt der Hl. Bonifazius, bis dahin waren die Mainzer Oberhirten nur Bischöfe. Die Namen und Regierungsjahre der römischen und fränkischen Zeit sind teilweise unbekannt oder ungenau überliefert. Im 13. Jahrhundert entstand das Kurfürstenkollegium. Seitdem sind die Mainzer Erzbischöfe auch Kurfürsten. Sie standen an der Spitze des Kollegiums.

Die nachstehende Tabelle folgt der neuesten Übersicht von Falck: Die Wappen des Kurfürstentums Mainz, in: Mainzer Zeitschrift 1970.

Marinus	(343 und 346 bezeugt)
Sophronius	
Aureus	
Maximus	
Theomastus	
Sidonius	(um 565)
Sigismund	(589 bezeugt)
Lendegasius	(auch Lesio, um 612 bezeugt)
Bothaldus	(Petilinus?)
Lupoaldus	(um 627/30 bezeugt)
Landwaldus	
Ruthardus	
Rigibertus	(Sigibertus ?, um 711/16 bezeugt)
Gerold	
Gewilib	(745 abgesetzt)
Bonifazius	Erzbischof f. Germanien seit 732, Bischof in Mainz 746 (oder 747) – 754
Lullus	754–786, zunächst nur Bischof, ab 780 Erzbischof
Richulf	787–813
Haistulf	813–826
Otgar	826–847
Rhabanus Maurus	847–856
Karl v. Aquitanien	856–863
Liutbert	863–889
Sunderold	889–891
Hatto I.	891–913
Heriger	913–927
Hildebert	927–937
Friedrich	937–954
Wilhelm	954–968
Hatto II.	968–970
Rupert	970–975
Willigis	975–1011
Erkenbald	1011–1021
Aribo	1021–1031

Bardo	1031–1051
Liutpold	1051–1059
Siegfried	1060–1084
Wezilo	1084–1088
Ruthard	1089–1109
Adalbert I. v. Saarbrücken	1111–1137
Adalbert II. v. Saarbrücken	1138–1141
Markulf	1141–1142
Heinrich	1142–1153
Arnold v. Seelenhofen	1153–1160
Konrad, Graf v. Wittelsbach, Kardinal,	1160–1165 (1200)
Christian v. Buch	1165–1183
Konrad, Graf v. Wittelsbach	1183–1200
Lupold v. Scheinfeld	1200–1208
Siegfried I. v. Eppstein	1208–1230
Siegfried II. v. Eppstein	1230–1249
Christian v. Weisenau	1249–1251
Gerhard, Wildgraf	1251–1259
Werner v. Eppstein	1259–1284
Heinrich v. Isny	1286–1288
Gerhard v. Eppstein	1289–1305
Peter v. Aspelt	1306–1320
Matthias, Graf v. Buchegg	1321–1328
Heinrich, Graf v. Virneburg	1328–1337, 1346–1353
Gerlach, Graf v. Nassau	Gegenbischof, 1346–1353, 1354–1371
Johann, Graf v. Luxemburg-Ligny	1371–1373
Ludwig, Markgraf v. Meißen	Gegenbischof, 1373–1381
Adolf I., Graf v. Nassau	Gegenbischof, 1373/81–1390
Konrad, Herr zu Weinsberg	1390–1396
Gottfried, Graf v. Leiningen	1396–1397
Johann, Graf v. Nassau	1397–1419
Konrad, Rhein- und Wildgraf zu Dhaun	1419–1434
Diether, Schenk zu Erbach	1434–1459
Adolf II., Graf v. Nassau	1461–1475
Diether, Graf v. Isenburg-Büdingen	1459–1461/63 und 1475–1482
Adalbert, Herzog v. Sachsen	(nur Administrator) 1482–1484

Berthold, Graf v. Henneberg	1484–1504
Jakob v. Liebenstein	1504–1508
Uriel v. Gemmingen	1508–1514
Albrecht, Markgraf v. Brandenburg, Kardinal	1514–1545
Sebastian v. Heusenstamm	1545–1555
Daniel Brendel v. Homburg	1555–1582
Wolfgang, Kämmerer v. Worms, genannt v. Dalberg	1582–1601
Johann Adam v. Bicken	1601–1604
Johann Schweickhardt v. Kronberg	1604–1626
Georg Friedrich v. Greiffenclau zu Vollrads	1626–1629
Anselm Casimir Wamboldt v. Umstadt	1629–1647
Johann Philipp v. Schönborn	1647–1673
Lothar Friedrich, Freiherr v. Metternich-Burscheid	1673–1675
Damian Hartard, Freiherr v. der Leyen	1675–1678
Karl Heinrich, Freiherr v. Metternich-Winneburg	1679
Anselm Franz, Freiherr v. Ingelheim	1679–1695
Lothar Franz, Freiherr v. Schönborn	1695–1729
Franz Ludwig, Pfalzgraf u. Fürst v. Neuburg	1729–1732
Philipp Karl, Herr von und zu Eltz-Kempenich	1732–1743
Johann Friedrich Karl, Graf v. Ostein	1743–1763
Emmerich Josef, Freiherr v. Breidbach-Bürresheim	1763–1774
Friedrich Karl Josef, Freiherr von und zu Erthal	1774–1802
Karl Theodor, Freiherr v. Dalberg	1802–1803

(war nur noch Koadjutor mit dem Recht der Nachfolge).

STAMMTAFEL DER HOHENZOLLERN
(seit dem Erwerb der kurfürstlichen Würde)

Friedrich VI. (I.)	1398–1440, Burggraf v. Nürnberg, seit 1415 Kurfürst v. Brandenburg
Friedrich II.	1440–1470, Kurfürst v. Brandenburg
Albrecht Achilles	1470–1486, Kurfürst v. Brandenburg
Johann Cicero	1486–1499, Kurfürst v. Brandenburg
Joachim I. Nestor	1499–1535, Kurfürst v. Brandenburg
dessen Bruder: Albrecht	1490–1545, Erzbischof v. Mainz u. Magdeburg, Kurfürst v. Mainz
Joachim II. Hektor	1535–1571, Kurfürst v. Brandenburg
Johann Georg	1571–1598, Kurfürst v. Brandenburg
Joachim Friedrich	1598–1608, Kurfürst v. Brandenburg
Johann Sigismund	1608–1619, Kurfürst v. Brandenburg
Georg Wilhelm	1619–1640, Kurfürst v. Brandenburg
Friedrich Wilhelm	1640–1688, Kurfürst v. Brandenburg, der „Große Kurfürst"
Friedrich III. (I.)	1688–1713, Kurfürst v. Brandenburg, seit 1701 König in Preußen
Friedrich Wilhelm I.	1713–1740, König v. Preußen
Friedrich II., der Große	1740–1786, König v. Preußen
Friedrich Wilhelm II.	1786–1797, König v. Preußen
Friedrich Wilhelm III.	1797–1840, König v. Preußen
Friedrich Wilhelm IV.	1840–1861, König v. Preußen
Wilhelm I.	1861–1888, König v. Preußen, seit 1871 Deutscher Kaiser
Friedrich III.	1888, König v. Preußen, Deutscher Kaiser
Wilhelm II.	1888–1941, König v. Preußen, Deutscher Kaiser bis 1918

BIBLIOGRAPHISCHE HINWEISE

Wilhelm Martin Leberecht de Wette:
Dr. Martin Luthers Briefe, Sendschreiben und Bedenken, Band I bis V, Berlin 1825–28

C. Becker:
Der Kardinal Albrecht von Brandenburg, Erzbischof von Mainz, als Kunstförderer, in: Kunstblatt, Stuttgart-Tübingen 1846.

J. H. Hennes:
Albrecht von Brandenburg, Mainz 1858.

Jakob May:
Der Kurfürst, Kardinal und Erzbischof Albrecht II. von Mainz und Magdeburg, Band I und II, München 1865 und 1875.

A. Wolter:
Der Abgott zu Halle, Bonn 1877.

Franz Falk:
Zur Beurtheilung des Cardinals Albrecht, Erzbischofs von Mainz, in: Zeitschrift für katholische Wissenschaft und kirchliches Leben, 1. Hälfe des Jahrgangs 1882, Mainz 1882.

F. S. Ellis:
The Hours of Albert of Brandenburg. Some account of a Manuscript Book of Hours formerly in the possession of Albert of Brandenburg, Elector of Mainz, Cardinal etc. London 1883.

F. Niedermayer:
Für Albrecht von Brandenburg beschäftigte Goldschmiede, in: Archiv des historischen Vereins von Unterfranken und Aschaffenburg 27, Würzburg 1884.

P. Kalkoff:
Die Depeschen des Nuntius Aleander vom Wormser Reichstag 1521, Halle 1886.

H. Gredy:
Kardinal-Erzbischof Albrecht II. von Brandenburg in seinem Verhältnisse zu den Glaubenserneuerungen, Mainz 1891.

G. v. Térey:
Cardinal Albrecht von Brandenburg und das Halle'sche Heiligthumsbuch von 1520, Straßburg 1892.

F. W. E. Roth:
: Beiträge zur Geschichte des Erzbischofs Albrecht II. von Mainz 1514–1545 in: Historisch-politische Blätter für das katholische Deutschland, Band 2 des Jahres 1896, München 1896.

Wilhelm Steffen:
: Zur Politik Albrechts von Mainz, Dissertation Greifswald 1897.

Paul Redlich:
: Kardinal Albrecht von Brandenburg und das Neue Stift zu Halle, Mainz 1900.

Fritz Mehl:
: Die Mainzer Erzbischofswahl vom Jahre 1514 und der Streit um Erfurt in ihren gegenseitigen Beziehungen, Dissertation Bonn 1905.

J. B. Kißling:
: Lorenz Truchseß von Pommersfelden, Mainz 1906.

Fritz Herrmann:
: Die evangelische Bewegung zu Mainz im Reformationszeitalter, Mainz 1907.

P. Kalkoff:
: W. Capito im Dienste des Erzbischofs Albrecht von Mainz, Neue Studien zur Geschichte der Theologie und Kirche I, Berlin 1907.

Heinrich Schrörs:
: Leo X., die Mainzer Erzbischofswahl und der Ablaß für St. Peter im Jahre 1514, in: Zeitschrift für kath. Theologie, Band 31, München 1907.

Hans Goldschmidt:
: Zentralbehörden und Beamtentum im Kurfürstentum Mainz vom 16. bis zum 18. Jahrhundert, Berlin und Leipzig 1908.

Manfred Stimming:
: Die Wahlkapitulationen der Erzbischöfe und Kurfürsten von Mainz 1233–1788, Göttingen 1909.

Heinrich Schrohe:
: Die Stadt Mainz unter kurfürstlicher Verwaltung (1462–1792), in: Beiträge zur Geschichte der Stadt Mainz, Mainz 1920.

T. Escherich:
: Kardinal Albrecht von Brandenburg, in: Der Sammler, München 1921.

P. Halm:
: Ein Entwurf Dürers zu dem großen Glockendonschen Missale für Albrecht von Brandenburg, in: Münchener Jahrbuch der bildenden Kunst, N. F.2, München 1925.

Fritz Herrmann:
: Die Protokolle des Mainzer Domkapitels, Band 3: Die Protokolle aus der Zeit Albrecht's von Brandenburg 1514–1545, Paderborn 1929–1932.

L. Grote:
: Kardinal Albrecht von Brandenburg und die Renaissance in Halle, Halle 1930.

Ph. M. Halm; R. Berliner:
: Das Hallesche Heiltum, Berlin 1931.

Friedrich Back:
: Kardinal Albrecht, in: Ein Jahrtausend künstlerischer Kultur am Mittelrhein, Hessische Volksbücher 79/82, Darmstadt 1932.

M. J. Friedländer; J. Rosenberg:
: Die Gemälde von Lucas Cranach, Berlin 1932.

Gerhard Händler:
: Kardinal Albrecht von Brandenburg in: Fürstliche Mäzene und Sammler in Deutschland, Straßburg 1933.

Guido Hartmann:
: Reichserzkanzler, Kurfürst und Kardinal Albrecht II. von Brandenburg, der Führer deutscher Renaissancekunst, Nürnberg 1937.

W. Delius:
: Albrecht und die Wiedervereinigung der beiden Kirchen in: Zeitschrift für Kirchengeschichte, Band 1943/44, Stuttgart 1947.

Hermann Knaus:
: Sickingen im Schöfferschen Livius, Gutenberg-Jahrbuch 1952, Mainz 1952.

H. Grimm:
: Kardinal Albrecht von Brandenburg, in: Neue Deutsche Biographie, Band I, Berlin 1953.

Walther Plümacher:
: Reformation und Humanismus auf der Ebernburg, in: Kreuznacher Heimatblätter Nr. 10, Bad Kreuznach 1954.

Herman Fricke:
: Albrechts von Brandenburg Weg zum Rhein, in: Brandenburgische Beiträge, Uelzen 1955.

H. Volkmann:
: Frühe Bauten der Renaissance in Halle, Halle 1956.

F. Winkler:
: Simon Benings Gebetbuch des Kardinals Albrecht von Brandenburg, in: Pantheon 19, München 1961.

Hans Volz:
: Erzbischof Albrecht von Mainz und Martin Luthers 95 Thesen, in: Jahrbuch der Hessischen kirchengeschichtlichen Vereinigung, 12. Band, Darmstadt 1962.

F. Winkler:
: Das Gebetbuch des Kardinals Albrecht von Brandenburg, in: Aachener Kunstblätter 24/25, Köln 1962/63.

H. Volkmann:
: Die Weihetafeln des Kardinals Albrecht von Brandenburg in der Stiftskirche zu Halle, Wissenschaftliche Zeitschrift der Martin-Luther-Universität Halle-Wittenberg 1963.

Alfons W. Biermann:
: Das verschollene Stundenbuch Kardinal Albrecht's von Brandenburg in: Mainzer Zeitschrift, Mainz 1963/64.

S. A. Otte:
: Die Mainzer Hofgerichtsordnung von 1516 / 1521 und die Gesetzgebung auf dem Gebiet der Zivilgerichtsbarkeit im 16. Jahrhundert, Diss. Mainz 1964.

L. Grote:
: Arbeiten des Nürnberger Goldschmiedes Martin Krafft für das Hallesche Heiltum, in: Anzeiger des Germanischen Nationalmuseums, Nürnberg 1967.

U. Steinmann:
: Der Bilderschmuck der Stiftskirche zu Halle, Cranachs Passionszyklus und Grünewalds Erasmus-Mauritius-Tafel, in: Staatliche Museen zu Berlin – Forschungen und Berichte; 11, 1968.

Bernd Pattloch:
: Wirtschafts- und Finanzpolitik im Kurfürstentum Mainz vom Beginn der Reformation bis zum Ausbruch des Dreißigjährigen Krieges, Diss. München 1969.

Ludwig Falck:
: Die Wappen des Kurfürstentums Mainz, Mainzer Zeitschrift, Mainz 1970.

H. Reifenberg:
: Sakramente, Sakramentalien und Ritualien im Bistum Mainz, Teil 1, Münster 1971.

Anton Philipp Brück:
: Mainz vom Verlust der Stadtfreiheit bis zum Ende des Dreißigjährigen Krieges. Geschichte der Stadt Mainz, Band V, Düsseldorf 1972.

Dieter Koepplin, Tilman Falk:
: Lukas Cranach, Gemälde, Zeichnungen, Druckgrafik, Band I und II, Basel und Stuttgart 1974.

Irnfriede Lühmann-Schmid:
: Der Mainzer Marktbrunnen, seine Denkmals- und Bildideen, in: Mainzer Zeitschrift, Mainz 1974.

Alfons W. Biermann:
: Die Miniaturhandschriften des Kardinals Albrecht von Brandenburg (1514–1545) in: Aachener Kunstblätter, Band 45, Köln 1975 (mit zahlreichen weiteren Hinweisen).

Helmut Hartmann:
: Die Domherren der 2. Hälfte des 15. Jahrhunderts in Mainz, Worms und Speyer, in: Mainzer Zeitschrift, Mainz 1975.

K. Maurice:
: Entwurf zu einer planetarischen Uhr für Kardinal Albrecht von Brandenburg in: Pantheon XXXIII, München 1975.

Theodor Niederquell:
: Zur sozialen und territorialen Herkunft Mainzer Domvikare im 18. Jahrhundert, Mainzer Zeitschrift, Mainz 1975.

Wolf-Heino Struck:
: Der Bauernkrieg am Mittelrhein und in Hessen. Darstellung und Quellen. Wiesbaden 1975 (Veröffentlichungen der Historischen Kommission für Nassau XXI).

Irnfriede Lühmann-Schmid:
: Peter Schro. Ein Mainzer Bildhauer und Backoffen-Schüler, Diss. Mainz 1970, Abdruck in: Mainzer Zeitschrift, Mainz 1975 (1. Teil) und 1977 (2. Teil).

Jörg Rasmussen:
: Untersuchungen zum Halleschen Heiltum des Kardinals Albrecht von Brandenburg, in: Münchner Jahrbuch der bildenden Kunst 27 und 28, München 1976 und 1977.

Heinrich Wothe (Hrsgb):
: Mainz, Ein Heimatbuch, 1928/29, Reprint Frankfurt 1977.

Helmut Mathy:
: Eltville und die Kurmainzische Herrschaft im Rheingau, Eltville 1978.

Josef Hofmann und Hans Thurn:
: Die Handschriften der Hofbibliothek Aschaffenburg, Aschaffenburg 1978.

Josef Hofmann und Hermann Hauke:
: Die Handschriften der Stiftsbibliothek und der Stiftskirche zu Aschaffenburg, Aschaffenburg 1978.

Helmut Hartmann:
> Der Stiftsadel an den alten Domkapiteln zu Mainz, Trier, Bamberg und Würzburg; Mainzer Zeitschrift, Mainz 1979.

Die Literatur zu den Themen: Reformation, Bauernkriege, Papstgeschichte, Hohenzollern, Habsburg ist derart zahlreich und unübersehbar, daß im folgenden nur diejenigen Werke aufgeführt werden sollen, die ausdrücklich zitiert wurden (z. B. ,,Friedenthal" oder ,,Ranke") oder die in einem besonders engen Bezug zu der vorliegenden Arbeit stehen.

Fr. Dittrich:
> Regesten und Briefe des Cardinals Gasparo Contarini, Brannsberg 1881.

H. Baumgarten:
> Geschichte Karls V., Stuttgart 1885.

Paul Schreckenbach und Franz Neubert:
> Martin Luther, ein Bild seines Lebens und Wirkens, Leipzig 1921.

Leopold von Ranke:
> Deutsche Geschichte im Zeitalter der Reformation, Band I, München 1926.

Leopold von Ranke:
> Die römischen Päpste in den letzten vier Jahrhunderten, Wien 1934.

Ch. L. Kuhn:
> A Catalogue of German Paintings in American Collections, Cambridge, Mass. USA 1936.

Benvenuto Cellini:
> Leben des Benvenuto Cellini, florentinischen Goldschmieds und Bildhauers, von ihm selbst geschrieben, übersetzt von Johann Wolfgang von Goethe, Stuttgart 1949.

Stefan Zweig:
> Triumph und Tragik des Erasmus von Rotterdam, Frankfurt 1950.

Adolf Waas:
> Die Bauern im Kampf um Gerechtigkeit, München 1964.

Richard Friedenthal:
> Luther – sein Leben und seine Zeit, München 1967 (mit umfassender Bibliographie).

H. Buszello:
> Der deutsche Bauernkrieg von 1525 als politische Bewegung in: Studien zur europ. Geschichte VIII, Berlin 1969.

Alfred Mühr:
> Herrscher in Purpur. Die Geschichte der Kardinäle, Düsseldorf 1971.

Gerhard Wehr:
 Thomas Müntzer in Selbstzeugnissen und Bilddokumenten, Reinbek bei Hamburg 1972.
Eduard von Dülmen:
 Das Täuferreich zu Münster 1534–1535, München 1974.
Anton Ritthaler:
 Die Hohenzollern, Moers 1979.

PERSONENREGISTER

A

Adalbert, Prinz von Sachsen, erzbischöflicher Administrator in Mainz, 13, 20
Albrecht Alcibiades, Markgraf von Brandenburg-Kulmbach, 235
Albrecht, Herzog von Bayern-München, 19
Albrecht von Hohenzollern, Hochmeister des Deutschen Ritterordens, später Herzog von Preußen, 22, 103, 119, 252
Aleander, Hieronymus, Kardinal, päpstlicher Nuntius, 52, 54, 63, 65, 67, 74, 242
Alexander VI., Papst, 108, 124, 133
Ambach, Melchior, Pfarrer in Bingen, 73
Aquila, Caspar, lutherischer Magister, 64
Aspelt, Peter von, Erzbischof von Mainz, 58
August, Herzog von Sachsen, bischöflicher Administrator von Halberstadt, 234
d'Austria, Don Juan, Feldherr, illegitimer Sohn Karls V., 122

B

Backoffen, Hans, Bildhauer, 45, 60, 231, 232
Baldung, Hans, gen. Grien, Maler, 60, 220, 221
Barbari, Jacopo dè, Maler, 11, 214
Bayern, Friedrich von, Domherr in Worms und Speyer, 122
Beham, Hans Sebald, Maler, 60, 224, 225, 226
Behem, Franz, Drucker in Mainz, 105
Bening, Simon, Maler und Buchillustrator, 227
Berlichingen, Götz von, Ritter, 36, 39, 71, 80, 81
Bismarck, Otto Fürst von, Reichskanzler, 240
Blomberg, Barbara, Geliebte Kaiser Karl V., 122
Bonnivet, Guillaume Gouffier, Admiral von Frankreich, 98
Bora, Katharine von, Luthers Ehefrau, 56
Borgia, Cesare, General des Kirchenstaats, Herzog, Sohn Alexander VI., 124, 141
Borgia, Giovanni (Juan), Sohn Alexander VI., 124
Borgia, Lucrezia, Tochter Alexander VI., 124
Bourbon, Charles Herzog von, Connétable von Frankreich, später Feldherr Karls V., 131
Bramante, Donato, ital. Baumeister, 127
Bucer, Martin, Reformator, 63, 65, 135

C

Cajetan siehe: Vio
Capito, Dr. Wolfgang, Hofrat und Domprediger in Mainz, Anhänger Luthers, 64, 65, 67, 115
Canisius, Petrus, Jesuit und bedeutender Vertreter der Gegenreformation, 105, 108
Carion, Johann, brandenburgischer Hofastronom, 115
Carlstadt, Andreas, lutherischer Prediger, 67
Casimir, Markgraf von Hohenzollern, 103
Cauer, Ludwig, Bildhauer, 64
Clemens VII., Papst, 130–133
Clesio, Bernardo, Bischof von Trient, 216
Cleve, Joos van, Maler, 216
Colleoni, Bartolomeo, italienischer Condottiere, 92
Columbus, Christof, Entdecker, 90, 140
Contarini, Gasparo, Kardinal und päpstlicher Legat, 133, 141
Cranach, Lukas d. Ä., Maler, 60, 214, 215, 216, 218, 219, 220, 221, 222, 223, 224, 226
Cranach, Lukas, d. J., Maler, 221
Cranach, Hans, Maler, 220

D

Dett, Klara, Geliebte des Kurfürsten Friedrich von der Pfalz, 122

Dürer, Albrecht, Maler, 60, 214, 215, 216, 222, 223, 260

E

Echter von Mespelbrunn, Julius, Fürstbischof von Würzburg, 105
Eck Dr., Johann Mayer von, Professor, 51, 52
Ehrenberg, Johannes von, Domdechant in Mainz, 263
Eppstein, Siegfried von, Erzbischof von Mainz, 58
Erasmus von Rotterdam, humanistischer Gelehrter, 60, 61, 63, 65, 121, 127, 140, 231, 241, 242
Erbach, Theoderich (Diether) Schenk zu, Erzbischof von Mainz, 218
Ernst, Prinz von Bayern-München, 19
Ernst, Herzog von Sachsen, Erzbischof von Magdeburg, 22, 214

F

Farnese, Giulia, Geliebte Alexander VI., 133
Farnese, Ottavio, Herzog von Parma-Piacenza, 121, 122
Farnese, Pier Luigi, Herzog von Parma-Piacenza, illegitimer Sohn Pauls III., 133
Faust, Dr. Johannes, Arzt und Zauberer, 46
Feiertag, Johann, Pfarrer in Mainz, 85
Ferdinand I., deutscher König, später deutscher Kaiser, 93, 102, 103, 130, 132
Fleurange, François de, Marschall von Frankreich, 98
Flötner, Peter, Bildhauer, 86, 229
Frank, Simon, Maler, 219

Franz I., König von Frankreich, 71, 73, 93, 94, 98, 99, 100, 101, 127, 141, 245
Franz Ludwig, Pfalzgraf u. Fürst von Neuburg, Erzbischof von Mainz, 12
Friedrich II. von Hohenstaufen, Deutscher Kaiser, 53
Friedrich, Herzog von Sachsen, Hochmeister des Deutschen Ritterordens, 22
Friedrich, Kurfürst von der Pfalz, 122
Friedrich VI. (I.) von Hohenzollern, Kurfürst von Brandenburg, 7
Friedrich III., deutscher Kaiser, 247
Friedrich der Weise, Kurfürst von Sachsen, 22, 51, 55, 99, 100
Friedrich II., der Große, König von Preußen, 7
Frundsberg, Georg von, Landsknechtsführer, 54, 55, 92, 93, 94, 130, 131
Fugger, Bank- und Handelshaus in Augsburg, 27, 28, 29, 32, 211, 229
Furderer, Johann, Hofkanzler in Mainz, 39

G

Gattinara, Mercurino Arborio di, Kanzler Karls V., 132
Georg, Herzog von Sachsen-Meißen, 103, 105
Gemmingen, Uriel von, Erzbischof von Mainz, 18, 19, 20, 60, 140, 216
Geyer, Florian, Ritter und Bauernführer, 71, 80
Glockendon, Nikolaus, Maler, 60, 210, 215, 227, 235
Greiffenclau-Vollrads, Friedrich von, Ritter und Bauernführer, 71
Greiffenclau-Vollrads, Richard, Erzbischof von Trier, 71, 72, 73, 74, 77, 99, 100, 242
Grünewald, Mathias, Maler, 45, 60, 216, 217, 218, 220, 226

Gutenberg, Johannes, Erfinder der Druckkunst, 39, 226

H

Hadrian VI., Papst, 128
Hedio, Dr. Caspar, Domprediger in Mainz, Anhänger Luthers, 65, 67, 81
Heinrich VIII., König von England, 99, 101, 132
Heinrich, Herzog von Sachsen-Meißen, 105
Helfenstein, Margarethe, Gräfin Helfrich von, illegitime Tochter Maximilians I., 121
Henneberg, Berthold Graf von, Erzbischof von Mainz, 18
Heusenstamm, Sebastian von, Erzbischof von Mainz, 232
Hirschvogel, Veit, Maler, 235
Höchstetter, Handelshaus in Nürnberg, 27
Hohenstein, Wilhelm, Graf von, Bischof von Straßburg, 19, 23, 41, 81, 82, 86
Hus, Johann, böhmischer Reformator, 53
Hutten, Frowin von, Hofmeister in Mainz, 61, 73, 74, 84, 85
Hutten, Ulrich von, Humanist und Ritter, 10, 60, 61, 62, 63, 65, 67, 109, 140, 141, 241, 242
Huttich, Johann, humanistischer Gelehrter, 45

I

Indagine, Johannes, Hofastrologe in Mainz, 46
Innozenz VIII., Papst, 122
Isenburg, Diether, Graf von, Erzbischof von Mainz, 20, 45

J

Jagow, Mathias von, Bischof von Brandenburg, 105
Joachim I., Nestor, Kurfürst von Brandenburg, Albrechts Bruder, 11, 18, 23, 98, 99, 220
Joachim II., Hektor, Kurfürst von Brandenburg, Neffe Albrechts, 105, 212, 214
Johann Albrecht von Hohenzollern, Koadjutor in Magdeburg, 41
Johann Cicero, Kurfürst von Brandenburg, Albrechts Vater, 10
Johanna die Wahnsinnige, Prinzessin von Kastilien und Aragon, 101
Johanna, legendäre Päpstin (Papst Johann VIII.), 135
Julius II., Papst, 20, 22, 74, 101, 125, 141, 242

K

Kammerlander, Jakob, Professor in Mainz, 65
Karl V., Deutscher Kaiser, 51, 52, 53, 54, 55, 56, 61, 71, 73, 93, 94, 95, 98, 99, 100, 101, 102, 103, 121, 127, 128, 131, 132, 133, 211, 245, 246, 247, 248
Karl I., Kaiser von Österreich, König von Ungarn, 7
Kronberg, Johann Schweikhard von, Erzbischof von Mainz, 235
Kronberg, Hartmut von, Ritter, 73, 74

L

Lefèvre, Peter, Jesuit, 105
Lemnius, Simon, Dichter und Schriftsteller, 60
Leo X., Papst, 12, 24, 28, 29, 41, 51, 98, 99, 127, 128
Lerch von Dirmstein, Kaspar, Hofmarschall in Mainz, 73, 263
Ludewig, Johann Peter von, Geschichtsforscher, 212
Ludwig II., König von Böhmen und Ungarn, 99
Ludwig IV., Kurfürst von der Pfalz, 19, 74, 99, 113
Luther, Dr. Martin, Reformator, 10, 32, 34, 50–57, 60, 61, 64, 67, 72, 87, 88, 104, 118, 119, 120, 132, 140, 209, 223, 226, 240, 241, 242, 249–254
Luxemburg, Graf Balduin von, Erzbischof von Trier, 108

M

Magelhaes, Fernando de, Seefahrer und Entdecker, 90
Margarethe, Kurfürstin von Brandenburg, 10
Maria Theresia, Kaiserin von Österreich, 7
Marius, Augustus, Weihbischof von Würzburg, 115
Maximilian I., Deutscher Kaiser, 20, 23, 27, 29, 39, 40, 50, 51, 52, 61, 70, 71, 93, 98, 101, 103, 121, 248
Mayer, Andreas, Professor in Mainz, 65

Mazarin, Jules, Kardinal und französischer Staatsmann, 226
Medici, Alessandro de', Staatschef von Florenz, 121, 132
Meißen, Ludwig, Markgraf von, Erzbischof von Mainz, 13
Melanchthon, Philipp, reformator. Theologe, 57, 67, 135
Metzler, Georg, Gastwirt und Bauernführer, 80, 81
Michelangelo Buonarotti, Maler und Bildhauer, 125
Müntzer, Thomas, Bauernführer, 68, 80, 86

N

Nassau, Adolf II., Graf von, Erzbischof von Mainz, 23
Nausea, Dr. Friedrich, Domprediger in Frankfurt/M., 115

O

Ochino, Bernardino, Ordensgeneral der Kapuziner, später Lutheraner, 135
Oekolampadius, Johannes, Reformator, 64

P

Parma, Margareta von, Statthalterin der Niederlande, illegitime Tochter Karls V., 121, 122, 132, 214
Paul III., Papst, 122, 133–135, 265
Paumgartner, Handelshaus in Nürnberg, 27
Peutinger, Dr. Conrad, Stadtschreiber in Augsburg, 241

Philipp, Landgraf von Hessen, 74, 77, 109
Philipp der Schöne, Herzog von Burgund, 101
Philipp II., König von Spanien, 248
Pius III., Papst, 125
Pommersfelden, Lorenz Truchseß von, Domdekan in Mainz, 41, 77, 109–111, 112, 113, 140, 216

R

Redinger, Ursula, Geliebte des Kardinals Albrecht von Brandenburg, 118–120, 218, 219, 220, 221, 222, 231, 249
Reuchlin, Johann, Humanist, 241
Rhodius, Nicolaus, Gelehrter, 209
Riemenschneider, Tillmann, Bildhauer, 217
Rotenhan, Dr. Sebastian von, Hofrat in Mainz, 65, 73
Rudolf von Habsburg, Deutscher König, 7, 103

S

Sabinus, Georg, neulateinischer Dichter, 60, 209, 210
Schneider, Dr. Friedrich, Domkapitular in Mainz, 120
Schöffer, Johann, Drucker in Mainz, 29, 67, 77
Schön, Erhard, Maler
Schönitz, Hans von, Hallenser Patrizier und Kurfürstlicher Kommissar, 104, 227, 254
Schreiber, Heinrich, Bürgermeister von Halberstadt, 104
Schro, Dietrich, Bildhauer, 60, 86, 139, 229, 232
Schro Peter, Bildhauer, 86, 229, 230, 231

Schwebel, Johannes, pfälzischer Reformator, 63
Sforza, Francesco, italienischer Condottiere, später Herzog von Mailand, 92
Sickingen, Franz von, Ritter, 39, 46, 53, 61, 63, 64, 69, 70–77, 92, 99, 139
Simon von Aschaffenburg, Maler und Baumeister, 227
Sixtus IV., Papst, 125
Spalatin, Georg, Humanist und Förderer der Reformation, 56
Stein, Eitelwolf vom, Hofmeister in Mainz, 39, 46
Stein, Marquardt vom, Dompropst in Mainz, 263
Stierlein, Georg, Maler und Buchillustrator, 227
Stockheim, Philipp von, Domsänger in Mainz, 263
Striegel, Bernhard, Maler, 101
Stromer, Dr. Heinrich, Hofarzt in Mainz, 46, 73
Stumpf, Johannes, Professor an der Universität Mainz, 65
Sturm, Caspar, Reichsherold, 53, 77
Susanna, Herzogin in Bayern, 103

T

Tettleben, Valentin von, Bischof von Hildesheim, 138
Tetzel, Johann Dr., Dominikaner und Ablaßprediger, 29, 31, 32, 50, 249
Truchseß siehe: Pommersfelden, Waldburg
Tucher, Handelshaus in Nürnberg, 27

V

Vergerio, Pietro, Bischof und päpstlicher Legat, später protestantischer Pfarrer in Graubünden, 135
Vio, Thomas Jakobus de, auch genannt: Cajetan, Kardinal, päpstlicher Legat, 40, 50
Virneburg, Heinrich, Graf von, Erzbischof von Mainz, 108
Vischer, Hans, Erzgießer, 228
Vischer, Peter, Erzgießer, 60, 142, 217, 228, 233

W

Waldburg, Georg Truchseß von, Feldherr des Schwäbischen Bundes, 82, 84
Welser, Bank- und Handelshaus in Augsburg, 27, 211
Wied, Hermann Graf von, Erzbischof von Köln, 99, 135
Winkler, Stiftsprediger in Halle, 104
Wilhelm, Herzog von Bayern-München, 103
Wilhelm I., Deutscher Kaiser, 10, 142
Wilhelm II., Deutscher Kaiser, 7
Wittelsbach, Konrad Graf von, Kardinal und Erzbischof von Mainz, 40, 112
Wolsey, Thomas, Kardinal und Kanzler Heinrichs VIII., 99

Z

Zwingli, Ulrich, Schweizer Reformator, 57, 63, 64, 242

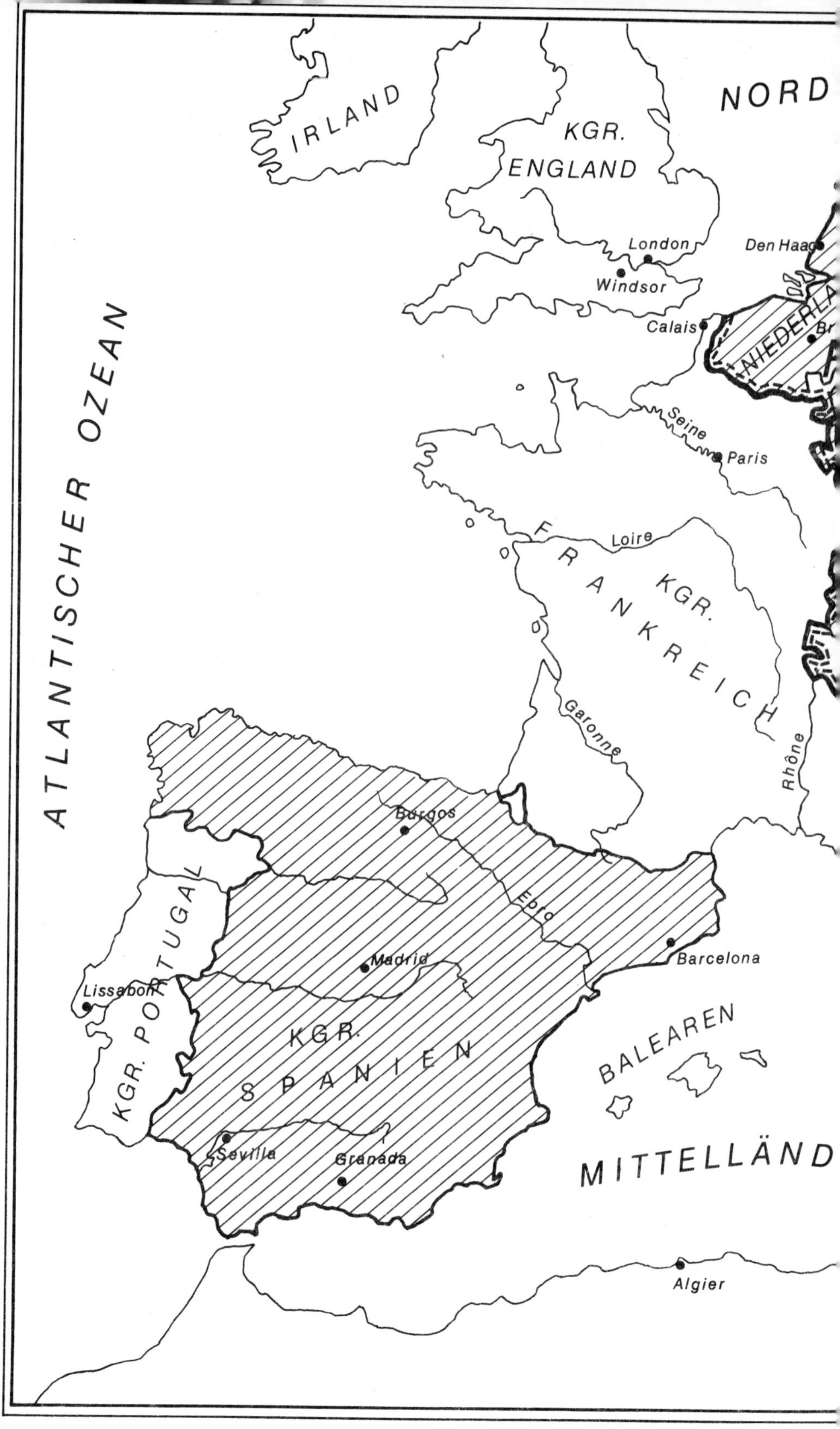
IRLAND
KGR.
ENGLAND
NORD
London
Den Haag
Windsor
Calais
NIEDERLA
ATLANTISCHER OZEAN
Seine
Paris
Loire
FRANKREICH
KGR.
Garonne
Rhône
Burgos
Ebro
PORTUGAL
Madrid
Barcelona
Lissabon
KGR. PORTUGAL
KGR.
SPANIEN
BALEAREN
Sevilla
Granada
MITTELLÄND
Algier